ARDIS DA IMAGEM

EDIMILSON DE ALMEIDA PEREIRA
NÚBIA PEREIRA DE MAGALHÃES GOMES

ARDIS DA IMAGEM

EXCLUSÃO ÉTNICA E VIOLÊNCIA NOS DISCURSOS DA CULTURA BRASILEIRA

2ª EDIÇÃO

A Prisca Agustoni, companheira de travessias.
E às pessoas que se fazem maiores do que a violência.

O presente livro é resultado da tese de doutorado defendida por mim junto à Escola de Comunicação da Universidade Federal do Rio de Janeiro (Eco/UFRJ) e à Faculdade de Comunicação da Universidade Federal de Juiz de Fora (Facom/UFJF), em abril de 2000. Quando da publicação da tese, em 2002, incluí na coautoria o nome da Professora Núbia Pereira de Magalhães Gomes pelas razões que se seguem: a) o material empírico analisado faz parte da pesquisa de campo que realizávamos em parceria no Projeto então denominado Minas & Mineiros; b) a base teórica para as análises havia sido definida por nós desde 1990; posteriormente, em virtude das disciplinas cursadas durante o doutorado, ampliei e adaptei o viés analítico às circunstâncias de redação da tese; c) por fim, a manutenção da coautoria me pareceu o gesto mais efetivo para homenagear a brilhante educadora, intelectual e pesquisadora precocemente retirada de nosso convívio em outubro de 1994. Vale ressaltar que as abordagens propostas nessa obra vieram a público em 2001, período anterior à aprovação da Lei 10.639 (janeiro de 2003) e à entrada em vigor de várias ações afirmativas, que ampliaram as análises das relações étnicorraciais no Brasil. Em função disso, esperamos que a confrontação dos argumentos aqui apresentados e o empenho no combate ao racismo e às outras formas de exclusão constituam um estímulo para as pessoas que acreditam na implantação de uma ordem social justa e democrática em nosso país. Agradecemos às professoras das redes municipal, estadual e particular de ensino de Minas Gerais por terem colaborado no registro dos discursos da violência em nossas escolas; aos alunos e às alunas, por terem aceito a tarefa de conhecer – para superar – as nossas práticas de exclusão social. Ao poeta Luís Silva (Cuti), pelas informações e críticas ao longo de nossos contatos. Aos amigos e amigas docentes José Luiz Ribeiro, Maria Lúcia Campanha da Rocha Ribeiro, Maria Nazareth Soares Fonseca, Maria José Somerlate Barbosa, Steven White, Sérgio Roberto da Costa, Luciana Teixeira, Nelma Fróes (*in memoriam*), Walquíria C. A. Vale, Aluizio Ramos Trinta e Laura Cavalcante Padilha, pelo carinho reflexivo.

Sumário

PREFÁCIO À PRIMEIRA EDIÇÃO, 13
Maria Nazareth Soares Fonseca

PREFÁCIO À SEGUNDA EDIÇÃO, 27
Julio Cesar de Tavares

JOGOS DE LUZ E SOMBRA, 35

OBJETOS SUSPEITOS, 41
    Um tema, seus nomes, 41
    Mapas de uma leitura, 55
    Orientações e fronteiras, 61

PALAVRAS CONTRA A NOITE, 69
    Origens das diferenças, 69
    Alfabeto da intolerância, 74
        Escola sem paredes, 74
        Ideologia dos abecês de negro, 81
        Modos de elaboração dos abecês, 83
        Sentido psicossocial dos abecês, 89

Anonimato e cumplicidade, 89
Cadeia de argumentos, 93
Contradições dos abecês, 99

MANUAL DE FACAS, 107
Ao mesmo assunto, 107
Palavras: facas só lâminas, 116
Oficina de palavras-lâminas, 126

A VIDA NOS ESTÚDIOS, 133
O homem invisível, 133
Retratos no tempo, 138
Vida de negros nos estúdios, 138
Vidas de negros fora dos estúdios, 147

RETRATOS DO MESMO, 157
Ontem e hoje: imagens retocadas, 157
O mesmo triste périplo, 160

UM NÃO É TODOS, 179
Uma história com histórias, 179
Espelhos para negros e brancos, 182
Do escravo fugitivo aos top models, 186

Negro-coisa, coisa ruim, 193
Do escravo capturado ao "cidadão" suspeito, 196
Um negro não é os negros, 201

NEGROS VISTOS COMO NEGROS, 209
O que há para ver, 209
O pensamento tatuado, 214
Imagens quase prontas, 223
Negros em *ton sur ton*, 232

ALÉM DE LUZ E SOMBRA, 237

ICONOGRAFIA, 253
Negros disciplinados, 253
Poses para negros, 269
Negro coisificado, 274
Negro é moda, 281

CRÉDITOS DAS ILUSTRAÇÕES, 285

REFERÊNCIAS BIBLIOGRÁFICAS, 287

Prefácio à primeira edição

RETRATOS EM BRANCO E PRETO: O NEGRO NO IMAGINÁRIO CULTURAL BRASILEIRO

*Maria Nazareth Soares Fonseca**

A relação entre cor e singularidade, percebida como um viés do processo de exclusão que se acentua com o fortalecimento da tirania do dinheiro e da informação, na época atual, tem estado sempre presente na reflexão produzida por teóricos como Paul Gilroy e Henry Louis Gates Jr..[1] No Brasil, além das análises lúcidas de Milton Santos[2] sobre os processos de exclusão do negro, acelerados por uma globalização perversa (1999), outros teóricos como Muniz Sodré, principalmente em sua obra *Claros e escuros*,[3] e Lilia Moritz Schwarcz, em vários momentos,[4] apontam caminhos para se discutirem as relações entre cor e a absorção dos indivíduos pela sociedade, principalmente com relação ao mercado de trabalho, que ainda

---

* Prof.ª Dr.ª do Programa de Pós-graduação em Letras da PUC-Minas.
[1] GILROY, Paul. *Against race*: imagining political culture beyond the color line. Cambridge/Massa-chusets: The Belknap Press, 2000; GATES, Henry Louis (Ed.). Black Literature and Literary Theory. New York/London: Methuen, 1984.
[2] SANTOS, Milton. *Por uma outra globalização*: do pensamento único à consciência universal. Rio de Janeiro: Record, 2000.
[3] SODRÉ, Muniz. *Claros e escuros*: identidade, povo e mídia no Brasil. Petrópolis: Vozes, 1999.

se modela por ressonâncias do sistema escravocrata. A questão é bastante complexa quando se observa que, num mundo que se quer cada vez mais unificado, a história da "superioridade" de alguns e da "inferioridade" de outros continua a explicitar o valor de mercado da cor, tornada recurso simbólico importante na competição pelo emprego.[5]

As novas tendências impostas pela globalização nos fazem retomar as observações de Frantz Fanon sobre a produção de imagens negativas sobre o negro. A reflexão de Fanon nos possibilita avaliar que, mesmo nos dias atuais, no Brasil, uma gama de preconceitos e de estereótipos negativos, em circulação, continua a reforçar ideias pré-concebidas sobre o outro, principalmente quando este outro pertence à maioria de negros e mestiços.[6]

Fanon considera que os preconceitos, principalmente os relacionados com a inserção do negro no modelo de sociedade pensado pelo sistema colonial, são decorrentes de uma história que o emoldurou como um objeto desprezível que era preciso expurgar do convívio social. O olhar da criança branca dirigido ao negro antilhano, na célebre cena descrita em *Peau noire, masques blancs (Pele negra, máscaras brancas)*[7] explicita o grau extremo da alienação de pessoa e a imobilização da diferença em estereótipos de primitivismo e degeneração. O grito aterrorizado do menino: "Mamãe, um negro; ele vai me fazer mal.", exibe as imagens de negro que transitam no mundo configurado por

---

[4] Cito da autora, principalmente, as reflexões contidas no livro *O espetáculo das raças*: cientistas, instituições e questão racial no Brasil, 1870 -1930, São Paulo: Companhia das Letras, 1993 e nos artigos "A questão racial no Brasil", do livro *Negras imagens*, organizado por Lilia Moritz SCHWARCZ e Letícia Vidor de Souza REIS, São Paulo: Edusp, 1996, e "Raça como negociação", no livro *Brasil afro-brasileiro*, organizado por Maria Nazareth Soares FONSECA, Belo Horizonte: Autêntica, 2000.

[5] O artigo, "Despertar da consciência negra", de Dulce Maria Pereira, Presidente da Fundação Palmares, publicado no *Jornal do Brasil* de 27/11/00, p. 9, comenta resultados de pesquisas recentes que demonstram ser o número de negros desempregados muito maior que o de brancos. O artigo ainda apresenta dados que demonstram haver uma maior exclusão entre os indivíduos de pele escura numa sociedade que ainda se quer modelo de democracia racial.

[6] Cf. Maria Nazareth Soares FONSECA. "Visibilidade e ocultação da diferença". In: *Brasil afro-brasi-leiro*, Belo Horizonte: Autêntica, 2000.

[7] A cena é descrita em: FANON, Frantz. *Peau noir, masques blancs*,1ère. Éd. Paris: Éditions du Seuil, 1952. Neste prefácio, todas as referências são, no entanto, da edição de 1975, da mesma Editora. A tradução de passagens do texto foi feita pela autora.

fronteiras rígidas e por uma visão que só consegue apreendê-lo como ameaça: o negro é mau, é selvagem, é feio.[8] O olhar da criança amedrontada, na estação de trem, dirige-se ao negro, fixando-o numa imagem terrível: "Mamãe, olha o negro. Eu tenho medo dele, ele vai me comer".[9]

Na visão aterrorizada da criança, os estereótipos emergem com os sentidos difundidos por uma cultura, que só aceita o negro assujeitado pelo trabalho servil. A descrição da cena, que ecoa sem cessar no livro de Fanon: "Olha, um negro... mamãe, olha o negro! Estou com medo", nos mostra que a criança corrobora os predicados formulados pelo senso comum. Ao mesmo tempo, ao amparar-se no olhar/corpo da mãe, a criança branca resguarda a sua identificação com o espaço a que pertencem todos os iguais a ela, todos os diferentes daquele que ela vê cheia de terror. O negro, excluído do espaço com que a criança se identifica, só se pode reconhecer no pavor da criança, que atualiza o processo de fragmentação que a sociedade legitima: um negro só pele negra, só cabelo "ruim", só feições de selvagem, só feiura abjeta. A descrição de uma cena de rejeição explícita ao outro reinstala o processo de visibilidade/invisibilidade que o negro teve de enfrentar para sobreviver num mundo que lhe é quase sempre hostil.

Fanon procura desvendar as causas do horror ao negro e as razões da internalização desse sentimento pelo indivíduo, que passa a se ver através do olhar do outro, que o discrimina, com um elenco de predicados que o ensinam a odiar o que só ele tem, exatamente por ser negro. Para os indivíduos marcados pela cor rejeitada, a individualidade torna-se um peso porque se aprende a odiar os atributos significados em seu corpo por um discurso estereotípico que justifica a discriminação. Por mais que, na cena, a mãe tente ressignificar as imagens que o menino assustado legitima, o olhar e o grito inundam a cena da vergonha e do desprezo do indivíduo por si mesmo.

Fanon alude à dificuldade do discriminado de desenvolver um esquema corporal e demonstra que a rejeição impossibilita o negro de se ver

---

[8] Cf. o capítulo "L´éxperience vecue du Noir", Frantz FANON, *Peau noire, masques blancs*. Paris: Gallimard, 1975, p. 91.
[9] Fanon. Idem, ibidem, p. 91-2.

como pessoa, exatamente porque sempre foi olhado como uma diferença incômoda e ameaçadora, inscrita na cor de sua pele.[10] E ao refletir sobre o desejo de extirpar do corpo os predicados negativos que fazem do negro um sujeito sempre em diferença, Fanon nos ajuda a compreender a carga semântica que o termo *negro* continua a carregar, mesmo após a extinção do tráfico negreiro, ainda que se deva considerar as sobrecargas de sentido advindas dos diferentes lugares em que o termo é significado:

> Quando me amam, dizem-me que isso é possível apesar da cor da minha pele; quando me detestam, ajuntam que não é por causa da cor... Aqui e lá, sinto-me prisioneiro de um círculo infernal."[11]

As observações de Frantz Fanon sobre a fragmentação, o despedaçamento, o estado de despersonalização absoluta vivida pelo negro, os quais incidem no modo como o seu corpo é aprisionado pelo olhar que o exclui, são importantes para se perceber mais profundamente a questão do estereótipo e da fixação do significante pele/cultura que expõe o fato de a raça/cor mostrar-se como um signo não erradicável da diferença. É pertinente observar, a partir dessas reflexões sobre a sociedade racista colonial, que a imobilização do negro em lugares determinados pela sociedade pode-se dar, ao mesmo tempo, como *fixação e transgressão*.

Nas cidades modernas, as favelas são lugares em que o negro, pelas próprias condições em que vive, poderia tornar-se consciente do processo cruel desenvolvido pela sociedade, quando expurga de seu plano arquitetônico os indivíduos considerados diferentes do modelo de cidadão que a mesma sociedade privilegia. Todavia, tais lugares são também marcados por preconceitos e estereótipos internalizados nos indivíduos que muitas vezes até justificam a força de repressão da sociedade. A fixação dos valores decorre, pois, do reforço das imagens ditadas pelo senso comum e da elaboração de mecanismos que possibilitam ao indivíduo responder ao impulso de

---

[10] "Onde quer que vá", dirá Fanon, "o negro permanece um negro. Ibidem, p. 95.
[11] Tradução livre feita por mim, da edição, em francês, de 1975.

sobrevivência e à aprendizagem de estratégias que possibilitam a ele viver numa sociedade que o exclui. A necessidade de expurgar de si as imagens que o fazem visível como diferença ameaçadora impõe a alienação de si mesmo e a camuflagem de uma corporeidade significada sempre por excesso de predicados ditos negativos. Assujeitando-se aos mecanismos de adaptação e de controle, o negro procura alcançar uma outra imagem para o seu corpo, ilusória e alucinatória, mas capaz de conviver, com perdas e danos, com o regime de "falsa tolerância" característico da cultura brasileira. Muitas vezes são esses indivíduos excluídos que ajudam a fortalecer os preconceitos contra os negros, principalmente contra aqueles que ameaçam as conciliações possíveis, porque, mais críticos, não se mostram tão cordatos aos imperativos racistas e, por isso mesmo, transgridem os esquemas de fixação.

Os mecanismos de transgressão e fixação não referendam apenas as táticas e compromissos que o negro assume diante do racismo; transparecem também no modo como o negro aprendeu a se olhar a partir de significados e predicados produzidos pela sociedade. A lucidez de Frantz Fanon destaca o fato de a *visibilidade* do negro ter sido construída como signo de uma diferença negativa que interfere nas relações intersubjetivas. De alguma forma a *compartimentação* a que se refere o teórico antilhano, quando discute o plano arquitetônico das cidades coloniais, continua a fomentar hierarquias e divisões rígidas para alocar os excluídos e separá-los dos lugares ocupados pela minoria privilegiada. Nessa compartimentação, que a prática de controle e vigilância vai tornando natural, os indivíduos são sempre fixados numa cenografia e numa experiência corporal positiva ou negativa, já que dependem do valor dos predicados culturalmente determinados.

Por isso, os mecanismos de fixação do negro numa sociedade que o hostiliza referendam modelos de submissão e de negação do corpo e ratificam uma visibilidade perversa, que é o reforço da invisibilidade do negro como pessoa. Mas há mecanismos que podem fortalecer a transgressão, ainda quando os estereótipos continuam a coibir o negro com ameaça de exclusão.

Essa reflexão sobre os mecanismos de visibilidade e invisibilidade do excluído faz-se muito pertinente no *Ardis da imagem*, de Edimilson de

Almeida Pereira. O livro, resultante de pesquisas feitas em coautoria com Núbia Pereira de M. Gomes, nos ajuda a compreender a complexidade de mecanismos que, na sociedade brasileira, retomam o valor de mercado da cor da pele, fortalecendo estereótipos negativos e inibindo, embora não destruindo inteiramente, as possibilidades de transgressão.

Os autores, nesse sentido, são bastante lúcidos quando se referem aos modos como a mídia, na época atual, vem reforçando formas de estetização do corpo do negro, ao mesmo tempo que inibe o fortalecimento de um discurso político sobre os seus direitos como cidadão. A figura do atleta vencedor e da mulata sensual é estimulante para explicitar pontos de sua argumentação. A mídia, parecendo reverter a significação do corpo negro como peça ou coisa, na paisagem sociocultural do país, imobiliza os indivíduos em outras imagens e reforça a invisibilidade de todos aqueles – e estes são a maioria absoluta – que não se ajustam aos papéis legitimados. Nesse cenário, o padrão de beleza privilegiado, repetido em excesso, mostra-se incapaz de estimular a produção de novos significados indicadores de uma mudança mais radical. Por isso a mídia continua a reforçar imagens estereotipadas, que veiculadas pela figura do negro serviçal, do fora-da-lei, do atleta, ou do objeto erótico, em nada alteram o quadro de referências.

As reflexões produzidas por Pereira e Gomes, de algum modo retomam as observações de Jurandir Freire Costa,[12] quando alerta para o fato de a atribuição de valores negativos a detalhes do corpo dos negros e mestiços induzir à formação de uma baixa autoestima responsável pela disseminação sutil da ideologia do branqueamento, que nos atinge a todos como brasileiros. Porque o cabelo crespo foi sempre considerado difícil, selvagem, mal agradecido a cremes e óleos, passou a ser considerado *ruim*, em oposição ao cabelo liso, macio, sempre visto como *bom*. O cabelo *bom* é um fetiche entre a maioria dos brasileiros, e, por isso, faz-se metonímia de um corpo ideal, cuja cor branca é um pré-dado, "um predicado contingente e particular" (COSTA, 1990, p. 4).

---

[12] COSTA, Jurandir Freire. "Da cor ao corpo: a violência do racismo". In: SOUZA, Neusa Santos. *Tornar-se negro*. (1983). Rio de Janeiro: Graal, 1990. P. 1–16.

Costa ressalta ainda os processos de exclusão vividos pelo negro no Brasil, tomando como referência o modo como o corpo faz-se texto para a leitura dos mecanismos de aceitação e de repúdio ao diferente, produzidos pela sociedade brasileira. A desvalorização das imagens de negro, fomentada por clichês assumidos pelo senso comum, mostra-se significativa para se discutir, como faz o psicanalista, "o fetichismo em que se assenta a ideologia racial" (COSTA, 1990, p. 4). Os mesmos argumentos possibilitam acompanhar os sentidos produzidos pelo olhar lançado sobre o negro e a circulação das "negras imagens", principalmente as que permanecem em espaços de predominância negra e mulata. Paradoxalmente, nesses lugares, o olhar sobre o negro, ao ser internalizado e verbalizado deixa perceber muitas vezes o acirramento de tensões que se mostram no modo como a população mais pobre endossa imagens depreciativas sobre si mesma, porque também assume a opinião corrente de que negro é marginal, mau caráter, ladrão, maconheiro, desonesto, epítetos que traçam um circuito fechado, um círculo de giz que aprisiona o indivíduo na cor de sua pele.

Esse mesmo olhar acentua determinados fatores próprios de grupos em que as tensões entre fortes e fracos se mostram numa espécie de "constelação do delírio", que induz os indivíduos a se comportarem de acordo com uma "orientação neurótica", porque incorporam imagens que fazem do corpo do indivíduo um corpo perseguidor,[13] responsável pela rejeição que o indivíduo tem a si mesmo. O horror ao cabelo "ruim", ao nariz "chato", ao cheiro forte do corpo, explica esse comportamento acentuado a partir do momento em que o indivíduo é assolado por uma amargura e uma dor que se traduzem em ódio ao corpo negro, a marca de sua diferença.

Quando se considera, como lucidamente o fazem Pereira e Gomes, que os preconceitos e estereótipos são tornados naturais e, naturalizados, circulam mesmo em lugares em que a população é predominantemente

---

[13] A expressão "corpo perseguidor" está no texto de Jurandir Freire Costa (1990) e serve para explicar a fantasia persecutória que induz o indivíduo a ver o seu próprio corpo como foco permanente de ameaça e de dor.

negra e mestiça, entende-se porque a fixação de modelos impede a produção de estratégias de fuga e de transgressão. A arguta reflexão do teórico nos ajuda a perceber que a naturalização das imagens de negro, repetidas em excesso em fixação negativa, reduz a possibilidade de se produzirem novos significados que garantam a desestabilização de sentidos cristalizados.

Não é o que se percebe às vezes, quando a transgressão proposta pelas *performances* de grupos *funks* e de Hip-Hop, oriundos de bairros periféricos de São Paulo e do Rio de Janeiro, continua a ser descodificada, por significativa parcela de assustados espectadores, como incentivadora da violência que tais manifestações denunciam? Incapazes de perceber os significados produzidos pelos sons, pelas letras, pelos gestos, que compõem uma outra forma de representação social assumida pelos jovens da periferia, os que veem as galeras como ameaça insistem em apreender as *performances* a partir de determinados predicados que sempre relacionam o negro com a violência e a selvageria.

Verifica-se, nesse olhar persecutório que a sociedade lança sobre as expressões, que fogem aos estereótipos da diferença radical, uma fixação em modelos de representações que restauram o exótico, ainda que parecendo rejeitá-lo. Essa retomada do exótico atualiza certamente muitos dos elementos que podem ser observados nas obras de fotógrafos que focalizaram, no período escravocrata, as atividades desenvolvidas pelos escravos, no Brasil. A preocupação com a composição de cenas da vida brasileira em que o negro aparece como peça, como utensílio, como objeto de propriedade de seu dono, mostra a interferência do fotógrafo que funciona como um arranjador de cenas, como um cenógrafo que não desfigura a ordem social, antes mostra-se inteiramente a ela integrado. Aliás, seu trabalho reescreve a ordem escravocrata com os detalhes que procuram captar os traços dos escravos, amenizando, todavia, as marcas do trabalho servil e das sevícias em seus corpos.

Os retratos feitos por fotógrafos do porte de Christiano Jr., principalmente os incluídos numa "variada collecção e tipos de pretos", eram produzidos, como mostra Pereira, sem ameaçar a ordem social branca, porque, transformados em objeto de pura contemplação, apresentavam ao olhar do espectador o que ele queria ver como estereótipo do africano. Os trajes e as escarificações, longe de identificarem os negros como pertencentes às suas tradições, reconfiguram os índices de um exotismo desejado e consumido. Como acentuam Pereira e Gomes, as *cartes* são apresentadas ao público como testemunho do que os negros eram, isto é, objetos da paisagem e objetos de observação para o olhar curioso do espectador. Nelas se escamoteia, entretanto, a real condição em que o escravo vivia, porque as fotos o despersonalizam para focalizar sobretudo as atividades desempenhadas por ele.

Ainda hoje tenta-se reproduzir o cenário em que a representação do exotismo era absorvida. De algum modo procura-se revalidar lugares comuns que também estão nas *cartes de visite* elaboradas pelo fotógrafo Christiano Jr., no Rio de Janeiro da segunda metade do século passado. Esse mesmo mecanismo que aloca nos retratos de escravos detalhes próprios do exotismo também está presente nos modos como a sociedade atual começa a absorver as expressões culturais das galeras da periferia. Ao inscrever nas *performances* dos jovens funkeiros e na denúncia feita por elas das políticas sociais perversas que empurram cada vez mais uma grande massa de excluídos para os morros e favelas os significantes do exotismo, atenua-se a transgressão pretendida, isto é, naturalizam a rebeldia, transformando-a em novo estilo a ser consumido. De certo modo, para serem assumidos pela sociedade, que os vigia, os frequentadores dos bailes *funks* são também "fotografados" por um olhar que procura, não raras vezes, apenas apreender a coreografia dos *performers* e naturalizá-la a partir de determinados significados.

Deve-se destacar, por isso, que o processo de "glamourização" que já se evidenciava nas *cartes de visite* está presente nas imagens do negro-objeto, atleta, viril e altamente sexualizado, veiculadas pela mídia e mesmo na focalização das galeras de funkeiros, ainda que, nesse caso, muitas vezes, ressignificado em forma de demonização. Mesmo assim, de maneira nem sempre sutil, procura-se ressignificar a transgressão das galeras por uma estética que, aos poucos vai sendo assumida pelos jovens de classe média. Por um artifício típico da ideologia da tolerância, a pose dos retratos de escravos reaparece no modo como as expressões de transgressão são harmonizadas para aparecer nos programas de TV.

Pode-se pensar, então, que a preferência pelo exótico, no caso da circulação das imagens de negro é um caminho bastante perverso porque sempre propõe uma visão descomprometida com a realidade. No caso das *cartes de visite* e dos anúncios que informam sobre a fuga de escravos, como nos mostram Pereira e Gomes, impõe-se uma imagem do negro sempre como objeto, como "um objeto ruim, que causa prejuízos aos outros indivíduos". Do mesmo modo, como acentua Herschmann,[14] quando a mídia procura mostrar os grupos de funkeiros como "agentes da desordem e do caos", dissemina os modos como determinados discursos veiculam as imagens construídas pelo senso comum. Sem nenhum compromisso com sua transgressão, diga-se de passagem.

Todavia, é possível ler pelo avesso, as produções discursivas que se querem controladas pelo valores que disseminam. Assim, em todos os casos em que o negro é exibido por imagens-símbolo de uma diferença exótica ou transformado em objeto de um discurso que o desconsidera enquanto cidadão, outros sentidos se constroem à revelia de quem os produz. Como acentuam Pereira e Gomes, os negros escravos, nas *cartes de visite*, imobilizados pelo olhar do fotógrafo, que os transforma em peças a serem exibidas aos colecionadores, também expõem o complexo processo de criação, elaborado pelo fotógrafo no palco de ilusões em que se transforma o atelier. Este mostra-se como o lugar de apaziguamento de conflitos, pois ali o negro é sempre tomado como escravo-índice, como pose numa realidade idealizada nos limites do estúdio. Mas, ao mesmo tempo, é também o cenário em que a ilusão de eternidade contamina os negros e os faz desejar ser diferentes daquilo que são. Nas fotos, as roupas "exóticas" reforçam a ilusão de pertencimento a um lugar diferente daquele que os negros ocupavam na sociedade escravagista, como peças de uma engrenagem mercantilista. A realidade "mentirosa", é certo, podia ser vislumbrada na aparência de muitas das escravas fotografadas como amas, desempenhando as funções de mãe da criança, ou como pajens, que se parecem com as senhoras a quem pertenciam, e mesmo camuflada pela gama

---

[14] HERSCHMANN, Micael. *O funk e o Hip-Hop invadem a cena*. Rio de Janeiro: Editora da UFRJ, 2000.

de artifícios de que se vale o fotógrafo para apaziguar os conflitos sociais e culturais, que também acabavam sendo fotografados. Funcionando como uma escritura "visível", tais retratos compõem uma retórica que se mostra como a face significante da sociedade brasileira, exatamente porque apreende os escravos pelo viés do exotismo.

No caso das fotografias que estampam na mídia atual os negros transformados em modelos, em artistas que brilham na TV, os recursos privilegiados também produzem efeitos que apaziguam as "zonas de conflito", já que quase sempre só se ressaltam os atributos de uma composição que imobiliza o negro na figura do atleta, do homem viril ou da mulata sensual, eroticamente significados. Tais atitudes, como nos mostram Pereira e Gomes, ao justificarem os pressupostos da modernidade, que elege o *novo* como valor, ilustram a dificuldade de aceitação das diferenças tais como elas se fazem diferença. Apesar desse incentivo ao *novo* e de seu caráter libertador, a propagação de discursos, que fortalecem o mito da democracia racial brasileira, escamoteia o fato de que, como nas fotografias de escravos, a transformação do negro em espetáculo de consumo fácil sonega os seus direitos de cidadão. Basta observar a pouca alteração nos dados estatísticos que mostram o percentual de negros fora do mercado de trabalho e a insignificante visibilidade de negros na categoria "empregadores" – apenas 22% de negros, contra 76% de brancos –, como atesta o artigo de Dulce Pereira, no *Jornal do Brasil* de 27/11/2000. Ou que se considere a violência que se abate de forma assustadora contra a população predominantemente negra e mestiça, muitas vezes advinda da própria população marginalizada. Ou, ainda, que se observe a ineficácia de políticas públicas voltadas para o atendimento da população mais pobre e, por isso, predominantemente negra e mestiça.

Pereira e Gomes nos mostram que a formulação do discurso do *novo*, que vem sendo veiculado pela mídia, insiste em neutralizar a discriminação racial violenta e os reais conflitos da população brasileira. Assim, paradoxalmente, a exposição de rostos de negros e de mestiços bem sucedidos acaba por funcionar como as fotografias de escravos feitas no passado. Embora se procure retocar a face do país, marcando a ascensão de negros e de mestiços, limita-se a apenas substituir alguns dos estereótipos arraigados por imagens ardilosas que neutralizam a violência da discriminação. Desse modo, o discurso visual produzido pela mídia, que se desenvolve entre a proposta de uma nova imagem do negro e o *status quo*, que fornece recursos para estabelecer a imagem do negro reificado, implica hábeis rearticulações da ideologia da democracia racial. Ao se colocar na mídia o rosto e o corpo do novo negro, do negro que se afasta da população majoritária dos espaços marginalizados, acaba por se assumir a opinião de que *black is beautiful*, mas desde que seja igual ao que aparece na tela da TV, logo diferente da maioria da população.

A reflexão produzida por Pereira e Gomes nos faz perceber que essa imagem sedutora e ardilosa é encaminhada por um discurso utópico, que veicula argumentos sobre as possibilidades de transformação dos "negros margilizados de hoje em cidadãos críticos do futuro", substituindo estereótipos por outros estereótipos. O discurso sobre o novo prevê a possibilidade de ascensão do negro, mas isso só se faz possível quando referendado por imagens de indivíduos bem sucedidos como atletas, artistas, líderes políticos, *top models*, que particularizam determinados predicados também tornados contingentes e particulares. Paradoxalmente, todavia, esse mesmo discurso que faz eco aos estereótipos negativos sobre o negro, pode também fortalecer e estimular determinadas atitudes que, embora utópicas, podem produzir efeitos de sentidos transgressores, capazes de ultrapassar o ponto de chegada proposto de antemão.

É preciso, pois, estar atento, como nos advertem Pereira e Gomes, para se reconhecer os ardis que subjazem aos processos de representação. Há que se atentar para o fato de as representações transgressoras, estampadas na capa de grandes revistas ou veiculadas pela mídia televisiva, evocarem antigas contradições. Por isso, mesmo em transgressão, as representações ainda alimentam os preconceitos contra o negro, quando destacam alguns indivíduos privilegiados que conseguiram ultrapassar o alto percentual de negros entre a população marginalizada, no Brasil. A falácia das imagens ardilosas, como bem nos mostram Pereira e Gomes, em vários momentos de sua hábil reflexão, não consegue esconder o altíssimo número de negros e mestiços atingidos por diversas formas de exclusão, numa demonstração evidente de que os preconceitos e os estereótipos negativos continuam a fazer do afrodescendente a "vítima sacrificável" por excelência. Pode-se até continuar negando os dados estatísticos que demonstram que os negros vivem, no Brasil, uma situação de *apartheid* racial e social, embora a legislação brasileira não imponha diferenças ou separações entre as raças, mas não se consegue impedir que a própria exclusão exponha as contradições do discurso da mestiçagem harmônica e desvele os ardis utilizados pelos processos de representação do outro, do diferente, do marginalizado.

Mais do que nunca, diante de uma nova ordem social que nos é proposta pelas redes mundiais de financeirização e comunicação, visando à aproximação maior e inevitável das diferenças, faz-se *mister* observar, como nos advertem Pereira e Gomes, as estratégias que propõem essa aproximação, para que se concretize, de fato, uma nova experiência de mundo, voltada para a dignidade humana.

Prefácio à segunda edição

Julio Cesar de Tavares[*]

Há algum tempo, um jargão ronda os quatro cantos do mundo, toda vez que se fala da potência e do poder da imagem. Trata-se da frase que peremptoriamente afirma que "uma imagem vale mais que cem palavras", ou seja, mais vale uma imagem na mão do que cem palavras fiando. Para a vertente conservadora do senso comum, esta ideia representa a magna celebração e a atribuição suprema de insubstituível presença na tradução da realidade, como se, por si e em si mesma, a imagem fosse capaz de esgotar todo o dizer, revelar e valer.

A reedição do livro *Ardis da imagem: exclusão étnica e violência nos discursos da cultura brasileira*, de Edimilson e Núbia, felizmente nos permite adicionar mais uma *vereda* crítica para desmantelar aquilo que o mencionado jargão tem sugerido: *primeiro*, um caminho unilinear que evoca a realidade como se ela existisse exclusivamente fora dos intérpretes da mesma; *segundo*, o silenciamento dos sentidos e exclusões múltiplos realizados pela ação dos signos imagéticos em face do regime de visualização instituído no campo dos mídias e, *terceiro*, a inibição da escuta e seu corolário, o apagamento da presença do outro, cuja invisibilização e estereotipação resultam da imposição de um regime de verdade, que se quer incontestável e naturalizado. E é nesta direção que os autores avançam através de uma analítica do invisível e do fugaz das materialidades comunicativas que povoam o mobiliário da pragmática do mundo da vida.

---

[*] Prof. Dr. do Departamento de Antropologia da Universidade Federal Fluminense – UFF.

Para cumprirem esta missão, os autores recolhem os materiais na torrente de imagens em nosso cotidiano e as selecionam em suas ações pragmáticas como atos de fala, gestualizações encarnadas e multiplicadas em estereótipos das práticas exclusionárias e no des-reconhecimento dos atores sociais negros no imaginário cultural brasileiro. Com uma coleção configurada pelos mais diversos materiais, calçaram com vigorosa demonstração empírica a empresa a que se propuseram construir. Nasce, assim, um itinerário narrativo que aponta para os processos identitários dos grupos sociais negros em sua afirmação e negociação dos dispositivos acionados pelos "modos de representação" da negação àqueles grupos negros em diferentes sítios, como eles próprios afirmam: "na escola, no trabalho, na casa e na rua". Nessa linha de reflexão edificam um intrínseco vínculo entre o acontecimento oral/visual/gestual e o fio histórico que o contingencia. A singularidade do evento na sua localidade e sua projeção por toda a formação discursiva da sociedade global adquire assegurada articulação. Fazem-na sem perda de energia na análise, pois não buscam essências estruturantes ou universalidades determinantes que identifiquem a ordenação destes mecanismos. Ao contrário, a experiência e/ou positividade destes mesmos mecanismos é compreendida como pragmática linguagem delineada no uso discursivo da mesma e operada com a finalidade de formatar realidades de exclusões dos grupos negros.

Relevante, ainda, é o destaque a ser dado ao diligente percurso traçado por Edimilson e Núbia, regado pela ousadia e coragem que impede qualquer ancoragem ou rotulação em território disciplinar. Desta maneira, trata-se de uma análise nutrida por inesgotáveis recursos, elaborada com indignado engajamento crítico e inspirada em orientação teórica e metodológica multidisciplinar, melhor dizer, indisciplinada. O que permite destacar, criticar e desconstruir mazelas e agruras nos (e dos) ardis das imagens ao produzir desqualificações, intolerâncias, invisibilizações, tramas psíquicas da humilhação, blindagens cognitivas, entre outras tantas dores sociais. Trata-se, portanto, de um ensaio sobre o ambiente comunicativo criado pela máquina midiática e pragmática cotidiana e municiado por uma tenaz transversalidade de saberes que, em enunciação feita no capítulo introdutório, foi-nos revelada como um encontro entre a "psicanálise, antropologia e análise do discurso". Surpreendente é que, conscientemente ou não, se pode atestar a convergência dessa com aquela proposta enunciada por Lévi-Strauss, no *Antropologia Estrutural II*, para quem elementos da linguística, da psicanálise e da economia política do simbólico deveriam conduzir a uma fundamental renovação das ciências humanas e consubstanciar o que ele denominara de ciência comunicativa.

Por intermédio dessa agenda, os autores demonstram a complexidade fundante da exclusão, quer através da dissimulação ou da supremacia racial da branquitude engendrada nas sutilezas do modo de comunicação vigente sobre o desejo afirmativo dos negros excluídos, quer através do poder construtivo do contradiscurso imagético de "elaboração da nova imagem do negro brasileiro" e suas linhas de recepção social. Desta maneira, a máquina produtora das formas de dominação racial é desmontada deixando à mostra a habilidade de naturalização dos regimes de exclusão, da corporeidade da colonialidade e do des-reconhecimento dos sujeitos negros nos seus atos, emoções, inteligências e presença no mundo. Esta desconstrução das banalidades do modo de perceber os eventos que perfazem as visualizações do mundo da vida exercita uma atividade de combate ao racismo desde suas entranhas e em sua multimodalidade social. No entanto, numa ação hiperdialética, os autores não se deixam despencar no precipício das visões simplistas, ao reiterar o aspecto dialógico das linguagens das ações e experiências sociais desencadeadas mesmo por grupos antagônicos. Observação patenteada ao nos apontarem para o engolfamento do negro pelo horizonte do pensamento burguês ou de brancos pelo posicionamento intercultural, ambas modalizações atitudinais a emoldurar a complexa problemática.

Em diferente direção, porém, com semelhante esforço encontramos em Charles Pierce a sua proposta de análise pragmaticista da realidade do mundo como o ato de polir as 20 faces de um icosaedro. O que nos sugerira o maior dos semioticistas, em princípio do século passado, foi uma percepção mais integrada da realidade, tomando-a, então, como metáfora do polígono e subentendendo o trabalho analítico e perceptivo como um trabalho semelhante ao polimento de cada uma das faces. Do mesmo modo, Edimilson e Núbia se encarregam da tarefa de polir algumas destas faces de nossa realidade para afastar os resíduos que anuviam olhares e impedem o rumo para além do óbvio, na busca da raridade das investigações, como destaca Paul Veyne. Nesta trans-semiótica dos campos da cultura no encadeamento das *performances* oral/corpóreo/visual brasileira, os temas e possibilidades enlaçados no mapeamento cognitivo dos referidos campos são inúmeros, cuja eficácia dependerá, naturalmente, do modo como os materiais estão constituídos em *corpus* de pesquisa.

Mas, nesta matéria, o trabalho dos autores conduz a organização do *corpus* de pesquisa, estrategicamente, em vinhetas extraídas de eventos que pervagam torrentes da vida cotidiana, formatam lugares de sentido, contextos, situações e produzem verdades factuais com seus regimes discursivos de realidades. Vinhetas que se transformam em objetos de análise, encadeando capas de revistas, tatuagens dos corpos, frases aleatórias, gestualidades, substâncias das tradições orais, enunciações das efemérides, iconografia em geral e atividades escolares. Enfim, vinhetas consideradas materialidades comunicativas que arquitetam a gramática do mundo insidioso em que vivemos, que ordenam, pela familiaridade e pelas semelhanças, os conteúdos perversos desapercebidamente responsáveis pela colonialidade do poder na nação brasileira.

Por fim, mas não o último destaque que deve ser feito é quanto a um outro presente que nos concedem Edimilson e Núbia e que adiciona ainda mais potência à contribuição aos estudos da cultura visual. Para dar a conhecer com seriedade os resultados desta investigação, os autores – exímios poetas e, por conseguinte, grandes garimpadores de palavras – nos capturam com uma forte descrição etnográfica dos objetos orais/visuais/gestuais sobre as ações, subjetividades e cognições dos sujeitos negros. Esta atividade descritiva realiza-se em uma trama escrita de modo leve, fluido, dinâmico e claro, seduzindo o leitor pelo sabor do texto sem contudo permitir que o texto perca o necessário rigor da densidade, da revelação, da descoberta e da argumentação.

A elaborada contribuição na letra e na precisa e minuciosa escolha das palavras imprime elegância e um toque singular ao texto, assegurando ao livro *Ardis da imagem* um exercício crucial na leitura, na percepção e na vivência das artimanhas geradas pelo emaranhado de signos e pela arquitetura do modo de comunicação da exclusão. Uma ferramenta de referência para todos que almejam o aprimoramento da crítica à cultura visual e das possibilidades analíticas dela derivadas. *Ardis da imagem* se agrega à contribuição de Muniz Sodré, *Claros e escuros*, no caminho de uma análise semiótica da discursividade da cultura com a força da desconstrução dos jogos de linguagem e das formas de vida gerados pelo racismo em sua mulidimensionalidade social.

Saúdo o trabalho de Edimilson e Núbia como mais um passo na quebra da blindagem cognitiva construída ao envigoramento de uma tradição literária e crítica com um olhar afro-brasileiro. Um ataque à resiliente condição da colonialidade a que nos encontramos aterrados. Típica obra do emergente pós-colonial brasileiro que chega-nos como uma efetiva contribuição no deslocamento do velho paradigma do mito da democracia racial e na captura das estratégias da racionalidade, das subjetividades e da cognição encarnadas nos condicionamentos da representação oral/visual/gestual. Oxalá o livro *Ardis da imagem* seja mais uma caixa de ferramentas para o entendimento dos descaminhos na produção da identidade pluri-étnico-racial no Brasil.

"Quem foi que disse
que a gente não é gente?"
Solano Trindade

Jogos de luz e sombra

"Que somos nós entre os incêndios destas horas [...]?"
Moacyr Félix[1]

Os fatos do cotidiano, em sua fugacidade, muitas vezes, remetem a questões bastante complexas da sociedade. A insinuação é válida, se observarmos que, diante de certos comentários ou imagens, limitamo-nos a uma atitude de indiferença, pois, afinal de contas, pode ser que o assunto ou "o problema" não diga respeito a nós, mas aos outros. Assim, eximimo-nos de responsabilidades, criando a conveniente ilusão de que a sociedade se realiza com o bem-estar de alguns indivíduos ou grupos.

Contudo, a experiência social mostra o quanto nos distanciamos desse paraíso artificial, já que, ao mesmo tempo em que mudamos o curso do cotidiano, somos atingidos por suas ondas. Somos, simultaneamente, atores e espectadores dos enredos mais frequentes de nossas vidas. Tratamos aqui de relacionar o sujeito à historicidade de suas experiências, mas, além disso, de perceber o dinamismo das forças simbólicas que animam essas experiências. Sob esse aspecto, é possível apreender nas ações cotidianas uma diversidade de representações e de sentidos, que ultrapassam o seu aparente pragmatismo.

É sobre fatos do cotidiano que trata o nosso texto, ele mesmo sugerido como uma resposta a certas provocações diárias. Em linhas gerais,

---

[1] FÉLIX, Moacyr. O grande som. In: *Em nome da vida*. Rio de Janeiro, 1981. p. 53.

consideramos os processos de exclusão através dos quais são atribuídos lugares às pessoas e às comunidades no conjunto da sociedade brasileira. Ou seja, perseguimos a ideia de que as estratégias de exclusão nem sempre se articulam como alijamento de indivíduos ou segmentos sociais, mas também como um modo de representá-los que indica sua inclusão parcial numa ordem projetada por grupos hegemônicos.

Para explicitar nosso percurso, optamos pela análise da exclusão por motivos étnicos, verificando de que maneira ela se manifesta no discurso oral e no discurso visual através das conversas informais e da mídia impressa. Interessa-nos observar, também, como esses dois discursos interagem e se apresentam como recursos de comunicação compartilhados pelos segmentos que excluem e pelos que são excluídos. Em outros termos, isso demonstra que a aceitação dos discursos como fatos cotidianos dificulta o exercício da autocrítica, o que poderia levar à descoberta da violência e da exclusão ocultas sob as teias das experiências diárias.

Poucos se dão conta da tensão subjacente às expressões do tipo "Ele é um negro *até* educado", "Ela é negra, *mas* tem o cabelo bom" ou, ainda, às imagens de mulatas expostas nas capas de revistas e de homens negros mortos nas primeiras páginas dos jornais. De modo geral, essa prática social tem sido considerada como um conjunto de palavras e de imagens habituais a partir das quais se torna quase impossível pensar em outras maneiras de perceber as populações negras. Nesse sentido, os negros, pela sua própria ação ou pela iniciativa de terceiros, aparecem aos olhos da sociedade brasileira, evidenciando-se como parte dela. Porém, é preciso observar que os homens e as mulheres negras são apresentados de uma maneira tão negativa, a ponto dessa sua representação corroer os ideais de sujeito e de cidadania desejados pela sociedade com a qual eles se relacionam. Sendo assim, é possível dizer que o modo como os homens negros e as mulheres são representados na sociedade brasileira converte-se, paradoxalmente, num mecanismo de sua exclusão dessa mesma sociedade.

É importante notar que esse cenário se desenhou sobre as linhas da formação histórica da sociedade brasileira e implica, portanto, um confronto de orientações ideológicas. De um lado, as lideranças que articularam a imagem de um país branco ou mestiço com restrições às influências negras; de outro, as vozes que se levantaram contra esses preceitos. A situação, no entanto, não pode ser reduzida a essa dicotomia, principalmente quando as necessidades das relações cotidianas obrigam os indivíduos a estabelecerem diversos tipos de alianças. Aí emergem as contradições que revelam brancos engajados na crítica à exclusão dos negros e negros assimilados pelas ideias de rejeição ao seu próprio grupo étnico.

Além dessa contradição, frequentemente apontada, temos de ficar atentos para o fato de que a vivência cotidiana aguça os processos de exclusão na medida em que se diversifica e encontra canais para sua difusão. Ou seja, a exclusão por motivos étnicos se desdobra também na exclusão de valores culturais, de modelos fenotípicos, de estruturas de pensamento, de formas de comportamento e de bens materiais de um indivíduo ou de um grupo. Por isso, a exclusão dos negros, que ocorre porque são negros, repercute sobre os demais elementos a eles relacionados.

Junto disso, se entendemos a exclusão como prática decorrente de uma elaboração ideológica, teremos de considerar os canais que permitem o escoamento dos discursos excludentes. A mídia impressa, nesse ponto, constitui um suporte com muitos recursos, decorrentes das múltiplas aplicações atribuídas à palavra e à imagem. Os jornais e as revistas de maior circulação, por exemplo, apostam na combinação de linguagem coloquial e produção visual sofisticada no intuito de atrair os seus leitores. Isso indica que esses veículos, ao mesmo tempo em que interferem nas opiniões e comportamentos dos leitores, também se aperfeiçoam como suportes de comunicação[2].

Estamos, por fim, imersos no jogo de luz e sombras da convivência cotidiana, no qual a prática da exclusão étnica se evidencia e os elementos envolvidos na elaboração, difusão, aceitação ou crítica aos discursos dessa prática se mesclam e se diluem. Em vista disso, as relações se estabelecem mediante um clima de suspeitas e os atores desse enredo são, de alguma forma, tocados pelas contradições de uma sociedade multiétnica que tem investido pouco numa ética de valorização da diferença.

---

[2] DE FLEUR, Melvin L. *Teorias da comunicação de massa*. Rio de Janeiro, 1971. p. 29.

A busca das sínteses estimula uma vivência cotidiana em que sujeitos situados fora do padrão de uma identidade se tornam suspeitos. Por isso, a suspeita se constitui como uma categoria social ambivalente, ora voltada para os interesses de grupos dominantes, ora aberta como um critério de crítica à exclusão. No primeiro caso, o perfil identitário de um Brasil embranquecido, patriarcal, de classes média e alta, coloca sob suspeita o Brasil do "desvio", representado por negros, índios, mestiços, homossexuais e pobres – isto para nos atermos somente aos aspectos de etnia, gênero e condição econômica. No segundo caso, a suspeita consiste num recurso de autocrítica, que permite desconfiar do perfil identitário apresentado como sendo "o valor" da sociedade brasileira. Além disso, o ato de suspeitar questiona a prática que exclui as diferenças apenas porque se articulam como outras identidades e interroga os sentidos dos discursos que tentam impor sua hegemonia.

Adotamos a segunda perspectiva da suspeita para analisar a exclusão étnica, pois entendemos que assim é possível fazer a crítica aos discursos estabelecidos, tecer nossa autocrítica e expor nossa interpretação à crítica de outros analistas. Não pretendemos redigir um discurso de condenação da palavra ou da imagem, mas, cientes da limitação do recorte, optamos por analisar o modo como esses instrumentos se tornam, simultaneamente, o meio e a mensagem da exclusão étnica[3]. Ou seja, como a palavra e a imagem traduzem o sentido da exclusão na medida em que são, também, a prática da exclusão, como exemplificam frases do tipo "Negro não é gente" ou imagens de negros comparados a doenças.

Ainda uma vez, no jogo de luz e sombras do cotidiano, os atores vivem a tensão de terem que iluminar um ou outro dentre os sentidos possíveis dos discursos. A partir daí, uma nova ambivalência pode ser divisada, já que o ato de iluminar um sentido implica lançar sombras sobre outros sentidos, que permanecem latentes. Se a opção por um sentido e não por outro já constitui um procedimento ideológico, ainda é necessário levar em conta que as noções de sentido equivocado ou sentido pertinente também se articulam com base em certas disposições ideológicas.

---

[3] Ver MACLUHAN, Marshall. *Os meios de comunicação*. São Paulo, 1971. p. 21

Por isso, destacamos a importância do papel que a mídia impressa desempenha nos jogos de luz e sombra do cotidiano. Além da expectativa que capta a reduplicação da ideologia de certos segmentos em jornais e revistas, é interessante analisar como o discurso de exclusão étnica desses veículos se torna objeto de consumo dos próprios excluídos. Consideramos a hipótese da falta de opções dos excluídos negros, apesar de o mercado editorial brasileiro ser bastante diversificado. Além disso, é relevante discutir por que os negros brasileiros, mesmo quando têm opções para realizar seus discursos na mídia impressa, tomam por referência o modelo que os exclui.

Nesse caso, não se trata de satanizar a mídia impressa, pura e simplesmente, mas de verificar que sentidos da mídia têm sido iluminados pelos produtores e leitores de jornais e revistas. Como essas operações se desdobram no cotidiano – basta observar o interesse das pessoas que se acercam das bancas de jornais, buscando e trocando informações –, julgamos pertinente analisar como as opiniões de senso comum são manipuladas para delinear certas representações dos negros brasileiros. Nossa análise pretende verificar como a mídia, percebida como veículo de informação coletiva, idealiza e expande os conceitos que as pessoas compartilham no dia a dia, embora os indivíduos exprimam esses conceitos como propriedade particular.[4]

A ênfase na mídia impressa decorre do percurso histórico que orienta nossas reflexões. Partimos dos periódicos do século XIX para chegar aos contemporâneos, na expectativa de compreender como as imagens impressas reduplicam os preconceitos contra os negros já evidenciados no discurso oral. Esse percurso nos ajuda a perceber um painel social em que a imagem dos negros veio sendo administrada com a intenção de realçá-los como imagens de sentidos estabelecidos *a priori*. Portanto, a visibilidade das populações negras não pode ser pensada apenas sob o ponto de vista estético. É necessário considerar as implicações políticas desse fato, pois

---

[4] As piadas ou frases sobre negros podem ser elaboradas por um indivíduo, mas a tendência é de se tornarem parte de um repertório coletivo. Mas isso não impede que as piadas ou frases já pertencentes ao repertório coletivo sejam exibidas como propriedades de um sujeito. Isso está subjacente à expectativa criada em torno de alguém que se anuncia, ou é anunciado, como "especialista" em piadas de negros e, acrescentando, de mulheres, judeus, homossexuais, portugueses.

a ênfase no caráter negativo dos negros aponta o seu suposto despreparo para as funções estratégicas da sociedade, bem como justifica a necessidade de outros segmentos assumirem essas funções por eles.[5]

Nossa análise pretende ser uma contribuição aos estudos acerca das relações de poder que passam do espaço privado para o espaço público, tendo a mídia – especificamente a impressa – como canal de difusão e, também, como materialização de certas orientações ideológicas.

Assim, as notícias sobre o escravo que fugiu, no século XIX, ou sobre a trajetória da mulata de sucesso, na atualidade, indicam a transmutação de eventos do espaço privado (do senhor e da família, respectivamente) em eventos de domínio público, uma vez que se tornam alvos de interesse de diferentes tipos de leitores. Entre as questões a serem consideradas, nesses casos, estão o apelo à sociedade para empenhar-se na discussão sobre uma ética de atuação da mídia e a possibilidade de a mídia impressa vir a constituir-se como tribunal público – uma vez que atua na informação, na interpretação dos fatos e na formação de opiniões.[6]

A par do que foi dito, *Ardis da imagem – exclusão étnica e violência nos discursos da cultura brasileira* se apresenta como uma notícia sobre o cotidiano, portanto, como um evento da história, cujos sentidos não se esgotam em si mesmos. A notícia, aqui, é informação acerca de determinada realidade, mas se trata de notícia interpretada segundo um certo ponto de vista do redator. Por se tratar de assunto relevante, esperamos contribuir para um debate interessado, que mapeie a formação de opiniões voltadas para a promoção da dignidade humana e para o reconhecimento dos sujeitos que têm direito a ela.

---

[5] Sobre a administração da visibilidade na mídia, ver THOMPSON, John B. *A mídia e a modernidade*. Petrópolis, 1998. p. 121.
[6] Melvin L. DEFLEUR, *op. cit.*, p. 196.

Objetos suspeitos

> "e os que não são eles que são sãos e
> os que não são todos os que são mas não
> acham que são como os outros que se entendam
> que se expliquem que se cuidem que se"
> *Ricardo Aleixo de Brito*[7]

UM TEMA, SEUS NOMES

O cenário das relações étnicas no Brasil apresenta um grau de violência comparável aos regimes mais drásticos de *apartheid*, embora a sociedade insista em minimizar as consequências dessa e de outras práticas de exclusão. Do ponto de vista coletivo, tem-se sustentado o ideal de um Brasil em que os diferentes grupos convivem numa situação de relativa estabilidade. As divergências por motivos étnicos são tratadas como fatos esporádicos, que tendem a ser diluídos em meio às questões de ordem econômica e política. Por isso, o discurso dominante insiste em afirmar que somos um país de ricos e pobres, mais do que um *outro* país em que pessoas de diferentes origens étnicas se debatem em busca de condições sociais mais favoráveis.

---

[7] BRITO, Ricardo Aleixo de. Brancos. In: HOLLANDA, Heloísa Buarque de (Org.). *Esses poetas*: uma antologia dos anos 90. Rio de Janeiro, 1998. p. 267.

Do ponto de vista dos indivíduos, no entanto, a dramaticidade das relações é evidente, pois a exclusão por motivos étnicos constitui um fato concreto, que atinge as pessoas no corpo, na maneira como pensam, agem e exprimem seus desejos. Se o discurso dominante enfatiza, através da mídia, a participação exemplar de todas as etnias em eventos coletivos como o carnaval ou uma partida de futebol, por outro lado, não há como dissimular a agressão física e moral da polícia contra um homem negro ou uma mulher negra, apenas por considerá-los suspeitos durante uma *blitz*.[8]

Nos contatos individuais, o sujeito negro se depara diretamente com a razão porque é discriminado, na medida em que ser negro é a condição *sine qua non* para que as atitudes dos outros indivíduos em relação a ele sejam de receio e distanciamento. Vale lembrar as análises de Frantz Fanon acerca do fato de que a despersonalização vivida pelo negro decorre, em grande parte, do modo como o seu corpo é aprisionado pelos olhares que o excluem.[9]

Esses olhares revelam, simultaneamente, um medo e um desejo em relação ao negro, na medida em que o percebem como a diferença a ser evitada e como a provocação para a tessitura de outros liames históricos, sociais e afetivos. Essa dupla percepção é articulada como trama social e interpessoal, o que nos leva a considerar o fato de que ela interfere não só nos modos como o negro é olhado pelo Outro, mas também na maneira como os negros olham para si mesmos.

Mas essa ambivalência é desfeita quando os contatos individuais ocorrem num momento competitivo; nessas ocasiões, as ideologias tendem a se tornar elementos de negociação ou de imposição que contribuem para delinear o lugar dos indivíduos no jogo social. No momento competitivo as ideologias de exclusão são apresentadas sem eufemismos e, no tocante às questões étnicas, mostram que os sujeitos negros e não negros colocam em risco a possibilidade de sua interação se não se dispõem a respeitar-se mutuamente. À proporção

---

[8] Sobre o receio dos negros frente às forças policiais, ver SILVA JR., Hédio. Crônica da culpa anunciada. In: OLIVEIRA, Dijaci David de (Org.). *A cor do medo*. Brasília/Goiânia, 1998. p. 83-85.
[9] Ver FANON, Frantz. *Pele negra, máscaras brancas*. Rio de Janeiro, 1983. Homi K. Bhabha retoma a discussão desse tema em *O local da cultura*. Belo Horizonte, 1998. p. 73.

que falta o respeito mútuo, instaura-se a linguagem da violência e através dela os indivíduos marcam seus espaços de sobrevivência, estabelecendo e reduplicando linhas de valores que indicam os contornos de grupos hegemônicos e subalternos. Em geral, essa violência se exterioriza nos microespaços da sociedade, tais como escolas, saguões de hotéis e edifícios, em casas de espetáculos, ônibus, hospitais, ou seja, nos locais onde os indivíduos se encontram para entretecer as redes de convivência social.

No presente estudo, a pesquisa empírica é o ponto de partida para delinear a exclusão étnica como um drama que restringe os processos de inter-relações sociais. Ao tratá-la como um drama, consideramos o sentido que esse termo apresenta no campo estético para tentar compreender por meio dele as intervenções que os atores sociais fazem a partir de um *script* que estimula as práticas de exclusão. A exclusão, como drama, leva-nos a considerar dois fatores centrais: a participação dos atores e a configuração de um processo comunicativo que evidenciam a exclusão como um processo socialmente articulado.

É interessante pensar o drama como elaboração comunicativa essencialmente teatral, cujas possibilidades de representação de situações trágicas e cômicas se concretizam mediante a participação dos atores sociais. Daí a importância do diálogo para estabelecer a ambiência dramática, tendo-se em vista que é através dele que os atores se relacionam para debater sobre os sentidos que pretendem revelar e ocultar simultaneamente. Além disso, a tensão ocasionada pela diversidade de sentidos que se pode atribuir ao mundo cria o estado permanente de luta pelo domínio da comunicação: o ator dramático, mesmo em silêncio, é um sujeito que convida à comunicação, pois a sua atuação implica a elaboração de enredos que interferem no desenho das relações interpessoais e intergrupais.

O drama da exclusão conta com atores sociais que tecem seus discursos à luz da sedução e do medo despertados pela presença do Outro. As ações de quem assume o centro do enredo transitam nos limites do cômico (que desautoriza o Outro empregando a tática de expô-lo ao ridículo) e do trágico (que aposta em sua eliminação mediante a aplicação da violência).

O aspecto prático dessas possibilidades se exprime no repertório de piadas, frases e caricaturas que a sociedade assimila como sendo a representação do Outro. Veja-se a representação negativa dos negros brasileiros a partir de um recorte baseado no cômico para desautorizar a sua condição de pessoa e de sujeito social. Nesse caso, procura-se realçar os aspectos do negro boçal, ingênuo e sem inteligência, que pode ser manipulado como objeto. Por outro lado, tem-se a perspectiva trágica em que a representação do negro – já desautorizada pela exposição ao ridículo – é estabelecida de modo a justificar o seu exílio das instâncias sociais privilegiadas. Nesse ponto, percebe-se o interesse em demonstrar que o negro constitui um elemento de desequilíbrio na sociedade, o que justifica as ações repressoras que incidem sobre ele.

O discurso que os atores sociais organizam a partir das possibilidades cômicas e trágicas da exclusão configura um processo comunicativo, em que excluídos e agentes-da-exclusão se confrontam diretamente. O discurso e a ação excludente adquirem relevância à medida que se tornam prática social, daí a necessidade de abrir caminhos para o seu florescimento. Em outros termos, a exclusão faz parte de uma lógica de poder e, ao manifestar-se, revela a máquina do poder à qual pertence. Muitas vezes, o ato de excluir pode parecer discurso e ação do indivíduo, mas é necessário inquirir quais são as instituições de poder que também falam através do indivíduo. Esse fato é interessante, pois obriga-nos a considerar a exclusão como uma articulação social que, embora possa ocorrer nos limites das relações interpessoais, também as ultrapassa.

O processo comunicativo da exclusão implica o envolvimento dos atores individualmente e, ao mesmo tempo, das instituições e grupos aos quais pertencem. Sob esse ponto de vista, o drama da exclusão pode ser considerado como elaboração ideológica que se realiza dentro de uma sociedade competitiva. Os indivíduos e os grupos estabelecem representações de si mesmos e do Outro mediante um repertório de valores delineados hierarquicamente. Ou seja, a definição das representações ocorre a partir do momento em que o desejo de ser o centro (Eu e Nós) e não a periferia (Outro e Eles) evidencia o confronto entre os atores sociais.

O que é dito sobre o Eu (como síntese da identidade) e sobre o Outro (como crítica à diferença) constitui uma parcela de um processo comunicativo maior ligado às estratégias políticas, econômicas e culturais, que é apresentado à sociedade como um fato resolvido. Porém, como se trata de um processo, é interessante observar a atuação dos atores sociais e os canais que empregam ao transmitirem os discursos que mapeiam as relações de exclusão. Para o tema que investigamos, temos como atores os negros e os brancos, e como canais as instituições e os meios de comunicação. A partir desses elementos, podemos perceber o esboço de um cenário em que as relações de exclusão por motivos étnicos se desenvolvem de maneira tensa e violenta.

A título de exemplo, vejamos esse quadro dramático na escola – local que, na contramão de suas funções socializantes, tem-se caracterizado como instância de ocorrência da exclusão. O enredo tem como cenário a escola (espaço institucionalizado), como atores a professora (que exprime as opiniões de seu grupo familiar) e o aluno (que busca na instituição os recursos para confrontar-se com a exclusão). A escola e a professora, em geral, posicionam-se no centro da trama, obtendo, com isso, a autorização para representar os alunos como habitantes da periferia.

O depoimento a seguir procede da pesquisa que realizamos, desde 1979, para reunir imagens, piadas e frases sobre negros a serem analisadas no decorrer deste estudo. O depoimento foi registrado em correspondência pessoal enviada ao pesquisador por uma professora de escola municipal, em Divinópolis, Minas Gerais, que colaborou com o levantamento de informações sobre a discriminação contra os negros. Por um lado, julgamos pertinente resguardar os dados pessoais da auxiliar de pesquisa, já que a mesma não teve a intenção de transformar seu depoimento em fonte de investigação; por outro, observamos que as opiniões dela pertencem a um conjunto mais amplo, ou seja, constituem uma elaboração discursiva que identifica o modo como certos grupos sociais representam os negros. Percebe-se, muitas vezes, que o indivíduo reduplica a ideologia de seu grupo e, mesmo quando reconhece a violência que a caracteriza, vê-se impedido de elaborar um discurso de contestação.

Você não imagina o preconceito que tenho! E até que me esforço pra não ter, mas é difícil, cresci com várias pessoas de minha família falando horrores sobre os negros na minha frente. Bobagens, eu sei. Você pode imaginar a loucura que é ter alunos pretos, ver os outros alunos com gozações o tempo todo e ter que recriminá-los, enquanto, por dentro, eu própria os discrimino. Acho (tenho certeza, aliás) que é por isso que falo, falo e de nada adianta! Cheguei a pedir, no início do ano, que não me dessem turmas com pretos, que não sei lidar com o problema... e eu tento não ser racista, juro! Mas é inútil. Outro dia, fui fazer concurso do Pitágoras, em B.H. e quando encontrei minha sala, bati com o olho numa pretinha. Pensei: "Coitada, que coragem, está perdendo tempo"... e quando ela levantou, vi que estava grávida, aí pensei: "Nossa, vai pôr mais um pra sofrer no mundo, que coragem!" Porque os negros sofrem demais, pelo menos por aqui, é uma loucura. (*Professora B.* – Divinópolis, MG, 23-11-1986)

O relato da professora B. faz parte do cotidiano de muitas escolas brasileiras, embora permaneça o pacto de silêncio que leva a instituição e os excluídos a evitarem o debate aberto sobre o tema.[10] Os confrontos entre os atores e a existência de uma ideologia de exclusão na escola apontam para uma sociedade cuja prática de exclusão vem se constituindo como um dos eixos de sua organização. No relato da professora B., encontramos os recursos que a sociedade, em geral, emprega para excluir os negros. A primeira atitude é desqualificar os negros: a expressão "uma pretinha" revela a intenção de identificar os negros de forma pejorativa, considerando-os como elementos à parte da sociedade. Em seguida, afirma-se o privilégio daqueles que elaboram o discurso de discriminação: a escola e o corpo docente se tornam irradiadores de uma visão de mundo etnocêntrica, que resulta na exclusão daqueles não identificados com o padrão étnico-cultural dominante.

Cena semelhante se desenrola nos meios de comunicação. Tal como a escola, eles evidenciam a exclusão como a prática social cotidiana que atinge os negros. A exclusão por motivos étnicos passa a ocupar também

---

[10] Sobre as relações de discriminação estabelecidas pela escola e pela sociedade, ver GOMES, Nilma Lino. *A mulher negra que vi de perto*. Belo Horizonte, 1995. p. 68.

a moderna rede de comunicações internacionais, além dos veículos já conhecidos – como jornais, revistas e emissoras de televisão. A Internet, por exemplo, tem permitido aos indivíduos e grupos transmitirem as ideologias de exclusão numa velocidade maior que a dos outros meios. A dificuldade de estabelecer uma orientação ética para o uso desse tipo de meios cria situações graves, na medida em que a rede adotada por instituições como a universidade oferece aos usuários individuais recursos para que divulguem seus discursos de exclusão. Veja-se os casos em que estudantes utilizam a rede de suas instituições para veicular propagandas contra negros e homossexuais ou para fazer a apologia da violência.[11]

Uma vez mais, o espaço do cotidiano – representado pela escola, a universidade e os meios de comunicação – transforma-se em cenário onde os negros e outros segmentos são tratados de maneira hostil. Esse drama, resultante da elaboração ideológica e da prática de exclusão, pode ser observado como processo comunicativo que revela algumas das tensões da sociedade brasileira. É, portanto, como uma forma de comunicação que desejamos analisar a exclusão por motivos étnicos. Para tanto, é necessário pensá-la como um aspecto relacionado à formação social brasileira, e que adquire novas configurações à medida que a própria sociedade amplia sua capacidade para articular e divulgar suas ideologias.

Uma parcela considerável dos estudos a respeito dos negros brasileiros vem se detendo sobre os aspectos de seu patrimônio cultural ou de sua marginalidade decorrente da exclusão étnica e social. No entanto, poucas investigações abordam os mecanismo utilizados para tecer ideologias que atuam no cotidiano e contribuem para a exclusão dos negros. Tem sido habitual analisar aquilo que é dito ou feito contra os negros brasileiros, isto é, o resultado final de um esquema maior em que os motivos de exclusão são arranjados. Em outros termos, analisa-se fragmentos da exclusão – o discurso ou a prática –, mas não se leva em conta a cena

---

[11] Ver a denúncia contra o discente da Universidade Federal de Juiz de Fora, acusado de usar a rede da instituição para difundir mensagens contra negros e homossexuais. "Fim da sindicância: UFJF responsabiliza aluno por racismo" (*Tribuna de Minas*, Juiz de Fora, "Cidade", 13 ago. 1997, p. 1).

dramática da qual eles fazem parte, incluindo os atores sociais, os espaços que ocupam, os meios de comunicação que empregam e, sobretudo, as teias do pensamento e do imaginário acerca da exclusão presentes na formação e no desenvolvimento da sociedade brasileira.

O crescente processo de mundialização dos enredos sociais tem sugerido a possibilidade de pensar as relações étnicas nos âmbitos local e internacional, simultaneamente. Isso se considerarmos que o combate às diferentes formas de exclusão não constitui a necessidade de um grupo, mas dos cidadãos e das sociedades comprometidos com a defesa dos direitos humanos. Por isso, a compreensão das relações étnicas no âmbito local depende também do entendimento daquilo que ocorre em outras sociedades, pois a exclusão, ao fazer vítimas individuais, vitimiza os seres humanos como um todo e revela como diferentes sociedades se assemelham nos esquemas de produção da violência.[12]

A análise do drama da exclusão no Brasil é, também, uma tentativa de compreender como as redes de comunicação locais e internacionais contribuem para criticar ou difundir os discursos e práticas discriminatórias. Para tanto, é fundamental que possamos conhecer as especificidades das redes locais, por intermédio das quais a sociedade brasileira organizou o seu processo comunicativo de exclusão dos negros.

Numa visita ao século XIX, deparamos com várias publicações (jornais, pasquins, revistas) que foram incorporadas à vida de certa faixa das populações urbanas e rurais. A chegada dessas publicações nas áreas rurais – em geral para grupos restritos de intelectuais, políticos e outros mandatários locais – e sua presença cada vez mais constante nas áreas urbanas demonstram

---

[12] A ausência ou a representação estereotipada dos negros em livros e periódicos em diferentes sociedades é um tema que revela a constituição de mecanismos específicos de exclusão, ainda que a experiência do escravismo tenha sido um ponto comum entre estas mesmas sociedades. Nesse sentido, é interessante verificar como sociedades distintas, a brasileira e a norte-americana, por exemplo, deparam-se com a questão dos negros e sua representação nos livros e periódicos. Ver GOMES, NilmaLino. *Op. cit.*, 1997, p. 67; CONOVER, Kirsten A. The Missing Faces in Children's Tales: Absence of blacks in picture books coincides with racial conflicts. In: *The Christian Science Monitor*. Boston, Massachusetts, Tuesday, April 1, 1997.

a formação do hábito de o indivíduo se defrontar, diariamente, com as representações elaboradas a respeito de si mesmo e do Outro.

A nossa mídia impressa tem-se constituído como espaço de ambivalência para a representação dos negros, na medida em que não os toma como agentes sociais – daí a ausência de negros em muitas das páginas editadas – ou os apresenta segundo um recorte estigmatizado: veja-se a reiteração de estereótipos de negros atletas, artistas ou marginais. Isso decorre do processo histórico-social brasileiro que configurou, desde as suas origens, vários esquemas de exclusão de grupos menos favorecidos, destacando entre eles os negros e seus descendentes. Meios de comunicação como jornais, revistas e televisão, em grande parte do tempo, ocupam-se da transmissão de modelos culturais que excluem de suas instâncias de produção escalas consideráveis do público. Ou seja, a mídia estabelece recortes da diversidade cultural brasileira e os apresenta como se fossem o centro e o modelo da cultura brasileira. Nesse acervo de recortes, raramente são privilegiados os aspectos da cultura brasileira relacionados aos negros; quando isso ocorre, como já frisamos, é de maneira estereotipada.[13]

Vale chamar a atenção para a complexidade que envolve a tessitura do estereótipo, pois, como alerta Homi Bhabha, ele "é uma forma de conhecimento e identificação que vacila entre o que está sempre 'no lugar', já conhecido, e algo que deve ser ansiosamente repetido".[14] É dessa oscilação que nasce a força do estereótipo, infiltrado nos jogos sociais como "um modo ambivalente de conhecimento e poder".[15]

No caso específico dos negros brasileiros, a elaboração de estereótipos resulta de uma articulação que os situa dentro e fora da sociedade, de acordo com as conveniências dos grupos mais influentes. Os negros se tornam uma representação conhecida e desconhecida, na medida em que o estereótipo informa à sociedade que eles são o agente negativo, mas a deixa

---

[13] Sobre as contradições da mídia impressa no tratamento das questões étnicas ver CONCEIÇÃO, Fernando Costa da. Qual a cor da imprensa. In: OLIVEIRA, Dijaci David de et al. (Org.). A cor do medo. Brasília, 1998, p. 155.
[14] BHABHA, Homi K. Op. cit. 1998, p. 101.
[15] Ibidem, p. 103.

em suspense por não lhe revelar as outras faces que os negros podem assumir. Na tentativa de preencher as lacunas dessa ambivalência, sociedade e indivíduos se empenham na reiteração dos estereótipos como se fosse uma estratégia para justificar o processo histórico baseado nas práticas de exclusão e para sustentar um sentido de verdade para esse mesmo processo.

Em vista disso, a relação entre as elaborações discursivas e os meios de comunicação se reveste de grande importância, pois, através das primeiras, sujeito e sociedade exercitam sua competência para manipular as ideologias com que desenham os estereótipos e, através dos segundos, procuram difundir o discurso que, uma vez compartilhado e assimilado, legitima os seus enunciadores. Cumpre frisar que essa relação não é mecânica, ou seja, as elaborações discursivas e os meios de comunicação – em situações específicas – podem atuar na direção oposta à indicada anteriormente. Nesse caso, se tornam plataformas para os agentes que estabelecem a crítica dos estereótipos e propõem estratégias para superá-los.

No momento, abordaremos o lado dessa relação que reforça os procedimentos de exclusão, isto é, absorvendo, reformulando e difundindo estereótipos que situam os negros à margem da sociedade brasileira. Trata-se de um percurso que visa observar a montagem dos discursos de exclusão para, a partir daí, vislumbrar uma análise teórica que seja, também, uma reação política ao determinismo presente nas maneiras de representar os negros brasileiros.

A mídia, embora não seja a sociedade, apresenta-se como fruto da sociedade e nos permite observar que vários aspectos da representação dos negros, antes de chegarem aos meios de comunicação de massa, já estavam organizados e repercutiam no interior dos grupos sociais. Nesse sentido, é pertinente notar que o imaginário acerca dos negros teve, e tem, o seu terreno fértil no senso comum que orienta, de um modo geral, a vida dos indivíduos e dos grupos. Por isso, como veremos no decorrer deste estudo, é possível rastrear a conivência entre a mídia e o público no processo de exclusão dos negros, uma vez que a primeira cria novos estereótipos, mas também reitera antigos estereótipos difundidos no cotidiano da população brasileira.

O senso comum permeia as relações sociais, atuando como elemento definidor da busca de sentido para a vida em sociedade e, no dizer de Clifford Geertz, pode ser compreendido a partir de dois eixos: inicialmente como "simples aceitação do mundo, dos seus objetos e dos processos exatamente como se apresentam, como parecem ser". Noutra perspectiva, o senso comum é uma força pragmática que revela nos sujeitos o desejo de interferir no mundo "de forma a dirigi-lo para seus propósitos, dominá-lo ou, na medida em que se torna impossível, ajustar-se a ele".[16]

No tocante aos negros, percebe-se a existência de uma orientação ideológica dominante, que estimula a construção de representações baseadas no sentido conservador do senso comum. Os negros são representados de maneira estereotipada como se isto fosse uma verdade dada *a priori* e aceita pela sociedade como justificativa para admitir que a inferioridade dos negros *parece ser* incontestável. O aspecto conservador do senso comum restringe as possibilidades de contestar os estereótipos sociais, pois lhes atribui um caráter de fato natural. Em outras palavras, as ideologias dominantes, por meio do senso comum, fazem com que um fato socialmente construído adquira *status* de fato natural. Na prática, isso significa dizer que a exclusão por motivos étnicos está baseada na orientação ideológica que *faz parecer natural* um fato criado a partir de interesses de determinados grupos e divulgado como verdade inerente à própria sociedade.

Por outro lado, o senso comum sugere aberturas que permitem contestar a ideia de aceitação do mundo como ele é ou parece ser. Através dessas aberturas, os atores sociais e os grupos podem interferir na construção de seus espaços de vivência. Por isso, os sentidos do mundo se tornam variáveis articuladas a partir das relações entre identidade e alteridade, cuja maior consequência consiste no empenho dos atores sociais para realizarem a afirmação ou a crítica dos valores que os orienta.

As elites brasileiras, por exemplo, utilizaram as aberturas do senso comum para desenhar imagens dos negros da maneira que julgaram conveniente para atender aos seus interesses. Assim sendo, afirmaram

---

[16] GEERTZ, Clifford. *A interpretação das culturas*. Rio de Janeiro, 1989. p. 127.

sua ideologia de identidade mediante a desautorização do Outro-negro como possível referencial de uma identidade nacional. O ponto ferino dessa situação é que, na passagem do negro *bom escravo* para o negro *mau cidadão*,[17] os próprios negros e descendentes foram seduzidos pela possibilidade de interpretarem a si mesmos de forma negativa, assim como estava proposto nos periódicos dominados pelas elites econômicas e intelectuais do país. Em contrapartida, as aberturas do senso comum constituem um desafio para que os brasileiros encontrem meios de criticar os estereótipos e, simultaneamente, delinear representações em que os negros sejam reconhecidos como sujeitos sociais.

É importante frisar que o senso comum por si mesmo não atua como fonte de representações negativas ou positivas dos negros brasileiros. A manipulação que os diferentes segmentos sociais fazem do potencial do senso comum para alimentar a construção de sentidos é que sustenta as práticas de exclusão contra negros, nordestinos, mulheres, homossexuais, aidéticos etc. Mas como o senso comum *parece* não possuir sujeitos que o manipulam, a sociedade aceita como naturais as práticas de exclusão que são veiculadas através da linguagem verbal (histórias, chistes, piadas, frases feitas, etc) e da linguagem visual (caricaturas, fotografias, filmes,etc).

Os meios de comunicação de massa, de acordo com os interesses dos grupos dirigentes, utilizam o aspecto conservador do senso comum e, quando veiculam os estereótipos de negros, imediatamente justificam-se, afirmando, de maneira implícita, que estão apenas reduplicando as práticas que a sociedade insiste em aceitar como jogos de humor. Assim, os negros das piadas e frases feitas reaparecem nos jornais, revistas e emissoras de televisão, em geral, para reafirmar os valores sintetizados nos estereótipos do negro fora da lei, da mulata sensual ou do atleta bem-sucedido.

Uma alternativa a esse padrão são proposições de identificação dos negros brasileiros com negros situados em outros contextos sociais. Nota-se um esforço para que as condições locais de vida dos negros brasileiros sejam substituídas por outras, consideradas como símbolos de

---

[17] MOURA, Clóvis. *O negro, de bom escravo a mau cidadão?*. Rio de Janeiro, 1977. p. 17.

uma identidade cultural ou de uma resistência social a ser resgatada. Aí se incluem os paradigmas dos negros de países como a Nigéria e o Benin (que sugerem o reencontro da África-Mãe através das matrizes religiosas iorubás), a Jamaica (que é tomada como referência de liberdade construída pela linguagem artística, especialmente a música) e os Estados Unidos da América (que demonstram a possibilidade de conquista de direitos a partir das reivindicações dos movimentos sociais).

A adoção desses paradigmas apresenta resultados imediatos nos comportamentos, quando os negros locais – apesar de possuírem laços históricos profundos que os vinculam aos negros de outros países – limitam-se a reproduzir os aspectos que a mídia divulga. Em vista disso, verifica-se que os modos de agir e pensar dos negros brasileiros se explicitam como uma *bricolage* de valores que necessitam de um período para se conectarem às estruturas da nova realidade social. Nesse intervalo, o que se percebe é a tentativa de os negros brasileiros afirmarem suas identidades mediante a adoção de traços de outros negros que também procuram estabelecer perfis de identidade em seus contextos específicos. No entanto, se levarmos em conta a interferência dos contextos no estabelecimento dos perfis identitários, teremos que relativizar o princípio da identidade global entre os negros, baseado na existência de um espírito de uma solidariedade universal, tal como sugerem os versos de Agostinho Neto (Angola, 1922-1979):

> A ti, negro qualquer
> meu irmão do mesmo sangue
> Eu saúdo!
> [...]
> Esta é a hora de juntos marcharmos
> corajosamente
> para o mundo de todos
> os homens.[18]

---

[18] AGOSTINHO NETO. Saudação. In: *Sagrada esperança*. São Paulo, 1985. p. 47-8.

O reconhecimento das diferenças contextuais relativiza a criação dos perfis de identidade e nos leva a perceber que não basta ser negro para pertencer a uma comunidade de irmãos e de irmãs com os mesmos interesses. A interpretação da identidade como fato que se constrói nas tramas da história obriga à relativização dos laços de pertencimento uma vez que, ao lado da semelhança étnica é necessário considerar outros fatores sócio-político-econômicos que aproximam ou distanciam os negros. Eis o que nos mostra, de maneira autocrítica, a poética de Solano Trindade (Brasil, 1908-1974):

> Negros que escravizam
> e vendem negros na África
> não são meus irmãos
>
> Negros senhores na América
> a serviço do capital
> não são meus irmãos
>
> Negros opressores
> em qualquer parte do mundo
> não são meus irmãos
>
> Só os negros oprimidos
> escravizados
> em luta por liberdade
> são meus irmãos
>
> Para estes tenho um poema
> grande como o Nilo.[19]

---

[19] TRINDADE, Solano. Negros. In: *Tem gente com fome e outros poemas*. Rio de Janeiro, 1988. p. 15.

Os meios de comunicação, na medida em que atuam no processo de representação das identidades, têm oferecido aos negros brasileiros a oportunidade contraditória de serem outros – e não eles mesmos. Para tanto, não estimulam o debate acerca do relativismo identitário, mas, ao contrário, lançam mão do aspecto conservador do senso comum ao investir na lógica de que os modelos vindos do exterior ultrapassam, em valor, os sentidos das experiências locais. Evidentemente não estamos considerando apenas os caracteres alienadores da mídia ou do senso comum. Numa perspectiva dialética, é preciso observá-los também como elementos que, pela sua complexidade e riqueza de atributos, nos permitem elaborar estratégias de defesa da cidadania e de promoção da justiça social. Ou, ainda, como elementos dotados de plasticidade suficiente para refletirem a diversidade identitária que se desenha nos meandros de uma estrutura social como a brasileira.

A análise proposta neste estudo investigará as relações entre senso comum e meios de comunicação na tentativa de apreender as representações dos negros brasileiros resultantes desse encontro. Nossa reflexão não é necessariamente sobre a ausência dos negros na mídia, mas sobre a existência de uma linha de pensamento que exclui os negros da sociedade brasileira em função da maneira como os representa. Por isso, a partir da vivência cotidiana, na qual os fatos de exclusão se mostram concretamente, procuraremos perceber a teia de argumentos que fazem do Brasil uma sociedade excludente e violenta, apesar dos idílios que descrevem sua índole pacífica e ordeira.

MAPAS DE UMA LEITURA

A análise do discurso da exclusão por motivos étnicos, em suas vertentes verbal e visual, tem para nós uma dupla justificativa. Primeiro porque a investigação se desenvolve como complemento de pesquisas que realizamos anteriormente acerca da experiência social de populações negras brasileiras[20]. Abordamos a organização social de grupos economicamente menos favorecidos, habitantes de áreas rurais ou periferias urbanas, que encontram na vivência do sagrado um fator de constituição da identidade.

O discurso do sagrado nos permitiu verificar a preocupação das comunidades em afirmar sua identidade ao tomar como referência as heranças dos antepassados. Mas, na medida em que se pensa o discurso celebrativo como parte da teia social – portanto, afeito às disputas que envolvem a busca pela hegemonia simbólica e também política –, torna-se possível detectar em sua tessitura elementos que evidenciam os conflitos de natureza étnica, política, social e econômica. Muitas vezes, o discurso sagrado emitido pelas comunidades de negros brasileiros se apresenta como formulação orgulhosa da identidade, mas também se deixa atravessar pela visão excludente de discursos elaborados por outros grupos. Nesse caso, o discurso sagrado se revela como produção social que se exprime a partir de lugares e sujeitos historicamente envolvidos em processos de interação e conflito, apesar de remeter os devotos para instâncias da experiência transcendente.[21]

As elaborações discursivas que acentuam a exclusão por motivos étnicos, tanto quanto aquelas que acentuam o caráter do sagrado, solicitam um tipo de análise abrangente. Ou seja, os modos de construção das identidades dos negros brasileiros incluem suas experiências simbólicas com a religião ou a arte, por exemplo, bem como suas experiências históricas relacionadas ao corpo e à cor de sua pele.

Portanto, "as estratégias de singularização"[22] dos afro-brasileiros se desenham num horizonte de contradições. Isto é, a afirmação de uma identidade se torna possível mediante a adoção da vertente ortodoxa do sagrado (quando o sujeito se define como negro em virtude de sua *práxis* religiosa ligada ao Candomblé ou ao Congado) ou de uma ideologia política (quando o sujeito se diz negro em função de sua militância em partidos voltados para a defesa de direitos das classes menos privilegiadas).

---

[20] Cf. GOMES; PEREIRA. *Negras raízes mineiras*: os Arturos. Juiz de Fora, 1988; GOMES; PEREIRA. Isolados negros, desolados remanescentes. In: *Mundo encaixado*: significação da cultura popular. Belo Horizonte, 1992. Ver também PEREIRA. *Os tambores estão frios*: herança cultural e sincretismo religioso no ritual de Candombe. Juiz de Fora/Belo Horizonte, 2005.
[21] GOMES; PEREIRA. *Mundo encaixado*, 1992. p. 35.
[22] SODRÉ, Muniz. *Claros e escuros*. Rio de Janeiro, 1999. p. 10.

Porém, essa identidade é confrontada pelos discursos excludentes elaborados por outros grupos, não negros ou de tendências políticas não populares. Além disso, há que se pensar a identidade como um traço flutuante, cujas representações podem variar de um grupo étnico para outro e dentro de um mesmo grupo étnico. Assim sendo, a identidade absoluta sugerida pela ortodoxia do sagrado ou da ideologia política tende a ser interrogada por outras identidades decorrentes das maneiras específicas como os grupos de negros brasileiros experimentam o sagrado ou a política.

Uma segunda justificativa para a análise dos discursos de exclusão por motivos étnicos decorre da necessidade de ampliar os debates acerca das chamadas heranças culturais afro-brasileiras, a fim de compreender como as relações cotidianas – permeadas pela influência dos meios de comunicação de massa – constituem-se, pressionadas pela violência e a intimidação. Nesse contexto de envolvimentos afetivos, disputas no mercado de trabalho, entretenimentos, opções ideológicas etc., a cor "constitui um recurso simbólico"[23] que interfere nas possibilidades de o sujeito ser mais ou menos aceito. É seguro que não tocamos num aspecto inédito das relações étnicas no Brasil. Mas o que nos intriga é justamente sua constante atualidade e os embaraços que se erguem no momento de encontrar novos ângulos para interpretá-lo. Aqui vigora, em geral, o traço conservador do senso comum, isto é, como sociedade, sabemos da exclusão motivada por fatores étnicos, mas insistimos em admitir que é difícil olhar de frente esse tipo específico de discriminação. Nesse caso, a conclusão consiste em associar a exclusão por motivos étnicos à exclusão social e econômica.

No entanto, a leitura das vivências cotidianas revela que, além da discriminação socioeconômica, também ocorre a discriminação por motivos étnicos. Isso, paralelamente a um processo contemporâneo de "banalização" da problemática das "estratégias de singularização e soberania dos afrodescendentes" operada pela mídia e pelo mercado.[24] Por isso,

---

[23] *Ibidem*, p. 197.
[24] *Ibidem*, p. 10 e 258.

nossa metodologia de pesquisa voltou-se para a pesquisa de campo, a fim de registrar parte do discurso verbal e visual que, diariamente, serve como instrumento de confronto entre as pessoas que constituem o quadro multiétnico da população brasileira. À medida que acentuamos a visibilidade dessa forma de exclusão,[25] apostamos na possibilidade de estabelecer outra prática social, atenta à necessidade do diálogo entre os diversos grupos definidos segundo suas particularidades de etnia, gênero, faixa etária ou condição socioeconômica.

Mediante as justificativas, delineamos o objetivo central da abordagem, que consiste em evidenciar como as relações entre discurso oral e discurso visual têm sido articuladas para compor imagens estereotipadas dos negros brasileiros. Em torno desse objetivo, traçamos outros que se complementam e ampliam nosso campo de investigação. Sendo assim, empenhamo-nos em: analisar a atuação da mídia impressa diante das tensões diárias motivadas por questões étnicas; demonstrar como os vínculos entre senso comum e mídia podem ser manipulados para construir os discursos de exclusão; e, por fim, apontar a estratégia de mascaramento que encobre a exclusão étnica veiculada por textos e imagens alusivos aos negros brasileiros.

Para levantarmos o *corpus* do discurso de exclusão, consideramos as etapas da pesquisa de campo e da pesquisa bibliográfica. A primeira incluiu o registro do discurso verbal representado por frases feitas e piadas sobre negros que aparecem tanto na versão oral quanto na escrita. Realizamos essa etapa no período de 1979 a 1994, em cerca de 223 municípios do Estado de Minas Gerais. A coleta de dados contou com o auxílio de professores e alunos das redes de ensino público (municipal e estadual) e privada. Muitas vezes, os discentes inseriram a pesquisa entre as atividades didáticas em ocasiões específicas, como o 13 de maio (Dia da Abolição da Escravatura) ou o 20 de novembro (Dia Nacional da Consciência Negra). Parte expressiva dos levantamentos ocorreu em 1988, ano em que se comemorou o Centenário de Abolição da Escravatura.

---

[25] OLIVEIRA, Dijaci David de. A cor do medo: o medo da cor. In: OLIVEIRA. *Op. cit.*, 1998, p. 37.

Esses momentos, ao ocuparem maior espaço na mídia, repercutem nas atividades pedagógicas, motivando alunos e professores para os temas considerados polêmicos. Por isso, é importante observar – para dimensionar criticamente – a interferência da mídia no processo ensino-aprendizagem, na medida em que, junto com uma pauta de temas, também são oferecidos discursos de diferentes tendências. Durante a pesquisa, em 1988, verificamos que os temas acerca dos negros brasileiros ganharam espaço nas escolas à proporção que mereceram algum destaque em programas de televisão, jornais e revistas. Em muitos casos, as edições impressas funcionaram como motivadores para atividades realizadas em sala de aula.

No entanto, cessados os momentos de celebração cívica, reencontramos a dificuldade para abordar o tema da violência causada por razões étnicas. Para seguir a pesquisa, contamos com o empenho pessoal de vários docentes, negros e não negros. Em várias escolas, o tema mereceu atenção esporádica, ao passo que, em outras, o envolvimento pessoal dos docentes contribuiu para a abertura de discussões sobre outros temas considerados polêmicos, como o flagelo das drogas, a experiência da sexualidade, a violência familiar, os prejuízos do alcoolismo, a ameaça da AIDS etc.

A participação de jovens e adolescentes na pesquisa nos permitiu atingir diferentes espaços sociais: as informações foram colhidas no interior das escolas, nas residências, nos clubes, locais de trabalho e lazer. Portanto, as vozes que ecoam nas frases de negro pertencem a indivíduos pobres da periferia urbana e de áreas rurais, e a indivíduos de classe média e alta de várias cidades.

A pesquisa pretendeu, inicialmente, realizar o registro amplo dessa produção discursiva, por isso não levou em conta a tradução dos fatos empíricos em dados estatísticos. É seguro que essa tradução contribuiria para ampliar a visibilidade dos elementos arrolados, mas isso não invalida nossa pretensão de estabelecer o mapeamento do imaginário de violência que se concretiza numa prática social de teor semelhante.

A segunda etapa da coleta de dados foi direcionada para as fontes bibliográficas, nas quais buscamos referências – que comentaremos nas orientações e fronteiras teóricas – e representações do discurso visual acerca dos negros brasileiros. Limitamos a pesquisa sobre o discurso visual à mídia impressa. Detivemo-nos nas imagens de jornais e revistas por duas razões: primeiro porque o surgimento desse tipo de registro no Brasil esteve diretamente ligado ao discurso verbal, tal como veremos nos anúncios de escravos fugidos (século XIX) em que o texto comentava as imagens. Segundo, porque o discurso visual na mídia impressa tem merecido menos atenção que o discurso visual proposto pela televisão, o cinema e, mais recentemente, o vídeo. No entanto, é preciso estar atento a nossa tradição visual divulgada por meio de inúmeros periódicos, desde o século passado: as charges e caricaturas, em especial, funcionaram e funcionam até hoje como recursos de análise crítica da sociedade brasileira, ao mesmo tempo em que reproduziram seus preconceitos e formas de exclusão.[26]

Olhamos com atenção o registro fotográfico de negros brasileiros em fins do século passado, na expectativa de verificar se a mudança do suporte técnico na produção da imagem – ou seja, a substituição ou a convivência do desenho com os processos físico-químicos – foi acompanhada ou não de mudanças no esquema ideológico de representação da população negra. Vale observar que a alteração de suportes pode ser relacionada a interesses de ordem política, econômica e ideológica que estimularam a transformação dos periódicos em meios de maior circulação e de maior credibilidade junto do público, fatos que se tornavam possíveis mediante a reprodução em série da fotografia e do seu apelo realista.

Não tivemos a pretensão de exaurir o levantamento do discurso visual, mas de analisar certas estruturas visuais que remetem à ideologia de exclusão articulada pelo discurso oral. Portanto, não é a quantidade de imagens que nos interessa, mas a orientação ideológica que nos permite vislumbrar em imagens aparentemente diferentes um mesmo sentido ideológico. Por um lado, isso indica que a plasticidade do discurso oral e do discurso visual tem sido empregada raramente, quando se trata de representar os indivíduos negros; por outro lado,

---

[26] SALLES, Vicente. Crispim do Amaral. In: ARAÚJO, Emanoel (Org.). *A mão afro-brasileira*. 1988. p. 163-174.

demonstra aquilo que Muniz Sodré identifica como "a continuidade da rejeição à alteridade simbolizada pela fenotipia escura".[27]

Tendo como referência esse quadro da vida cotidiana – concretizada em representações do negro por meio da palavra e da imagem impressa –, procuraremos evidenciar e discutir a hipótese de que a sociedade brasileira é perpassada por uma lógica de exclusão étnica e social que, fundamentada no aspecto conservador do senso comum, vem sendo reiterada no decorrer de nossa formação histórica e social. A exclusão aqui aludida não se apresenta como novidade, mas nos interessa o fato de que ela se realiza na medida em que nasce do modo como a representação dos negros brasileiros acentua a sua marginalização, ao invés de contestá-la.

ORIENTAÇÕES E FRONTEIRAS

Sob a legenda da exclusão étnica, revelam-se e ocultam-se, em constantes cruzamentos, questões que reclamam diferentes formulações de análise. Embora as análises possam ser organizadas a partir de certas opções metodológicas, é a própria natureza da realidade social da exclusão que convida as linhas de análise para o diálogo e a confrontação. Falar sobre essa exclusão implica tocar simultaneamente no indivíduo e no grupo, expondo suas feridas mais íntimas e suas máscaras mais superficiais. O dentro e o fora, o antigo e o novo, o pessoal e o coletivo, o real e o sobrenatural – tudo, enfim, que diz respeito à configuração da ideia de sujeito e grupo como agentes da vida política, dos meios de produção e das elaborações simbólicas estremece sob a barbárie pensada da exclusão étnica.

A leitura dos aspectos da exclusão étnica sugere uma mirada crítica sobre os recursos utilizados na interpretação, uma vez que o discurso tende a se constituir, ele próprio, em empecilho aos significados que pretende desvelar. Diante de uma realidade complexa como a exclusão, observamos a queda do didatismo tantas vezes desejado na elaboração da análise, embora nós e outras pessoas continuemos a esperar o discurso evidente que nos ajude a compreender as misérias cotidianas.

---

[27] SODRÉ, Muniz. *Op. cit.*, 1999, p. 258.

Se considerarmos que as diferenças étnicas podem ser "reelaboradas, engendradas ou codificadas" como um procedimento social,[28] teremos de levar em conta a necessidade de realizar uma análise aberta para admitir-se como questionamento da realidade e de si mesma. Ou seja, a análise, mesmo quando se propõe como um discurso autorizado para contestar a exclusão, precisa estar atenta ao fato de que é gerada, também, sob as condições sociais que fundamentam a exclusão. Portanto, não há análise isenta de contradições, quando se trata de elaborar interpretação de fenômeno tão abrangente e contraditório como a exclusão étnica.

Nesse caso, propomos uma análise que contempla a exclusão sob diversos ângulos. Desejamos ressaltar que as elaborações discursivas, ao mesmo tempo em que participam das contradições sociais – e se exprimam como contradições, apesar dos esforços de autocrítica para minimizá-las –, apresentam-se como instrumentos de sua interpretação.

Por isso, entendemos as orientações, por um lado, como fronteiras em estado de tensão, isto é, preferimos mapear linhas teóricas que se cruzam diante de um objeto, como a exclusão, que a partir de frequentes mutações aprisiona os indivíduos e os grupos sob antigas máscaras. Por outro lado, apostamos na possibilidade de que as provocações teóricas nos levem a ver os elementos que foram alvos da exclusão como novos argumentos de crítica à exclusão e de afirmação de identidade dos excluídos. Ou seja, trata-se de observar como a violência do discurso oral e visual pode constituir-se em ponto de partida para a articulação de outras formas de representação dos negros brasileiros, bem como de outros segmentos também excluídos.[29]

Para a abordagem do discurso de exclusão étnica, optamos por trabalhar em três direções, privilegiando as suas implicações pessoais e coletivas, as linhas de sua constituição como valor cultural e seus efeitos como produto de confronto entre grupos sociais. As orientações teóricas em vista são, portanto, a psicanálise, a antropologia e a análise do discurso. Como salientamos, essas orientações oferecem recursos

---

[28] Sobre a reelaboração social das diferenças raciais ver IANNI, Octavio. *Escravidão e racismo*. São Paulo, 1988. p. 72.

para que possamos contemplar o discurso de exclusão sob diferentes ângulos, com a finalidade de compreender sua organização no contexto amplo da experiência social dos indivíduos.

Assim sendo, buscamos nos estudos de Freud acerca do chiste o suporte da psicanálise para observar as relações entre o imaginário individual e o imaginário coletivo, no intuito de estabelecer representações do Eu e do Outro.[30] É interessante frisar que tais representações se articulam em contextos sociais competitivos, podendo revelar os modos pelos quais os discursos se tornam elementos importantes nos processos de exclusão por motivos de etnia, de gênero, de condição econômica ou ideológica. Além disso, por esse caminho é possível observar como indivíduos e grupos manipulam os símbolos, a fim de marcarem os contornos de suas identidades e, consequentemente, os contornos da diferença representados pelo Outro.

De acordo com a perspectiva psicanalítica, o chiste apresenta várias conotações. Entre elas, consideramos aquela que o define como "algo cômico de um ponto de vista subjetivo", isto é, "algo que nós produzimos, que se liga à nossa atitude como tal e diante de que mantemos sempre uma relação de sujeito, nunca de objeto, nem mesmo objeto voluntário".[31] Esse sentido cômico e de ordem subjetiva presente nos chistes pode ser detectado no discurso oral (exemplificado pelas frases feitas ou poemas tradicionais) acerca dos negros brasileiros e ressurge no discurso visual por meio de veículos como jornais e revistas.

Por outro lado, o domínio das regras psicológicas que atuam nos chistes, frases feitas e imagens de exclusão resulta de uma elaboração cultural. Ou seja, a construção da identidade e da alteridade se exprime

---

[29] Angela Y. Davis, em *Blues, legacies and black feminism* (New York, 1998. p. xvii), observa: "In the contemporary period, wich is marked by a popular recognition of the politicalization of sexuality, the blues constitute an exceptionally rich site for feminist investigation". Vale frisar ainda o fato de que eventos culturais como o samba, a capoeira e o *blues*, antes perseguidos, tornaram-se canais para afirmação de identidades negras. Mas há que se questionar também as relações desses eventos com os *massmidia*, pormeio de um processo em que a "aceitação" dos valores excluídos implica o seu afastamento das comunidades onde se desenvolveram. Apesar de paradoxal, tem-se uma nova forma de exclusão construída a partir de um certo modo de inclusão.

[30] FREUD, Sigmund. *Os chistes e sua relação com o inconsciente*. Rio de Janeiro, 1977.

[31] *Ibidem*, p.28.

como evento cultural, caracterizando-se, por isso mesmo, como empreendimento de sujeitos voltados para determinados objetivos. Sob esse aspecto, os recursos da antropologia nos permitem pensar as organizações sociais em termos da relação dos valores simbólicos com a realidade, bem como da relação entre aquilo que os indivíduos pensam como expressão de si mesmos e da sociedade em que vivem.[32] Portanto, a exclusão por meio do discurso oral e do discurso visual se apresenta como um evento articulado por indivíduos reunidos em sociedade, de modo que falam tanto pelo sujeito quanto pelo grupo a que pertence.

Nesse caso, a exclusão operada pelos discursos indica um certo modelo de sociedade que, simultaneamente, legitima tal procedimento excludente. Em vista disso, as frases feitas e as imagens ganham autonomia, multiplicam-se, formam novas combinações com novos sentidos e passam a ser percebidas como parte de um imaginário coletivo, ainda que sua manifestação concreta ocorra por intermédio dos indivíduos. Mesmo que uma pessoa agrida a outra por meio de uma frase feita ou de uma imagem discriminatória, a tendência é interpretar tal atitude pessoal como reduplicação de valores coletivos. Em outras palavras, o campo imaginário a que recorre o agente da exclusão passa a representar um modelo para a organização da vida social. Em vista disso, mudanças na base material da sociedade – como a ascensão econômica dos negros – não são suficientes para evitar a exclusão por motivos étnicos, já que no imaginário coletivo e individual prevalece a estratégia de afirmação das identidades não negras mediante a desqualificação dos perfis identitários dos negros.

Por meio da análise do discurso verbal e visual, verificaremos os mecanismos que a mídia impressa e as pessoas empregam no intuito de desenhar a exclusão dos negros brasileiros com base em motivos étnicos e socioeconômicos. Nossa atenção está voltada para "as várias instâncias em que o significado da mensagem é negociado"[33] com o objetivo de analisar o roteiro percorrido pelo mesmo desde o agente

---

[32] GEERTZ, Clifford. Op. cit., 1989

enunciador até os diferentes interlocutores. Em vista disso, somos levados a nos interessar pelos "modos de representação da alteridade"[34] e da identidade, na medida em que suas articulações revelam muito das estratégias que os grupos sociais utilizam para delinear os seus processos de inclusão ou de exclusão.

Os significados da mensagem sobre os negros atravessam diversas etapas, interagindo com vários elementos, entre os quais o tipo de veículo midiático (jornal, rádio, televisão), de enunciador (jornalista, cientista social, cidadão comum) e de receptor (comunidades de periferia, grupos de intelectuais, estudantes). No tocante às representações do negro brasileiro, é importante ressaltar que os discursos articulados por esses elementos ocorrem a partir de um aparato ideológico em que as heranças estereotipadas do escravismo se confrontam com as atuais perspectivas de crítica à exclusão. Além disso, os manipuladores desse aparato agem de acordo com os lugares que ocupam na sociedade: assim sendo, jornalistas, artistas, políticos, intelectuais e público em geral interagem, durante o percurso de construção de sentido para as identidades do negro brasileiro, mediante as possibilidades de reiterar ou criticar os procedimentos de exclusão.

No entanto, as negociações em torno dos sentidos veiculados pelos discursos oral e visual revelam que o processo de produção de sentidos é um campo ao mesmo tempo aberto e fechado, no qual as contradições se apresentam como fato bastante palpável. Muitas vezes, por conta das contradições, os agentes dos discursos, ao elaborarem a crítica da exclusão, atuam de maneira que apenas contribui para reconfigurar o antigo esquema de exclusão. Isso demonstra a complexidade das negociações que envolvem os sentidos das mensagens, cuja consequência imediata é a possibilidade de transformar o processo de elaboração discursiva num "processo de fabricação da realidade".[35]

---

[33] COELHO, Maria Cláudia et al. Das fronteiras da teoria da comunicação: uma (in)disciplina criativa. In: BRAGA, José Luiz et al. (Org.). A encenação dos sentidos. Rio de Janeiro, 1995. p. 29.
[34] BHABHA, Homi K. Op. cit., 1998, p. 107.

Ao enfatizarmos a presença dos discursos oral e visual na escola, no trabalho, na casa e na rua, estamos considerando os lugares do cotidiano onde as pessoas se confrontam diretamente com as representações dos diferentes segmentos sociais. Aí, nesses lugares essenciais à experiência histórica dos indivíduos, encontramos as representações que são, muitas vezes, antecipações da provável existência social das pessoas. No que diz respeito aos grupos de excluídos, como negros, homossexuais, mendigos ou imigrantes, é praxe que a representação construída por meio dos discursos seja recebida como "a identidade" desses grupos. Assim, os sujeitos inseridos nesses grupos são contactados a partir da base de suspeita que os marginaliza, ou seja, cria-se um sentido *a priori* que implica a imediata desconfiança e a consequente adoção de medidas repressivas em relação àqueles categorizados como os Outros.

Diante disso, é pertinente indagar sobre as identidades possíveis que são silenciadas na vivência diária das pessoas e até que ponto a *identidade* assumida como sendo "a verdadeira" constitui uma capitulação de um grupo diante das pressões exercidas por outro segmento social. No caso específico dos negros brasileiros, investigar as alternativas para a elaboração de perfis identitários é tão importante quanto compreender os mecanismos que levam à construção de representações que os colocam na faixa de exclusão étnica e social.

Nossa abordagem enfoca o segundo aspecto, mas subentende que a crítica aos modelos estabelecidos, por um lado, sugere roteiros para a busca de outros perfis de identidade e, por outro, recusa-se a ser uma cartilha que ensina a identidade aos sujeitos. Tal como os sentidos dos discursos, que decorrem de intenso processo de negociações, também as identidades merecem ser pensadas como realidades dinâmicas.

Para tanto, delineamos as fronteiras teóricas na intenção de observar os elementos que contribuem para desenhar certo perfil de identidade dos negros brasileiros, a partir de um certo modo de representá-los. Por se tratar de uma investida interdisciplinar (envolvendo a

---

[35] COELHO, Maria Cláudia *et al. Op. cit.*, p. 29.

psicanálise, a antropologia e a análise do discurso), aceitamos o risco de sermos óbvios para alguns leitores e herméticos para outros. Ou, como no comentário de Anthony Appiah dirigindo-se ao leitor, "quando me constatar ignorando o que você julga importante, ou entendendo mal o que você entendeu corretamente, lembre-se de que ninguém, nos dias atuais, é capaz de abranger todas essas áreas com igual competência, e de que isso não torna menos válida a tentativa".[36]

Ao contrário de ser uma escusa para defender nossas reflexões das leituras críticas, apostamos na tentativa de análise interdisciplinar para expor o discurso às diferentes formas de inquirição. A análise, aqui, é antes de tudo provocação ao diálogo, principalmente por estarmos diante de um tema que, apesar de provocador, muitas vezes inibe as iniciativas das principais vítimas, ou seja, os excluídos.

A fim de atingir esse objetivo, subdividimos o texto em etapas que abordam a constituição da ideologia de exclusão por meio do discurso oral (frases feitas e poemas tradicionais) e do discurso visual (fotografias e desenhos divulgados na mídia impressa). No capítulo 3, "Palavras contra a noite", enfocamos a representação do negro nos poemas tradicionais conhecidos como abecês, enfatizando os modos de legitimação de sentidos que são articulados nas relações dos indivíduos entre si e destes com o grupo social. No capítulo 4, "Manual de facas", prosseguimos com a análise do discurso oral, para destacar também o processo de legitimação de sentidos, mas tomando como objeto as frases feitas.

A partir do capítulo 5, "A vida nos estúdios", passamos a considerar a inter-relação entre discurso oral e discurso visual, tendo como referência as fotografias de escravos no Rio de Janeiro do século XIX realizadas por Christiano Jr.. Verificamos, nesse ponto, de que maneira o discurso visual reduplicou o sentido da representação dos negros presente no discurso da tradição oral.

Em seguida, nos capítulos 6 ("Retratos do mesmo") e 7 ("Um não é todos"), procuramos evidenciar a saturação de um certo modelo

---

[36] APPIAH, Kwame Anthony. *Na casa de meu pai*. Rio de Janeiro, 1997. p. 15.

de representação dos negros brasileiros, como se em nenhum momento tivesse sido necessário fazer a crítica da passagem do suporte oral para o suporte visual. Isto é, deparamos com uma espécie de consenso nos meios de comunicação que levou à aceitação da mudança de suportes do discurso como um acontecimento autônomo, desligado dos conteúdos do discurso a ser veiculado. Bastou, portanto, alterar os suportes e manter o conteúdo da antiga representação designada para os negros. O capítulo final, "Negros vistos como negros", pretende ser uma crítica a essa perspectiva, sem, contudo, impor um novo modelo de representação. Ao contrário, discutimos as possibilidades de sentidos que podem alimentar os conceitos de representação.

Em síntese, a análise voltou-se para os discursos que sustentam a exclusão, considerando-os como parte de um processo de exclusão que também produz discursos. Sublinhamos o caráter social desse fenômeno, cujas consequências podem ser observadas concretamente na experiência cotidiana de negros e não negros. Nesse drama diário, a mídia desempenha papel decisivo, pois, à medida que reproduz ou critica os discursos de exclusão, tanto aquece os conflitos quanto gera expectativas de resolução dos mesmos.

Palavras contra a noite

"Por que se inventam palavras
que furam como punhal?"
Carlos Drummond de Andrade[37]

ORIGENS DAS DIFERENÇAS

O caráter multiétnico da sociedade brasileira pode ser rastreado nos modos como os recursos da língua são apropriados pelos grupos com o objetivo de produzir comunicação acerca de si mesmos e dos outros. Essa atividade de enunciação oferece um retrato das relações que mostram os indivíduos e os grupos situados nos limites da interação e do conflito social. A análise da enunciação evidencia do que estão falando os sujeitos; de que maneira, como falam, posicionam-se em função daquilo de que estão falando e, finalmente, como posicionam o Outro dentro de seus discursos. Em função disso, podemos mapear os caminhos que os grupos sociais percorrem na afirmação de suas identidades paralelamente ao fato de atribuírem valores a si mesmos e aos outros.

A interação que aproxima grupos ou indivíduos e os conflitos que os distanciam decorre, em parte, dos valores que vigoram nas relações sociais e são expressos através dos vários discursos. Estes demonstram

---
[37] ANDRADE, Carlos Drummond de. Gesto e palavra. In: *Obra completa*. Rio de Janeiro, 1992. p. 565-566.

que em torno de questões como o gênero, a etnia, a situação econômica e a disposição geográfica se desdobram os acontecimentos que dão forma ao corpo de uma certa sociedade.

A análise do discurso permite medir a temperatura das relações em que os representantes de cada categoria, colocados diante de si mesmos e de outras categorias, revelam-se a partir daquilo que vivem nas teias daquilo que falam. O discurso que mulheres e homens, negros e brancos, pobres e ricos, habitantes do campo e da cidade articulam a respeito um do outro – dentro de suas categorias – já tem por base diferentes pontos de vista que viabilizam a formação de uma realidade de discursos polissêmicos.

O intercruzamento de categorias amplia a rede de discursos e demonstra como a posição do indivíduo ou do grupo varia na sociedade. Em termos de Brasil, o conflito entre discurso patriarcal e discurso feminino de contestação criou diferentes possibilidades de mudança de lugar do homem e da mulher na sociedade. As consequências históricas desse conflito têm apontado um processo de ascensão da mulher em relação ao mundo fechado do patriarcalismo:

> Tanto no Brasil, como em outros países, as atitudes sobre o papel da mulher sofreram modificações nas últimas décadas, acompanhando as modificações ocorridas nos comportamentos relacionados aos papéis sexuais, sendo tais mudanças de atitudes mais pronunciadas no que se refere às oportunidades iguais de emprego e educação para ambos os sexos e menos pronunciadas no que se refere à divisão igualitária de responsabilidades dentro do lar, entre os sexos.[38]

Porém, quando o gênero se intercruza com a categoria étnica, observa-se que os rumos do processo acima sofrem alterações, já que a questão consiste em saber por que se tem uma expectativa mais otimista para a ascensão da mulher branca do que para a mulher negra. Esse exemplo é uma variante, talvez das mais conhecidas, que indica o quanto a elaboração e a difusão do discurso são relevantes para a compreensão dos papéis sociais. Para avaliar

---

[38] FERREIRA, Maria Cristina. *Revista de Ciências Humanas/UGF*. Rio de Janeiro, 1999. p. 99.

isso, basta especular acerca dos desejos que alimentam as mulheres ao confrontarem o discurso patriarcal: as brancas ricas estarão alinhadas com as negras pobres? Negras e brancas levam em conta suas trajetórias peculiares no fluxo da história brasileira? O passado de senhoras e escravas moldou diferentemente o imaginário de brancas e negras?

Dados como esses passam para a formulação ideológica do discurso e se espelham em situações que tornam a semelhança de gênero um fato insuficiente para que mulheres – ou homens – negras e brancas pensem, falem e atuem de modo idêntico na sociedade. A afinidade de gênero garante um ponto de contato, mas não resolve, por si só, os dilemas advindos das outras categorias a que pertencem mulheres e homens.

Os discursos tendem a reter nas entrelinhas essas diferenças e são elas que sugerem os matizes de identidades dos grupos numa sociedade multiétnica. É nas entrelinhas que percebemos como a reivindicação das mulheres sobre o direito de gestão do próprio corpo pode ser tecida em discursos que as une no objetivo, mas as distancia na maneira de alcançá-lo. A opção pela gravidez é um fato entre mulheres com níveis de escolaridade e posição social privilegiadas, ao passo que para mulheres pobres e com menos escolaridade a *escolha*, muitas vezes, está submetida a programas arbitrários de esterilização em massa. Por isso, é relevante compreender as entrelinhas do discurso étnico formulado nos domínios da cultura popular – segundo as noções do senso comum – e divulgado com o auxílio de suportes como a oralidade e a mídia impressa.

Estamos considerando a cultura popular tal como se apresenta em áreas rurais, onde a população socialmente desprivilegiada preserva e modifica saberes "fundados na historicidade, na experiência acumulada – também ela – por gerações de antepassados que aprenderam o mundo fora do paradigma da sabedoria erudita".[39] Esse modelo de cultura popular é caracterizado como um sistema significativo – fruto de representações simbólicas geradas na ação social – que se coloca como um modelo alternativo aos da cultura erudita ou da cultura de massas.

---

[39] Sobre o conceito de cultura popular como modelo cultural alternativo, ver: GOMES; PEREIRA. *Op. cit.*, 1992, p. 74.

Na cultura popular das áreas rurais, o discurso orientado pelo senso comum dificulta a identificação imediata do sujeito enunciador, pois apresenta-se à sociedade como uma espécie de patrimônio gerado coletivamente. Mas a análise das entrelinhas nos acena com a possibilidade de ver de que maneira essa voz coletiva pode ser, também, um meio para a expressão de vozes individualizadas. Para apreendermos as implicações desse tema, lançaremos mão de alguns aspectos do conceito de senso comum, tal como enunciado na perspectiva da antropologia interpretativa de Clifford Geertz. Segundo o antropólogo norte-americano, o senso comum é um elemento definidor de busca de sentido para a vida humana e pode ser compreendido a partir de dois eixos: primeiro, como "simples aceitação do mundo, dos seus objetos, e dos processos exatamente como se apresentam, como parecem ser" (aspecto conservador); segundo, como força pragmática que revela nos sujeitos um desejo de atuar sobre o mundo "de forma a dirigi-lo para seus propósitos, dominá-lo ou, na medida em que se tornar impossível, ajustar-se a ele" (aspecto transformador).[40]

As ideologias discriminatórias se apoiam em afirmações absolutas que são impostas ao grupo às custas da fragilização da autoestima dos discriminados. Essa imposição, às vezes, é sustentada pelo lado conservador do senso comum e se exprime nas relações sociais como uma verdade que *assim é* ou *assim parece ser*. No repertório oral da cultura popular brasileira, consta a lenda da origem das três raças. A narrativa, conforme veremos a seguir, é partilhada por muitos grupos e *faz parecerem naturais* a inferioridade e a marginalização dos negros.

> Todos os homens nasceram pretos, e Nosso Senhor, ouvindo a queixa, mandou que fossem se lavar num poço. Aqueles que encontraram a água limpa, saíram brancos. A água mais toldada deu os mulatos e gente de cor mais carregada. Os negros chegaram por fim e só encontraram água escura e rara. Tiveram apenas ocasião de molhar as palmas dos pés e das mãos. São as únicas que se tornaram brancas. É uma estória popular.[41]

---

[40] Cf. GEERTZ. *Op. cit.*, 1989, p. 127.

A transmissão da lenda de geração para geração, através da oralidade ou da escrita, tende a confirmar um tipo de "verdade" que é alimentada pelo lado conservador do senso comum. Em termos de elaboração de um discurso étnico, em muitos casos, o senso comum tem funcionado como legitimador da superioridade de um grupo e da inferioridade do outro. Esse modo de produção do discurso pode ser observado na forma literária, conhecida como abecê, encontrada no repertório da cultura popular. O estudo dos abecês permite comentar, entre outras coisas, a apropriação e a reelaboração que os representantes da cultura popular fazem de um elemento procedente da cultura erudita.

Os abecês são constituídos por versos de rimas simples em quadras, sextilhas ou septilhas e iniciados pelas letras do alfabeto. Segundo Câmara Cascudo, as origens antigas dos abecês atestam sua ligação com a cultura erudita. Em 393, Santo Agostinho compôs um poema contra os donatistas, com vinte estrofes em ordem alfabética, intitulado *Psalmus conta partem donati* (ou *Psalmus abecedarius*). Autores importantes como Juan del Encina e Lope de Vega (Espanha) e Luís de Camões (Portugal) também escreveram abecês poéticos.[42]

No Brasil os abecês se tornaram populares, abordando temas variados: histórias de cangaceiros, de bois fugitivos, de batalhas famosas, os prazeres e desprazeres da cachaça, as biografias dos santos e as características dos negros. Violeiros e repentistas, entre outros, ajudaram a divulgar os abecês cantando-os em praça pública. Até mesmo no ritual de Folia de Reis, os abecês de negros surgiram para marcar o instante de entretenimento dos devotos junto da lapinha. No município de Jequitibá/ MG, na parte lúdica da Folia,

> quando os reis fazem brincadeiras para distrair os presentes, é costume que os representantes Gaspar e Baltazar, brancos, recitem para Melchior o *piskin* do negro, que é uma forma de pasquim denominada ABC.[43]

---

[41] CASCUDO, Luís da Câmara. *Dicionário do folclore brasileiro*. Belo Horizonte, 1984. p. 523.
[42] CASCUDO, Luís da Câmara. *Op. cit.*, p. 1-2.
[43] GOMES; PEREIRA. *Do presépio à balança*. Belo Horizonte, 1995. p. 86.

A reelaboração dessa forma literária envolve sua produção como texto escrito e sua difusão preferencialmente através do canto ou da declamação. Além disso, mudanças fonéticas, sintáticas e ortográficas indicam que o grau restrito de escolaridade das pessoas menos favorecidas contribuiu para trazer o abecê da esfera erudita para a popular.

As pesquisas de campo sobre cultura popular que temos realizado demonstram que os abecês abordam o negro de acordo com a lógica conservadora do senso comum. Nosso objetivo é analisar os abecês de negro, procurando identificar alguns meios de construção do discurso racista que perpassa a sociedade brasileira e se apresenta como fato que *assim é* ou *assim parece ser*. Nesse jogo de discursos, é importante perceber a face de cada jogador, a fim de compreendermos até que ponto o ato lúdico não é senão uma máscara para ocultar angústias e desejos de quem é discriminado e de quem discrimina.

Quanto à metodologia, apresentaremos dois exemplos de abecês de negro recolhidos em pesquisa de campo, em Minas Gerais, para então analisarmos o seu sentido psicossocial. Do ponto de vista sociológico, abordaremos o discurso dos abecês apoiados no conceito de "mercado de referencialidade" proposto por Geraldo Nunes. Do ponto de vista psicológico, buscaremos suporte teórico nas reflexões de Freud acerca dos chistes e sua relação com o inconsciente.[44]

ALFABETO DA INTOLERÂNCIA

Escola sem paredes

Temos registrado a presença de abecês de negro em áreas rurais ou urbanas de pequeno e médio portes. Em geral, esse discurso está associado a atividades lúdicas (narrativas, piadas, desafios, batuques) e religiosas (Folia de Reis) da cultura popular. Entre os enunciadores dos abecês, iden-

---

[44] NUNES, Geraldo. Sobre a noção de mercado de referencialidade em análise do discurso. In: BRAGA, José Luiz et al. (Org.). *A encenação dos sentidos*. Rio de Janeiro, 1995. p. 159; FREUD, Sigmund. *Op. cit.*, 1977.

tificamos pessoas de grupos menos favorecidos negras e não negras que, ao lado de outras mais privilegiadas, veem os abecês como um tipo de entretenimento. As pesquisas que realizamos em centros urbanos maiores nos permitiram detectar uma frequência mais acentuada das piadas de negros em detrimento do uso da forma específica dos abecês. Nas áreas rurais, as piadas também foram registradas, mas parece que sua margem de prestígio é menor do que a dos abecês.

Nas cidades as piadas são difundidas entre estudantes de escolas das redes pública e privada e, a julgar por nossas próprias experiências, em reuniões e festas – independentemente da classe social – onde não é raro que se apresentem os especialistas em piadas de negro, de mulher, de português, de judeu, de japonês, de homossexual.

Os meios de comunicação de massa, como a televisão e os periódicos, manipulam e veiculam essa artilharia de preconceitos sem considerar as susceptibilidades de uma população multiétnica no País. É interessante analisar o conteúdo racista de vários programas humorísticos de produção nacional, muitos dos quais são exibidos em horário nobre da televisão. Os jornais, por um lado, divulgam matérias de denúncia do racismo, por outro, abrem espaço para discursos marcados pelo preconceito.[45]

As manifestações da cultura popular citadas anteriormente desempenham papel semelhante ao da televisão ou dos jornais, colocando as pessoas em contato direto com o discurso racista. Em ambos os casos, há que se investigar os laços de conivência que permitem a formação e a divulgação desse discurso, bem como a possibilidade de formação e interferência dos discursos de oposição a ele.

---

[45] Ver as imagens estereotipadas do negro em programas de grande audiência, como "Os Trapalhões" (*Rede Globo*) e "A Praça é Nossa" (SBT). O jornal *O Globo*, na mesma data de 8/12/1997, publicou uma matéria que condenava o racismo ("Relatório da OEA diz que Brasil desrespeita os direitos humanos e privilegia os ricos/ Documento já entregue a FH afirma que país é racista e lento na reforma agrária." – O País, p. 5) e outra, em que o racismo aparecia dissimulado como simples repertório de um grupo de humoristas ("Artilharia pesada de humor contra todos os alvos/ Turma do Casseta& Planeta lança novo livro com 300 piadas que soterram qualquer tipo de ideia politicamente correta").

Nossa análise enfocará especificamente os abecês de negro e suas implicações a partir do meio social em que são divulgados, ou seja, a cultura popular nas áreas rurais. Os exemplos nos permitirão analisar a orientação ideológica que os fundamenta, o seu modo de elaboração discursiva e o seu sentido psicossocial.[46]

Abecê 1

Avia em outro
quando tinha imperadô
não havia tanta desorde
que os preto tinha sinhô.

Bacalhau era o remédio
daqueles nego manhoso
que num qué tê paciência.
Nego num come gostoso.
Ainda podia tê bacalhau
pra certos negro teimoso.

Cara de nego é terrível
é coisa sem formosura.
Todo nego não presta
só tem boa dentadura
foi conseguida por Deus
pra estragá a rapadura.

Devia se imaginá
e prestá bem atenção
pois ainda não se sabe
de onde veio essa nação:
se é obra do capeta
ou livusia do cão.

Abecê 2

Agora chegou a hora
Da verdade eu falar
O branco é raça boa
E não nega seu lugar
Mas o preto infelizmente
(Eu não queria abusar!)
Não é raça nem é gente!

Bons tempos foram aqueles
Quando havia escravidão
A gente comprava eles
Igual bicho de estimação
Com chicote na lavoura
Capinavam nosso chão
Cantando de gratidão!

Como foi nunca será
Depois da abolição
Negro agora quer mandar
E fazer aparição
Sai na rua pra passear
E por branco quer passar
Fingindo ter boa educação.

---

[46] Para efeito de comparação, ver o abecê coletado por Leonardo Mota no Maranhão e citado por Câmara Cascudo, em *Vaqueiros e cantadores* (Porto Alegre, 1939. p. 11-15). O abecê-1 está em GOMES; PEREIRA. *Op. cit.*, 1995, p. 86-89. O abecê-2 é inédito e consta do arquivo de nosso Projeto, cujo título "Minas & Mineiros" foi modificado para "Veredas Sociais: pesquisa e análise interdisciplinar da cultura popular".

Eu calculo mas num sei
de que forma sucedeu:
se é gerado da terra
ou coisa que apareceu.

Fedorento eles são muito
pois não deve repará.
Não há essência no mundo
que faça nego cheirá
por muito limpo que seja
não há quem possa aguentá.
Gosta muito de lordeza
qué possa, qué não possa
só qué fazenda fina
e não qué fazenda grossa.
Afinal acaba todos
saltando cerca de roça.

Home é que nego não é.
Ah! isso eu garanto.
Deus não tem nada com nego
nego nada tem com santo.
Se eu estô sentado
E vem um nego eu num levanto.

Ia nego casá com branca
onde eu não acho vantage
do nego foi por feitiço
e da moça foi por bobage.
Não esperava de havê
no mundo tanta corage.

Já estô certo de uma coisa:
todo nego tem cara feia
de dia veve dormino
de noite na roça alheia.
Queixo de cobra não besta
na noite que nego passeia.

Daqui pra diante eu num sei
O que vai acontecer
Depois dessa tal lei
Do preto tão livre ser:
Subiram pro morro acima
Aprendendo a assaltar,
A roubar e a matar.

É voz do povo e é verdade
Que o vinho guarda o gosto
Da pipa onde ficou
Nisso eu tenho muita fé:
Negro veio da mata brava
Bicho era, bicho é.
Foi uma pena que o castigo
Parasse de acontecer
Escravo virou mendigo
Osso duro de roer!
trabalha, não quer nada
Só vive de aborrecer.

Gostam muito de perfume
Cheiro forte pra valer
Pra apagar azedume
Do cc de enlouquecer
Passam creme, passam tudo
Usam seda e veludo
Para com o branco aparecer.

Hoje em dia é perigoso
Chegar perto de um negrinho
Se a gente se descuidar
Nem que seja um bocadinho
A bolsa vai evaporar
E o relógio, coitadinho
Some logo pelo ar.

Imagina que tristeza
Para um branco de respeito
Ter que aguentar esse povo

Lembrei agora de uma coisa
e estô muito admirado
cabelo de nega preta
nunca foi incastoado.
Ora! foi por ventura?
Saiu todo encolhido e enroscado.

Moram que não tem quantidade
quem com nego se envolve
comete um grande pecado.
Tomá beijo de um nego
antes um tiro de revólve.
Nego não tem boca, é lapa.
Não tem nariz, é fucim.
Não tem ouvido, é buraco.
Não tem cabeça, é cupim.

Oração de nego é cálculo.
Barriga de nego é mala.
Casa de nego é senzala.
Desengano de nego é bala.

Pensei que eles acabasse
e eu cumpria meu intento.
Podia vir um ar mau
e conduzí eles no vento.
O mundo não tava cheio
de tanto nego nojento.

Quero que eles me diga
o nome da negrinha quando cresce.
Gente branca chama moça
todo mundo já conhece.

Razão eles nunca teve
pelas más ação que faz.
Na dança que eles vão
nunca termina em paz.
Parece que são mandado
por ordem de satanás.

Ter que viver desse jeito
Se escondendo a toda hora
Fechando porta e terreiro
Pro nego ficar de fora.

Já vi gente discutindo
Num abecê mais antigo
Que negro antes era branco
Até sofrer um castigo
Assim virou tição
Quando Deus entrou no meio
E fez uma maldição.

Komo foi que aconteceu
Ninguém mais sabe contar
Aquilo que sucedeu
Só dá para imaginar
A negra no Paraíso
Perdeu bem cedo o juízo
E começou a roubar.

Logo no primeiro dia
Dez maçãs ela roubou
Pensando que ninguém via
Cinco frangos ela matou
Pôs tudo numa sacola
Com muito jeito arrumou
E pra casa levou.

Mas o marido espertinho
Também quis aproveitar
Foi chegando de mansinho
E roubando devagar
Muita lenha, muito ouro
Ele ajuntou caladinho
E escondeu noutro lugar.

Ninguém pode garantir
A confusão que se armou
Quando a negra viu Adão

Se preto passa pra crente
não é por acaso não.
Ele qué tê o direito
de chamá branco de irmão.

Também nego se casa?
Pois nego já é marido?
Tenho visto é nego furtá
e não tirá escondido.
No meu pensamento
nego não é garantido.
Usam os nego no mundo
fazê o papel de cão.
Tanto os nego quanto as nega
Vive na má intenção.
Separe os nego das nega
que acaba essa nação.

Vi um nego se afogano.
Que merda! Poluição!
Tinha que afogá o resto
pra achá a solução.

Xeiro não há vidro que chegue
nem chita para vestido
todo preparo elas gasta
e é dinheiro perdido.
Merece chicote e peia
e ponta de laço comprido.

Zoológico é lugá de nego.
Por que tanta admiração?
Ou então é no inferno
o lugá de tanto cão.
E você não desconfia?
Não caça seu rumo não?

Ofereço esse bendito
pelo delegado Caifás
para sê repartido

E por ele se apaixonou
Eva logo entrou no meio
Num quebra pau de terreiro
E a crioula dispensou.

O Paraíso tremeu.
No meio da confusão
O crioulo quis brigar
E pôr culpa no patrão
Mas Eva não deu conversa
Não quis saber de demora
E pôs a crioula pra fora

Paraíso com crioulo
Vira inferno, vira mal
O jeito é pôr pra fora
Quem age igual animal
Foi assim que aconteceu
E por causa da desordem
É que o negro empreteceu.

Quer saber mais uma coisa
Que a ciência descobriu?
Branco é muito inteligente
Na cabeça tem uma semente
Que preto ainda nem viu
Negro é um tipo diferente
Da espécie rara TIZIU.

Resta ainda descobrir
Se macaco e se TIZIU
É o mesmo tipo de bicho
Que no planeta surgiu
Pulando de galho em galho
Estatelando no chão
E andando de quatro mão!

Será que isso tem jeito,
Que existe solução?
Que TIZIU, macaco e homem

com o tenente satanás.
Quero que eles me diga
se já chega ou se ainda qué mais
Rezando o credo em cruz
para me livrá dos nego
para sempre amém Jesus!

Um problema só existe
Que me deixa pensativo:
Se poluímos o espaço
Mandando negro pra lá
E causando destruição
Será que por castigo
O mundo não acaba não?

Vai ver que nossa sina
É o negro suportar
Pra limpar nossa latrina
Ele ainda tem seu lugar
E serve pra força bruta
Para pesos carregar
Lavar, varrer e passar.

Xi! esqueci de uma coisa
Que eu devia me lembrar
Preto pensa que ser branco
É questão de descascar
Mas tem outra diferença:
É trocar a inteligência
Para um branco se tornar.

Um dia serão irmãos?
Eu por mim bem que duvido
Do milagre acontecer
E estou pagando pra ver.

Tomara que a ciência
Encontre outra solução
E faça uma experiência
De acabar com essa nação
Mandando os negros pro espaço
Pra distrair os ET
Com uma caçada de laço

Ypisilon é uma letra
Que crioulo não conhece
Quando aprende a ler
Nunca passa além do S
Não tem letra, é garrancho
Não aprende, logo esquece
E da escola se aborrece.

Zê é Zé Prequeté
Crioulinho da Guiné
Teve um que valeu a pena
Foi esse tal de Pelé!
Que sabido que ele é!
Só mulher branca ele quer!

Ofereço esse bendito
Com sincera devoção
Esperando que algum dia
Preto não seja ladrão.

Ideologia dos abecês de negro

A análise da orientação ideológica dos abecês de negro chama nossa atenção para a ordem social que alimenta a elaboração desse tipo de discurso. Para esse ponto, levaremos em conta a proposta de Geraldo Nunes acerca da constituição de um mercado de referencialidade no qual ocorrem interação e disputa entre os discursos.

O discurso dos abecês de negro resulta de uma realidade social em que negros e brancos contracenam em busca de afirmação de identidades que já não podem mais ser delineadas, se não se levar em conta os seus enredos de interação e conflitos étnicos, políticos, econômicos e culturais. Os abecês, porque surgem envolvidos *por* e *com* esses enredos, devem ser tratados não como discurso isolado, mas como *um* "processo discursivo" numa ordem social permeada por *outros* processos discursivos.[47]

As relações entre os discursos na sociedade ocorrem a partir de um mercado que, segundo Geraldo Nunes, constitui-se em espaço institucional, ou seja, "no lugar onde os discursos sociais se interpenetram, se influenciam e se indeterminam".[48] A Constituição Brasileira é considerada um espaço institucional, já que é "formulada em função da perspectiva social de um processo de interação entre os diversos segmentos que compõem a sociedade".[49]

No caso dos abecês de negro, o espaço institucional não é tão definido em termos teóricos. Mas, em termos práticos, é delineado como uma modalidade social em que a vivência coletiva da religião, do lazer e do trabalho marca o espaço onde os discursos se influenciam a partir das interpenetrações e confrontações. É nesse espaço que, em determinados momentos, certos discursos "têm mais força e poder que outros para impôr suas representações, suas referencialidades e suas argumentações".[50] É no interior da religiosidade popular (que disputa prestígio

---

[47] NUNES, Geraldo. *Op. cit.*, p. 159.
[48] *Ibidem*, p. 160.
[49] *Ibidem*, p. 60.

com a Igreja institucionalizada e com outras orientações religiosas), do entretenimento (que mescla o sagrado e o profano) e da faina (que acentua a miséria dos pobres em prol do progresso dos ricos) que o discurso racista dos abecês se impõe aos negros e não negros.

As relações de interação e conflitos entre os discursos, no dizer de Geraldo Nunes, ocorrem de acordo com um sistema de regras sociais que rege "o intercâmbio de certas 'mercadorias' constituídas pelas representações, predicações e designações verificado entre os diversos segmentos que compõem a estrutura de classes de uma sociedade". Com o auxílio dessa noção, chamada pelo autor de mercado de referencialidade, podemos "observar os critérios de atribuição de valor a estas 'mercadorias' em determinado período".[51]

No mercado de referencialidade dos abecês de negro, relacionaram-se discursos que estabeleceram contornos significativos da sociedade brasileira: de um lado, o discurso patriarcal do Estado e dos senhores (representados por proprietários de escravos e latifundiários), de outro, o discurso da Igreja (representado pelos altos prelados e reduplicado, ainda que parcialmente, pelo baixo clero). A aliança entre Estado e Igreja demonstra que a busca da hegemonia política e religiosa estimulou a elaboração de um discurso conjunto que se impôs como modelador da lei e da ordem, ao mesmo tempo em que preservou áreas de interesse restrito de cada uma das instituições.[52]

A orientação ideológica dos abecês indica uma visão de mundo sedimentada em valores patriarcais identificados com o grupo dominante de senhores brancos, proprietários, apadrinhados pela instituição eclesiástica ligada ao Estado. Daí a alta cotação desse discurso num mercado de referencialidade que cotava em baixa os discursos de negros escravos ou libertos, de mestiços pobres, de mulheres negras e brancas. A imposição do discurso dos abecês pode ser analisada a partir do fato de que negros e brancos o assimilaram como um modo de interpretação de uma realidade e o incorporaram a algumas manifestações importantes de seu patrimônio sociocultural. Nesse

---

[50] *Ibidem*, p. 160.
[51] *Ibidem*, p. 160-161.
[52] CASTRO, Hebe M. Mattos de. Laços de família e direitos no final da escravidão. In: ALENCASTRO, Luiz Felipe de (Org.). *História da vida privada no Brasil – 2*. São Paulo, 1997. p. 339.

momento estão em destaque a eficiência de um grupo social – que articula e impõe os seus valores mediante o emprego de um discurso discriminatório – e a aceitação desse discurso por parte dos discriminados.

As regras do mercado de referencialidade – que valorizam o discurso dos grupos dominantes e restringem o dos dominados – são relativizadas no esquema de interações sociais. Isto é: o discurso de senhores brancos ricos se impõe, de maneira geral, ao discurso de homens e mulheres negros ou brancos pobres; o discurso de homens brancos pobres se impõe ao de negros pobres; o de homens brancos pobres se impõe ao de mulheres negras e brancas pobres; o de homens negros pobres se impõe ao de mulheres negras pobres.

É bom salientar que o mecanicismo não é uma característica do mercado de referencialidade: as relações entre os discursos pressupõem uma realidade dialética em que interação e conflito são faces necessárias para manter dinamicamente o jogo de produção de sentidos. Mas, em certos momentos – como o do regime escravista brasileiro –, o mercado diminui sua capacidade de distensão e tende a hierarquizar os discursos em demanda.

Observe-se que os abecês de negro são construídos a partir do aspecto conservador do senso comum. Por isso, os estereótipos de inferioridade do negro, elaborados *a priori*, são utilizados como elementos de organização do sentido imediato do discurso; a tônica é criar uma ambiência social mecanicista, com negros maus e brancos bons.

Os abecês de negro apresentam uma inclinação humorística que contribui para sua identificação no mercado de referencialidade. As conotações de chiste que perpassam os textos mantêm a agressividade de seu conteúdo, embora, em função do humor, isso pareça ser veiculado em "tom de brincadeira". As implicações psicológicas desse fato e sua interferência na realidade social nos levam a considerar as observações de Freud acerca da elaboração discursiva do chiste.

Modos de elaboração dos abecês

Na análise do modo de elaboração dos abecês de negro, deve ser levada em consideração a ordem psicológica que oferece recursos aos indivíduos para se situarem nas relações que envolvem a identidade e a alteridade. A ação de negros e brancos colocados uns diante dos outros está, em grande escala, representada naquilo que falam de si mesmos e de uns sobre os outros.

O discurso verbal que chega à superfície da sociedade possui uma rede de elaboração que, muitas vezes, escapa à percepção dos próprios agentes do discurso. Por isso, as reflexões de Freud acerca da elaboração dos chistes e da sua relação com o inconsciente nos permitirão avaliar alguns aspectos da montagem dos abecês de negro, tais como o uso do senso comum como suporte de significado e o raciocínio falho.[53] Após considerar a pouca atenção dedicada ao estudo do chiste, Freud confronta várias conceituações estabelecidas pelos estudiosos. Segundo Theodor Lipps,

> um chiste "é algo cômico de um ponto de vista inteiramente subjetivo", isto é, "algo que nós produzimos, que se liga a nossa atitude como tal, e diante de que mantemos sempre uma relação de sujeito, nunca de objeto, nem mesmo voluntário".[54]

Jean Paul Richter considera o chiste como "habilidade de encontrar similaridades entre coisas dessemelhantes, isto é, descobrir similaridades escondidas". Por outro lado, Theodor Vischer o entende como "habilidade de fundir, com surpreendente rapidez, várias ideias de fato diversas umas das outras tanto em seu conteúdo interno, como no nexo com aquilo a que pertencem". Vischer ressalta que, na produção dos chistes, sobressaem mais as diferenças do que as similaridades entre os elementos envolvidos.[55] Sintetizando as definições anteriores, percebemos que, em linhas gerais, o chiste se caracteriza pelo contraste de ideias, o apelo ao *nonsense*, a brevidade da enunciação e a possibilidade de promover o desconcerto ou o esclarecimento dos envolvidos numa determinada situação.

---

[53] FREUD, Sigmund. *Op. cit.*, p. 77-82.
[54] *Ibidem*, p. 21.
[55] *Ibidem*, p. 22-23.

Como produção verbal, o chiste revela a intervenção de agentes sociais que o utilizam a fim de atingir certos objetivos. O chiste é uma atividade que visa extrair prazer dos processos mentais que se concretizam através do uso de determinadas técnicas verbais. A possibilidade de ser um canal de acesso ao prazer transforma o chiste em alvo de curiosidade e interesse. Decorre daí o seu valor social na medida em que passa de uma pessoa para outra, tecendo uma rede de enunciação.[56]

Quanto aos tipos, os chistes foram classificados por Freud como *inocentes* (possuem um fim em si mesmos) ou *tendenciosos* (servem a um fim, são irresistíveis e têm uma fonte de prazer além dos chistes inocentes). O chiste tendencioso pode ser subdividido em *obsceno* (tem o objetivo de provocar o desnudamento) e *hostil* (tem por finalidade agredir, satirizar ou promover a defesa).[57] O chiste obsceno ou *smut* é caracterizado por uma ênfase verbal intencionalmente relacionada a fatos e relações sexuais. Segundo Freud,

> O "smut" é como que um desnudamento das pessoas, sexualmente diferentes, a quem é dirigido. Pela enunciação de palavras obscenas a pessoa assediada é compelida a imaginar a parte do corpo ou o procedimento em questão, ao mesmo tempo em que lhe é mostrado o que o assediante, ele próprio, está imaginando.[58]

O chiste hostil nos coloca diante da situação em que a "hostilidade brutal, proibida por lei, foi substituída pela invectiva verbal".[59] O chiste, nesse caso, é uma resposta à repressão dos impulsos hostis do indivíduo ou da coletividade e pode voltar-se contra formas de limite representadas pela família, etnia ou nação. Os chistes *agressivos* se dirigem contra pessoas, raças ou instituições; os *cínicos*, contra a moral e a favor do *carpe diem*; e os *céticos* criticam a nossa própria capacidade especulativa.[60]

---

[56] *Ibidem*, p. 28.
[57] *Ibidem*, p. 13, 116-117.
[58] *Ibidem*, p. 118.
[59] *Ibidem*, p. 123.

Nos abecês de negro, podemos detectar diversos elementos que constituem o chiste, a começar pelo valor social de que desfrutam. Por enquanto, vamos tomar valor social sem levar em conta o aspecto moral que indica se o abecê é racista ou não. O valor social aqui tem um sentido amplo, isto é, ilustra a competência do indivíduo ou do grupo para articular um processo discursivo. Nesse sentido, negros e brancos têm demonstrado competência na elaboração dos abecês, haja vista a sofisticação dos exemplos que citamos. Posteriormente, analisaremos as contradições inerentes a essa competência discursiva.

Os abecês são percebidos como produção de um saber que exige habilidade daqueles que o utilizam como discurso, pois em sua constituição é necessário combinar elementos culturais e estrutura lingüística, a fim de atingir determinados objetivos. Além disso, é importante delinear o ambiente social que possa "aceitar" a enunciação dos abecês.

O domínio dessas operações é responsável pelo prestígio que alcança o enunciador dos abecês. Em nossas pesquisas de campo em Minas Gerais, temos ouvido comentários a respeito de pessoas que sabem os abecês da primeira à última letra: o orgulho é tanto daquele que faz o comentário quanto do Outro que é enaltecido.

O valor social dos abecês é realçado quando tentamos percebê-los no mercado de referencialidade dos discursos. Nesse espaço sobressaem os discursos apoiados por fatores de ordem política e econômica (ou seja, de grupos privilegiados), mas também aqueles tecnicamente bem estruturados. Os abecês de negros não fogem a esse pressuposto, de modo que devemos considerar dois aspectos técnicos em sua montagem: o uso do senso comum como suporte de significado e o raciocínio falho.

A lenda da origem das três raças explica a inferioridade dos negros de um ponto de vista mítico, ou seja, de uma revelação feita pela divindade. A repetição da narrativa funciona como um rito que confirma a narrativa primordial que, por sua vez, é confirmada por uma realidade social na qual os negros aparecem em condições menos favorecidas. Os abecês geralmente partem da realidade

---

[60] *Ibidem*, p. 136.

social – do tempo em que os negros eram escravos – e algumas vezes apelam para o relato mítico-bíblico da maldição de Cam (vide **Abecê 2**). Em ambos os casos, a inferioridade do negro é apresentada como fato inexorável, ou seja, na História ou no Mito, ele está fadado a purgar sua culpa delatada pela cor da pele.

Essas evidências são difundidas pelo senso comum em seu aspecto conservador, como vimos nos pressupostos de Geertz. Assim, os abecês traduzem uma "simples aceitação do mundo, dos seus objetos, e dos processos exatamente como se apresentam, como parecem ser": "Cara de nego é terrível / Home é que nego não é" (**Abecê 1**); "Mas o preto [...] Não é raça nem é gente" / "Negro veio da mata brava / Bicho era, bicho é" (**Abecê 2**).

Diríamos que o senso comum produz uma espécie de "ideologia natural" que representa as etnias hierarquicamente, identificando-as a partir de traços absolutos. Vide os exemplos acima, que traduzem uma afirmação fechada: negros não são pessoas. Pelo mesmo artifício, são difundidos comentários do tipo: judeu é avarento, mulheres são inferiores aos homens, nordestinos são subdesenvolvidos. No contexto social, onde as etnias interagem e divergem, o uso da ideologia do senso comum pode criar situações estarrecedoras, na medida em que é reelaborada sob a forma de ideologia política. Decorrem daí, muitas vezes, sob o olhar atônito da sociedade, a formação e a justificação dos guetos e dos campos de concentração, bem como as perseguições raciais e o ódio estimulado a serviço de grupos privilegiados.

Na análise dos chistes, Freud observou que um raciocínio lógico pode ser usado para "ocultar um ato de raciocínio falho – a saber, um deslocamento do curso do pensamento". Em função disso, o chiste pode estar a exibir "*algum 'nonsense' ou estupidez*".[61] Essa é a técnica dos chistes absurdos, que apresentam algo estúpido e absurdo cujo sentido procede da demonstração de algo que seja também estúpido e absurdo.[62]

---

[61] FREUD. *Op. cit.*, p. 73.
[62] *Ibidem*, p. 76-77. Um dos exemplos de chiste absurdo citado por Freud é: "Não nascer seria a melhor coisa para os mortais". O absurdo está em que "Quem não tenha nascido não é, em absoluto, um mortal, não havendo para este nada de bom, nem de melhor".

Nos abecês de negro, a técnica do absurdo é aplicada de maneira menos complexa, mas nem por isso menos eficiente. O absurdo é dado *a priori* pelo aspecto conservador do senso comum – que admite valores absolutos sem questioná-los – e atua a partir da aparente naturalidade de expressões como: "Nego não tem nada com Deus / Tanto os nego quanto as nega vive na má intenção" (**Abecê 1**); "Hoje em dia é perigoso / Chegar perto de um negrinho / Se a gente se descuidar / Nem que seja um bocadinho / A bolsa vai evaporar" (**Abecê 2**).

Os argumentos absurdos dos abecês retiram seus sentidos de outras asserções que não admitem relativizações, isto é, que são apresentadas como única possibilidade de sentido. Assim, nas relações sociais, os atributos dos negros já estão preestabelecidos e aquilo que está num negro estará obrigatoriamente em todos os outros:

Nego não tem nada com Deus = *Nego/Nega mal intencionados*
Negros não têm religião   Negros são imorais e sem caráter

Um negrinho é, de antemão, um assaltante
Negros são assaltantes e bandidos

A eficiência do absurdo nos abecês de negro decorre da falta de necessidade de estabelecer o questionamento dos argumentos apresentados. Há uma lógica de mínimo esforço que estimula a aceitação dos argumentos tal como são. Às custas da repetição sem crítica, o absurdo se impõe e se torna sedutor como uma alternativa às argumentações que passam frequentemente pelo crivo da dúvida e da crítica. Nos abecês, quanto mais absurdas as referências aos negros, mais atrativos eles se tornam. É o que demonstram a tradicional alusão da familiaridade entre negro e diabo (ambos rejeitados e marginais) e a fixação atual do vínculo entre o negro e os ETs (ambos estranhos e ameaçadores).

Sentido psicossocial dos abecês

Enfatizamos anteriormente o valor social dos abecês em termos da competência individual ou coletiva para articular um processo discursivo específico. Não podemos nos esquecer de que esse discurso faz parte de um mercado de referencialidade no qual ele disputa com outros discursos o direito de precedência. A relação entre os discursos no mercado de referencialidade ocorre a partir dos sentidos, valor moral e representações que exibem como seus atributos de identidade. Os atributos são delineados pela orientação ideológica que vincula um tipo de discurso ao grupo social que o elabora e a outros grupos que, porventura, venham a reproduzi-lo. A orientação ideológica patriarcal e machista que preside os abecês oferece estímulo para a construção de um discurso cujo sentido, legitimado por uma moral oscilante, floresce nas representações estereotipadas do negro.

Assim sendo, os abecês respondem a uma demanda discursiva que procura atender a certas expectativas, a um só tempo, individuais e coletivas: sua elaboração revela a dicção de sujeitos racistas e de uma sociedade igualmente racista. Daí o sentido psicossocial que torna esse tipo de discurso um evento de alcance político, superando as análises despreocupadas – ou intencionalmente despreocupadas – que o relacionam a uma mera brincadeira. O caráter lúdico dos abecês faz parte de uma estratégia empregada para ocultar a sua sofisticada constituição, fato perceptível na trama que envolve o anonimato da autoria e a cumplicidade sujeito/sociedade, a cadeia de argumentos e as contradições do discurso.

Anonimato e cumplicidade

O anonimato dos abecês não deveria despertar maiores atenções, visto que outros tipos de discurso da cultura popular também apresentam essa característica. É difícil identificar uma autoria pessoal para cantos do Congado, dos Batuques, das Folias de Reis ou mesmo de narrativas – todos eles discursos reconhecidos em determinado circuito social.

Mas nos abecês somos tocados pela especificidade do conteúdo discursivo – o racismo – e pelas referências históricas de intolerância, exclusão e violência que o cercam. Nos outros discursos citados, a questão racial nem sempre é o elemento central, podendo dividir espaço com questões do sagrado, dos jogos amorosos e do entretenimento. Nos abecês, estas questões são chamadas à cena pelo apelo do pensamento racista que se apropria delas a fim de se apresentar de forma sedutora, ou seja, o discurso da exclusão étnica tanto se manifesta de maneira explícita, quanto de maneira sutil, sob a máscara de discursos que invocam outros assuntos.

Em geral, as pessoas não sabem citar os autores dos abecês. Os textos que analisamos foram recolhidos em reuniões de Folias de Reis ou em casas de cantadores de batuque, contadores de histórias ou rezadores. Conhecemos os "especialistas" em propagar o discurso dos abecês, mas não os seus autores.

Seguindo uma cadeia da tradição da cultura popular, os "especialistas" afirmam ter aprendido os abecês de outra pessoa, em geral mais antiga. O fato de mudarem um ou outro trecho da composição não implica a formação de novo abecê, o que impede também a configuração de uma autoria pessoal. Pelo que pudemos observar, as mulheres não são enunciadoras privilegiadas dos abecês de negro, o que nos leva a considerar o peso dos componentes patriarcais e machistas que dão corpo a esse discurso. A restrição às mulheres não é explícita, mas implicitamente há uma aura de inibição que lhes causa constrangimento e contribui para preservar a exclusividade masculina na construção desse discurso, em particular, e do discurso social dominante, em geral.

O anonimato funciona como uma máscara através da qual tanto o indivíduo quanto o grupo emitem opiniões que atiçam sentimentos de solidariedade ou de discordância. É a ambivalência do anonimato que o torna um mecanismo de contestação em épocas de repressão ou de chantagem em situações de disputas de interesses. Em ambos os casos, o anonimato permite a propagação do discurso, ao mesmo tempo em que o enunciador se coloca a salvo das argumentações emitidas pelos seus receptores.

Os abecês de negro soam como discurso sedutor aos ouvidos de uma sociedade ou indivíduo racistas que preferem não declarar isso abertamente e como discurso agressivo aos que condenam a discriminação racial. Protegidos pelo anonimato, os racistas – principalmente os não declarados – lavam as mãos enquanto atingem seus objetivos. Como ninguém se assume como o autor do discurso racista, cria-se uma encenação teatral em que a sociedade fala – sem admiti-lo – enquanto o indivíduo fala e vice-versa.

Os talentos do indivíduo e os recursos técnicos e artísticos legitimados pela sociedade são postos a serviço dessa encenação. Os enunciadores dos abecês de negro se destacam individualmente, lançando mão de recursos como a rima e a cadeia de argumentos, que fazem parte do campo de experiência do grupo.

Os abecês que citamos apresentam rimas classificadas pela teoria da versificação como pobres (ocorrem entre palavras de mesma classe gramatical) e ricas (ocorrem entre palavras de classes gramaticais diferentes):

Abecê 1
manhoso/gostoso (*adjetivos*)
dentadura/rapadura (*substantivos*)
sucedeu/apodreceu (*verbos*)
possa (*verbo*) – grossa (*adjetivo*)
santo (*substantivo*) – levanto (*verbo*)
não (*advérbio*) – irmão (*substantivo*)

Abecê 2
mandar/passear (*verbos*)
espaço/laço (*substantivos*)
inteligente/diferente (*adjetivos*)
falar (*verbo*) – lugar (*substantivo*)
infelizmente (*advérbio*) – gente (*substantivo*)
antigo (*adjetivo*) – castigo (*substantivo*)

As rimas são um recurso técnico e artístico que facilita a memorização de um discurso racista em que "o negro preenche geralmente as funções correspondentes ao seu 'status' social, ocupando os lugares 'inferiores'".[63] O vocabulário de domínio público apresentado no abecê ajuda a fixar no imaginário pessoal e coletivo a imagem em que a cultura e as pessoas negras são identificadas como elementos negativos. A rima é um recurso sedutor e é comum o interesse pela musicalidade que ela alimenta. Contudo, a forma da rima não se desprende do conteúdo racial, ainda que os enunciadores e os receptores procurem deixar de lado esse aspecto.

O abecê de negro é um discurso que demonstra maior carga satírica quando apresentado diante de uma plateia. Os enunciados são provocativos e à medida que a plateia participa da construção do retrato do negro – geralmente com risos –, maior se torna a cumplicidade entre enunciador e receptores. Ambos se identificam com um imaginário em torno do negro que foi sendo elaborado e aceito simultaneamente pelo indivíduo e pela coletividade.

A cumplicidade entre indivíduo e coletividade impede que os abecês sejam percebidos como um ato de violência, ou seja, a possibilidade do riso diante desse discurso demonstra que existe uma ambiência homóloga entre quem o enuncia e quem o recebe. Além disso, a mensagem que desqualifica o negro é contornada por um sentimento de fraternidade – determinado pela educação – que recomenda reprimir os impulsos de destruição do Outro. Mas a ideia do negro como inferior permanece – consciente ou inconscientemente – representada nos abecês e justificada por uma sociedade que o explorou como mão de obra escrava.

Da cumplicidade, passamos à conivência da sociedade e dos indivíduos com o discurso racista dos abecês: ninguém quer se comprometer com a ruptura de uma tradição que os próprios negros divulgam, ninguém deseja despertar o sentimento de inimizade entre negros e brancos, ninguém pretende esconder o talento dos enunciadores dos abecês, ninguém ousa cortar o ambiente de alegria e "bom humor", introduzindo a agulha

---

[63] FERNANDES, Florestan. O negro na tradição oral. *O Estado de S.Paulo*. São Paulo, 1º jul. 1943, p. 4-5.

da crítica ao racismo. Enfim, há muitas razões que estimulam a conivência com a situação de violência gerada pelos abecês de negro.

Nesse discurso, a dificuldade para desmascarar a cumplicidade e a conivência decorre de sua associação com o senso comum, pois os abecês são apresentados como uma verdade da tradição que vem sendo aceita porque *assim é* ou *assim parece ser*. Em razão disso, os abecês devem ser considerados um evento importante, já que em sua tessitura se entrelaçam, ocultam-se e revelam-se situações de conflito da sociedade brasileira.

Cadeia de argumentos

A cadeia de argumentos é aberta pelo enunciador com a formulação de um princípio "pré-construído", ou seja, algo que é elaborado fora do discurso e levado até os interlocutores como uma verdade.[64] O pré-construído dos abecês é caracterizado pelo esforço de demonstrar a desqualificação do negro como um todo:

> *Avia em outro tempo/ quando tinha imperadô/ não havia tanta desorde que os preto tinha sinhô* (**Abecê 1**)

> *Mas o preto infelizmente / (Eu não queria abusar!) / Não é raça nem é gente* (**Abecê 2**)

O conteúdo racista desses pré-construídos é apresentado como uma verdade que deve ser preservada a bem da sociedade. Em outras palavras, os abecês fazem a apologia da escravidão ao afirmarem que o negro sem senhor, portanto livre, é causador de desordem, ou que o negro bom é o negro submisso (**Abecê 1**) ou, ainda, que os brancos são superiores e os negros inferiores (**Abecê 2**).[65]

---

[64] Termo adaptado da disciplina "Análise do Discurso/ Teoria de Comunicação – Perspectivas", ministrada pelo Prof. Dr. Geraldo Nunes no Curso de Doutorado em Comunicação e Cultura – Eco-UFRJ, Facom-UFJF, 21/10/1997.
[65] MOURA, Clóvis. *Op. cit.*, 1977, p. 18.

O pré-construído da desqualificação é organizado em etapas, menosprezando os traços físicos ("Cara de negro é terrível"), morais ("Todo nego não presta") e culturais ("Oração de nego é cálculo") do negro. A gradação do discurso racista é complementada por um sentido de intensificação. O negro agredido em seu corpo, moral e culturalmente, é, finalmente, sintetizado como uma figura estranha à sociedade dos homens. A intolerância do racismo desumaniza o sujeito considerado como referência ("é obra do capeta / ou livusia do cão / Home é que nego não é"), tal como demonstra o **Abecê 1**.

Essa técnica é também empregada nas piadas e jogos de adivinhações que envolvem a desumanização do negro. A previsibilidade das respostas está na ideia subjacente – partilhada pelo senso comum e estimulada pela ideologia racista – que leva à identificação do negro com referenciais interpretados negativamente. Desse modo, torna-se consequente que, dentre os elementos aos quais o negro é comparado, estejam fezes e lixo (esquema de coisificação ou reificação), ou macaco e burro (esquema de animalização):

– Qual a diferença entre um preto e uma lata de merda?
– A lata.

– Por que o caixão do preto tem duas alças?
– Você já viu lata de lixo ter quatro alças?

– Qual o primo mais próximo dos pretos: os brancos ou os macacos?
– Os brancos, pois macacos eles já são.

– Por que é que preto tem muitos filhos?
– Porque é a única coisa que burro sabe fazer.

O discurso racista direcionado ao negro atua de maneira sutil ao atribuir ao mesmo uma carga de "sub-humanidade", isto é, caracteriza-o como subgente ou elemento menor na escala das relações sociais. A partir daí, instaura-se uma situação permeada por uma dura ironia, pois este mesmo elemento que interage com a sociedade, beneficiando-a, é simultaneamente banido para o limbo da coisificação. Vejamos as proposições a seguir:

– Quando é que negro vai à escola? (*gente*)
– Quando constrói o prédio. (*mão de obra*)

– Quando é que preto sobe na vida? (*gente*)
– Quando o barraco explode. (*objeto*)

O campo de sentido dos abecês, piadas e jogos de adivinhações sobre o negro está demarcado pelos pré-construídos. Estes, como vimos, partem de uma situação na qual o negro parece ter uma condição humana; em seguida, pelo processo da desqualificação, deslocam-se para uma demonstração racista cujo objetivo é provar que negro não é ser humano em hora nenhuma.

O **Abecê 2** é uma atualização do número 1, pois transfere parte das referências da área rural para a urbana. Outra alteração é que estabelece, já de início, a desqualificação dos traços morais do negro, superando a etapa da gradação do físico para o moral. Na sequência do discurso, o racismo empareda o negro entre o passado e o presente, reduzindo-o a "bicho de estimação" e assaltante, respectivamente.

Nesse abecê o enunciador faz uma paródia do Livro do *Gênesis*, reescrevendo a experiência da perda do paraíso (estrofes de 10 a 16). O tema da queda – de grande influência na cultura popular, principalmente em função do reforço que a catequese cristã fez dos valores representados pela culpa – foi utilizado para alimentar ainda mais o imaginário que impõe ao negro uma série de outras culpas. Assim, ele é responsabilizado pela perda do Éden, além de ser discriminado pela cor e transformado em coisa e animal.

A trama reescrita, segundo a imaginação do enunciador, tem por modelo o texto bíblico, uma referência cujo valor é legitimado pela sua aceitação social. Mas, como se fosse um palimpsesto, podemos ler sob o texto bíblico o enredo que descreve a relação tensa entre mucamas e sinhás, empregadas domésticas e patroas.

Por meio de uma técnica sofisticada, o enunciador tomou por modelo dois enredos: o bíblico e o da sociedade brasileira escravista e pós-escravista. No primeiro buscou suporte psicológico, a fim de criar uma justificativa para a exclusão do negro, isto é, o homem negro e a mulher negra privaram a humanidade do paraíso, por isso são discriminados. O raciocínio que se aplica em geral à mulher, culpando-a por essa perda, foi reelaborado para atingir especificamente um grupo étnico. A eficácia e o efeito destrutivo do pensamento racista são demonstrados em sua flexibilidade para incorporar argumentos de autorreforço e em sua rigidez para desqualificar suas vítimas.

No segundo enredo, o enunciador encontrou suporte social na relação entre negros e brancos confrontados no ambiente familiar e de trabalho. Na hierarquia das casas-grandes, dominada pela mão dos senhores, havia um espaço complexo de cumplicidade e exercício de poder. Na relação entre sinhás e escravos domésticos, desenhava-se um jogo de ocultar e revelar a intimidade da casa-grande.[66] A cumplicidade estava implícita no conhecimento que a sociedade tinha desse jogo, embora o mantivesse sob controle, principalmente através da punição dos sujeitos escravizados.[67] O escravo estava *na* casa, mas não deveria ultrapassar certas fronteiras para alimentar o desejo de se tornar um *da* casa.

Com o final da escravidão, os negros continuaram desempenhando diversas funções domésticas e experimentaram também no novo contexto a exploração de sua capacidade produtiva.[68] As mulheres negras, em muitos casos, passaram do domínio das sinhás para o das patroas modernas: o desrespeito aos seus direitos trabalhistas e os conflitos na hora dos acertos salariais transformaram o trabalho de empregada doméstica em extensão do "cativeiro feminino".[69]

---

[66] MATTOS, Hebe M. Laços de família e direitos no final da escravidão. In: ALENCASTRO, Luiz Felipe de (Org.). *Op. cit.*, 1997, p. 361.
[67] ALGRANTI, Leila Mezan. Famílias e vida doméstica. In: MELLO E SOUZA, Laura de (Org.). *História da vida privada no Brasil/ Cotidiano e vida privada na América Portuguesa*. São Paulo, 1997. p. 129.
[68] GOMES; PEREIRA. *Op. cit.*, 1988, p. 60.

Em resumo, o discurso do **Abecê 2** aponta para uma atualização de argumentos racistas que associam aspectos do senso comum ao "talento" de enunciadores contemporâneos. A reelaboração do enredo bíblico à luz do enredo histórico-social ampliou o aspecto lúdico do abecê, ao mesmo tempo em que intensificou a discriminação com a dupla justificativa psicológica e social.

Ainda para justificar a inferioridade do negro, o discurso racista se apoia em falsas proposições científicas: "Quer saber de uma coisa/ Que a ciência descobriu?/ Branco é muito inteligente/ Na cabeça tem uma semente/ Que preto nem viu/ Negro é um tipo diferente/ Da espécie rara TIZIU". Sendo um pré-construído, esse argumento não se interessa pela veracidade das afirmações. Interessa-se, isto sim, em fazer parecer verdadeiro um enunciado falso que está protegido pela ideia de objetividade da ciência. Aliás, esse não é um caminho novo percorrido pelos pensadores racistas: o darwinismo social e a teoria da evolução circularam nos periódicos brasileiros do século passado contribuindo para "explicar cientificamente" a inferioridade do negro.[70]

O circuito do discurso racista dos abecês é fechado com a utilização da religião como fonte de argumentos, somando-se aos recursos psicológicos (apelo ao imaginário coletivo), sociológicos (emprego de referentes extraídos da experiência histórica dos grupos e indivíduos) e científicos (convocação da objetividade como antídoto contra dúvidas sobre a verdade afirmada).

Nos abecês a visão maniqueísta da religião associa o negro ao Mal/ Satanás e o branco ao Bem/Deus. Esse pré-construído funda raízes em longa tradição cultural do Ocidente e se renova na medida em que é empregado nas articulações do discurso racista contemporâneo.[71]

---

[69] De acordo com a crítica de Zaíra Ary Farias, em *Domesticidade, cativeiro feminino?* (Rio de Janeiro, 1983, p. 7), o estudo da situação da empregada doméstica "não constitui uma questão central da produção sociológica dominante no Brasil. Contudo, os silêncios de nossas ciências sociais podem ser reveladores de um processo de ocultação de aspectos indesejáveis de nossa sociedade. Em tais casos, em geral, ou fazemos de conta que o problema inexiste, ignorando-o mediante a recusa a estudá-lo, ou o circunscrevemos anedoticamente nas fronteiras das conversações ligeiras e superficiais".
[70] GOMES; PEREIRA. *Op. cit.*, 1988, p. 49.

No contexto da cultura popular, a religião funciona como lente através da qual indivíduo e grupo realizam a interpretação do mundo. A ação de entes exemplares – santos, espíritos dos mortos, beatos – torna-se um espelho onde os devotos se miram para organizar suas vidas. O discurso da religião é considerado também uma fonte legitimadora de valores para aqueles que o tomam como fundador do mundo sobrenatural e do mundo social.[72]

Os enunciadores dos abecês se valem desse prestígio quando buscam na religião a justificativa para a demonização do negro. Os abecês são encerrados com uma alusão aos benditos, cantos religiosos usados no acompanhamento de procissões e, mais antigamente, nas visitas do Santíssimo.[73] Os benditos, muito conhecidos entre os representantes da cultura popular, invocam a Deus e aos santos a proteção para os devotos. Mas, nos abecês, o enunciador inverte o significado dos benditos, solicitando o extermínio dos negros às forças sobrenaturais ou reiterando, de modo determinista, a sua marginalidade:

Abecê 1
Ofereço esse bendito
pelo delegado Caifás
para sê repartido
com o tenente satanás.
[...]
Rezano o credo em cruz
pra me livrá dos nego
para sempre amém Jesus!

---

[71] Sobre a negatividade da cor negra e sua associação com o Mal, ver CASCUDO, Câmara. *Dicionário de Folclore*. Belo Horizonte, 1984. p. 291-292; BIEDERMANN, Hans. *Dicionário ilustrado de símbolos*. São Paulo, 1993. p. 311-312.
[72] GOMES; PEREIRA. *Op. cit.*, 1992. p. 85-92.
[73] Idem. *Do presépio à balança: representações sociais da vida religiosa*. Belo Horizonte, 1995. p. 258.

Abecê 2
Ofereço esse bendito
Com sincera devoção
Esperando que algum dia
Preto num seja ladrão."

A análise da cadeia de argumentos dos abecês, ainda que limitada, revelou que esse discurso se impôs no mercado de referencialidade com larga faixa de aceitação. O quadro se torna mais desafiador se considerarmos as piadas, os jogos de adivinhação e as narrativas que seguem a mesma linha ideológica dos abecês. Pelo menos até o momento, não verificamos a elaboração vigorosa de um discurso antiabecês de negro. No município de Jequitibá, registramos o caso isolado de Nélson Carvalho da Silva (também conhecido como Nélson de Jacó), mestre de Folia de Reis, que escreveu uma *Resposta ao ABC do Negro*.[74] Outras iniciativas foram observadas em comunidades negras, como as de Lagoa da Trindade (Jequitibá/MG) e Mato do Tição (Jaboticatubas/MG), onde a narrativa da chegada dos Reis Magos à lapinha foi reelaborada, a fim de demonstrar que o negro não é inferior ao branco.[75]

Contradições dos abecês

A elaboração do discurso dos abecês não deixa dúvidas quanto à sua sofisticação. Os argumentos são baseados em valores considerados importantes, tais como o talento pessoal dos enunciadores, a ciência e a religião. Além disso, os recursos da linguagem são colocados a serviço da ideologia discriminatória para atender às expectativas dos enunciadores. Tem-se, portanto, forma e conteúdo sendo manipulados para divulgar a imagem absoluta e não dialética do negro como ser inferior.

---

[74] *Ibidem*, 1995, p. 90.
[75] *Ibidem*, 1995, p. 84-85. Outras narrativas enfatizam a idealização do negro, geralmente por meio do processo de santificação. Exemplo clássico desse processo é a história do "Negrinho do Pastoreio", ver MEYER, Augusto. *Guia do folclore gaúcho*. Rio de Janeiro, 1975.

Mas, nas entrelinhas do discurso racista, encontramos pontos que minam o seu caráter fechado e revelam, no sofrimento da discriminação, a humanidade que se tentou retirar dos negros. Consideremos os tópicos: o drama e a comicidade nos abecês; a afirmação do negro através da negação; o negro contra e a favor de si mesmo.

Os abecês de negro são apresentados como atividade lúdica, com ênfase no aspecto cômico. A intenção dos enunciadores é partilhar com a plateia o riso decorrente das comparações absurdas em que o negro é envolvido. Os abecês, assim como os chistes tendenciosos, servem a um fim. Como constatamos, discriminam o negro e afirmam a superioridade do branco usando, para isso, os recursos do humor. A contradição começa a se delinear quando observamos que o conteúdo dramático do conflito entre negros e brancos é apresentado e recebido como produção cômica. Os risos provocados pelo discurso racista estão permeados de sadismo e perversidade, embora os interlocutores não percebam ou não queiram perceber isso.

A leitura atenta dos abecês ajuda a compreender como eles passam da sugestão do riso para a manifestação ostensiva do desdém, caracterizando a sua natureza agressiva. Como observou Freud, o chiste tendencioso de caráter hostil tem várias funções: reage contra os limites impostos ao indivíduo e substitui os impulsos violentos pela invectiva verbal. Nos abecês, o branco reage contra o negro que ele considera seu limite; e as palavras "que furam como punhal" substituem o impulso de agredir fisicamente o Outro, já que a lei proíbe essa atitude.

Nesse enredo, no qual muitas pessoas veem um motivo para o riso, a omissão da sexualidade masculina e a exploração da sexualidade feminina acentuam o efeito destrutivo do racismo, quando associado à misoginia. Para Freud, o smut é uma outra vertente do chiste tendencioso e se caracteriza pelas insinuações elaboradas, principalmente, a respeito da sexualidade feminina. Por isso, o fato de o estereótipo do vigor sexual do homem negro não ser levado em conta nos abecês e nas piadas de negro aponta para dois aspectos, que estão interrelacionados. Primeiro, a necessidade que certos segmentos da sociedade têm de se apropriaremda masculinidade negra sem, no entanto, reconhecerem a humanidade do agente que a detém; e, segundo, a igual necessidade desses grupos de hierarquizarem, do ponto de vista de gênero, esse processo de apropriação. Isso significa dizer que numa ordem social pautada pela desigualdade e pela violência, como a brasileira, os discursos racistas, ao mesmo tempo em que exploram a sexualidade masculina negra, constrangem as vivências do feminino, de modo geral,transformando-o em forma decompensação e/ou "remédio" para a impotência e o fracasso do masculino.

Sendo a sexualidade masculina ativa, seria de se supor que os abecês e as piadas incidissem sobre o homem negro, mesmo realçando o estereótipo da comparação negro/animal copulador. Mas como o pleno exercício da sexualidade masculina é socialmente bom e desejável (vide os contornos patriarcais da sociedade brasileira), não convém realçar esse traço nos negros, o que, afinal de contas, lhes concederia um atributo de superioridade. Ainda no âmbito da sexualidade, constata-se que a sociedade de base patriarcal vigia e restringe as vivências da sexualidade feminina, apropriando-se delas através da violência física e da doutrinação ideológica e religiosa. Por conta disso, a naturalização dos estereótipos femininos nos discursos racistas (enfatizando-se aqui a representação das mulatas sensuais e das negras agressivas, por exemplo) pode ser vista como uma estratégia de poder que aponta, simultaneamente, para a manutenção da herança patriarcal e da misoginia em nossa sociedade. Em outra contradição, os abecês promovem a afirmação do negro a partir do momento em que se propõem a negá-lo. O negro, desumanizado pelos processos da coisificação e da animalização, leva a sociedade a pensar na **contraimagem** do negro, cuja humanidade não foi extinta, ainda que tenha de ser provada dia a dia. No discurso dos abecês, está subjacente o sentido de que a coisificação e a animalização só podem incidir sobre aquele que não é nem coisa nem animal irracional.

Por outro lado, a discriminação sugere a ideia perturbadora de que os grupos e os indivíduos demonizam e excluem o Outro porque o temem ou não desenvolveram sua competência para compreender a diferença. Como se pode notar, no modelo social brasileiro, não são gratuitas as associações dos negros e das mulheres com as figuras demonizadas.[76]

O negro e a mulher representam a diferença no horizonte da sociedade branca e machista. O fato de serem excluídos ou incluídos nesse modelo demonstra que interferem na definição do perfil dessa sociedade. A exclusão de ambos nos coloca diante do conhecido retrato da sociedade segregacionista e violenta; a inclusão nos faz desejar a sociedade equânime, com competência para entender e respeitar a diversidade.

As contradições citadas acima ocorrem no espaço da relação entre negro e branco. Para efeito de compreensão, vamos chamá-la de relação externa, já que a diferença étnica é o ponto de partida para os conflitos estabelecidos. Além dessa relação, há uma outra, que chamaremos de interna, e que se exprime na conivência do negro com o discurso que o discrimina. Em termos psicanalíticos, tem-se o enredo em que "na construção de Ego branco, a primeira regra básica que ao negro se impõe é a negação, o expurgo de qualquer 'mancha negra'".[77]

Quando um negro enuncia um abecê de negro, está automaticamente discursando contra si mesmo. Nesse caso, há pelo menos duas possibilidades a serem consideradas: a do negro que rejeita a si mesmo e a do negro que não se rejeita. O primeiro não se importa se está falando de si mesmo, pois na verdade se sente um Outro. Não leva em consideração se o chamam de negro, pois sua opção está protegida por uma máscara narcisista que o impede de ouvir as críticas. Se o abecê, como o chiste tendencioso hostil, funciona como um meio de defesa contra os limites impostos, o negro que rejeita a si mesmo se impõe como seu próprio limite. Portanto, a agressão para superá-lo implica a autodestruição.

No contexto em que os abecês foram recolhidos, há negros que não rejeitam a si mesmos e, no entanto, divulgam esse discurso. A justificativa para essa atividade, segundo alguns, procede da necessidade de manter uma tradição cultural. A preocupação dos enunciadores, ao que parece, não se prende tanto ao conteúdo dos abecês, mas ao fato de que algum

---

[76] Sobre a demonização do feminino na cultura popular, ver GOMES, Núbia. As degredadas filhas de Eva. *Convivium*, São Paulo, 1988, p. 369; CASCUDO, Câmara. Op. cit., 1984, p. 511-512. Sobre o par homem bom/mulher má que fundamenta as benzeções de inflamação de mamas ou de engasgamento, ver GOMES; PEREIRA. *Assim se benze em Minas Gerais*. Belo Horizonte/Juiz de Fora, 1989. p. 56.
[77] SOUZA, Neusa Santos. *Tornar-se negro*. Rio de Janeiro, 1983. p. 34.

antepassado os utilizou e os transmitiu como herança. Esse enunciador desloca a interpretação do valor dos abecês, privilegiando o seu caráter de patrimônio cultural e não de conteúdo ideológico racista.

No modelo de cultura popular dos abecês, a noção de patrimônio cultural reflete, ao mesmo tempo, um lado conservador e outro dinâmico. O enunciador que não rejeita a si mesmo contribui para a difusão do racismo ao repetir a mesma fórmula aprendida de seus antecessores (conservadorismo). Porém, a mudança dos contextos sociais (fim da escravidão, expectativa de ascensão social da população negra, ação eficaz de militantes políticos, intercâmbio com outras áreas afetadas pelos conflitos étnicos) tem contribuído para a busca de outros sentidos nos abecês de negros (dinamismo), tal como a explicitação da violência das relações étnicas no Brasil.

Contudo, os dois tipos de enunciadores negros estão sujeitos a um processo de alienação, pois o riso que promovem não é necessariamente autocrítico. Ao contrário, sua intenção é destrutiva. O discurso racista dos abecês se assemelha a uma teia de aranha: quanto mais o sujeito se movimenta para se libertar, mais se vê enredado. Talvez, por isso, os enunciadores prefiram *falar* os abecês e não *falar sobre* os abecês.

Mas, como a contradição é nutriente do racismo, eis que negá-lo é uma forma de afirmar a sua afirmação. Prova disso são os abecês de negro – ponte entre a cultura erudita e a popular – que revelam a presença insidiosa do racismo numa sociedade que se autoproclama como tolerante e democrática.[78] A análise dos abecês de negro é importante porque nos permite compreender algumas orientações ideológicas que perpassam a formulação dos discursos no cotidiano da sociedade brasileira; coloca-nos em contato direto com um evento típico de uma sociedade multiétnica; e apresenta-nos o cenário tenso onde as relações multiétnicas revelam situações de interação e conflito.

---

[78] Segundo o jurista Hédio Silva Jr., pesquisador da PUC-SP: "Na sociedade brasileira há a tendência a minimizar o conflito racial. O delegado se recusa a reconhecer o crime racial, que na maioria das vezes é desqualificado e vira crime contra a honra" (Brasil precisa aprimorar leis antirracismo. *O Tempo*, Belo Horizonte, 14 jan. 1998. Magazine/Blequitude, p. 8). Ver, também, a reportagem de FRIAS, Lena. O racismo comprovado em números. *Jornal do Brasil*, Rio de Janeiro, 12 maio 2000. Brasil, p. 5.

Procuramos aliar a abordagem teórica com a pesquisa de campo – roteiro que temos tentado aperfeiçoar com base em trabalhos que publicamos anteriormente. Para a análise de eventos da cultura popular, julgamos relevante a citação dos dados etnográficos a fim de tornar mais perceptível o mapa da abordagem teórica. A experiência nos tem mostrado que a cultura popular, embora esteja presente em grande parte de nosso cotidiano, nem sempre é apreendida com a precisão de detalhes que merece.

Verificamos isso no que diz respeito aos abecês: em geral, aparecem nos livros de folclore arrolados em extensas listas de eventos. Não se percebe esforços para estabelecer a contextualização e a inter-relação entre esses eventos, ou mesmo para identificar com maior precisão seus agentes e meios de elaboração. Sob o crivo de conceitos como tradição e criação anônima, os abecês, as piadas e as narrativas de negro são citados como produto finalizado e não como processo discursivo em que as atuações de indivíduo e grupo contribuem para exposição das contradições sociais.

Os abecês de negro não são um evento isolado. À medida que os apreendemos como fato social, observamos que se trata de um processo discursivo que interage com outros processos discursivos. Num parentesco mais imediato, pertencem ao universo das piadas, dos jogos de adivinhação e das narrativas de negro. Mas, como processo discursivo, podem interagir com os discursos tecidos em torno da religião, da política, da economia, da arte. Os abecês são uma forma de discurso do homem sobre o homem; portanto, tocar neles significa soar o conjunto de cordas que os envolve, e vice-versa.

No mercado de referencialidade, os abecês de negro são representados como uma elaboração de discurso em que se destacam dois elementos: a orientação ideológica e o exercício do poder. A orientação ideológica dos abecês demonstra que não são elaborados ao acaso. No Brasil, os espíritos ingênuos – ou intencionalmente ingênuos – costumam frisar a inexistência de uma política institucionalizada de segregação racial. O *apartheid* da África do Sul foi sempre citado como exemplo de uma situação discriminatória que a nossa sociedade rejeita. O estudo dos abecês, no entanto, mostra outra situação crítica em que a inexistência de uma política institucionalizada do *apartheid* não impede a formulação de uma ideologia racista de segregação.

A ação insidiosa dos abecês é bastante eficaz, pois atende aos interesses de grupos racistas, ao mesmo tempo em que a sociedade insiste em aceitá-lo apenas como entretenimento. Uma sociedade injusta como a brasileira prefere fugir a essa responsabilidade: a legislação condena o racismo, mas não os seus agentes. Além disso, insiste na propaganda sobre uma harmonia social e étnica que arrasta suas vítimas para debaixo do tapete.

A orientação ideológica dos abecês revela uma sociedade contraditória, na qual o racismo se desenvolve porque a sociedade não conhece a si mesma e é incapaz de compreender suas próprias feridas, ou porque a sociedade prefere adequar-se a um modelo segregacionista, que a agrada, mas que moralmente não é bem aceito. No intervalo dessa contradição, a sociedade brasileira adquiriu a perversa habilidade para fazer a mediação entre a presença do racismo e a sua aceitação como fato lúdico.

Nesse ponto é que podemos perceber o discurso dos abecês como uma forma de poder. Eles são portadores de uma ideologia que interfere no modo como as pessoas interpretam o mundo. Os abecês explicam que negros e brancos dividem espaços sociais de acordo com uma hierarquia que menospreza uns em benefício de outros. É com esse alfabeto que a sociedade-escola ensina a discriminação, a intolerância e a violência.

No contexto da cultura popular, os enunciadores dos abecês desfrutam de prestígio diante de seus interlocutores. Esse poder de fazer rir é também o poder de segregar. Por isso, o que está em causa não é apenas a palavra que constitui os abecês, mas também o tipo de comportamento e atitude que eles estabelecem como horizonte para os indivíduos e os grupos.

Na cultura popular, os abecês são uma tradição que os negros cultivam e que se volta contra eles mesmos. Mas os abecês extrapolam os limites da cultura popular, pois como orientação ideológica racista participam de um espectro amplo de discursos discriminatórios. Hoje somos obrigados a pensar no risco de uma cumplicidade em âmbito globalizado, que torna os enunciadores de abecês muito próximos dos navegantes racistas da rede da Internet. Isso porque a divulgação das ideologias de segregação por meio dos suportes de comunicação (oralidade ou Internet) já constitui, por si só, uma preparação de terreno que pode levar à frutificação de ações destrutivas.

Quanto aos abecês e às piadas de negro, isso não tem sido considerado. Não se trata de assumir sem crítica a posição do politicamente correto, voltando-nos contra a possibilidade de satirizar aspectos da realidade social. Já há muito o humor e a sátira são empregados como armas contra a mediocridade, o autoritarismo e a injustiça. Mas, em elaboração discursiva como a que analisamos, o humor e a sátira estão a serviço da mediocridade, do autoritarismo e da injustiça. E tal discurso se impõe num mercado que sabe vendê-lo e comprá-lo como fonte de poder.

A contribuição da análise do discurso é relevante no momento em que o investimento nas relações multiétnicas se propõe a ser uma resposta às tentativas de segregação. Através dessa análise, podemos avaliar de que maneira as mudanças dos valores nas relações entre as etnias se reflete na atualização ou na contestação dos discursos racistas.

A perspectiva de efetivação de uma sociedade globalizada não nos leva a descartar a permanência das diversidades políticas, econômicas, culturais e, consequentemente, ideológicas. No contexto de apelo à globalização e de preservação de tradições, desenha-se um mercado de referencialidade em que as questões étnicas têm lugar destacado. Por isso, as sociedades que se organizam a partir das relações multiétnicas se veem diante da necessidade de rastrear o histórico das ideologias de segregação a fim de reconhecer e neutralizar suas novas configurações.

As palavras que se erguem contra a noite são também aquelas que podem levantar-se contra a tarde e o dia. Essa é uma das lições dos abecês de negro. Por outro lado, há palavras que se organizam em defesa da noite, do dia, do crepúsculo, da tarde, da aurora. Ou, dizendo de outra maneira, a análise do discurso nos estimula a entender os processos discursivos que se alimentam de diferentes orientações ideológicas. Por isso, os discursos não são como folhas ao vento e, na experiência social, permitem-nos avaliar o que e quem somos a partir daquilo que falamos.

Manual de facas

> "Não gosto de palavra acostumada."
> *Manoel de Barros*[79]

AO MESMO ASSUNTO

A análise dos processos de enunciação nos permitem mapear as orientações ideológicas que permeiam as práticas de indivíduos e grupos no tocante à demarcação de seus espaços na sociedade. Por isso, tornam-se relevantes as diferentes formas de enunciação, uma vez que delineiam as estratégias de legitimação e de rejeição das práticas excludentes.

Os discursos de exclusão atuam de maneira específica no momento de desqualificar este ou aquele grupo, embora pareçam diluir-se na diversidade de temas do cotidiano. São discursos intencionalmente elaborados, que contam com o estímulo do senso comum para serem aplicados nas relações interpessoais e intergrupais, de modo que sua constituição e repercussão atingem simultaneamente o sujeito e a sua comunidade. Assim, é pertinente investigar o sentido psicossocial dos discursos de exclusão; para tanto, contamos com o aporte teórico de Freud acerca da relação dos chistes com o inconsciente e do conceito de "mercado de referencialidade" proposto por Geraldo Nunes.[80]

---

[79] BARROS, Manoel de. *Livro sobre nada*. Rio de Janeiro, 1996. p. 71.

Ao enfocarmos as frases sobre negros, seguimos a orientação metodológica da análise dos abecês, já que os seus enunciadores pertencem ao mesmo contexto social: são pessoas negras e não negras de grupos menos favorecidos e grupos privilegiados. A recolha das frases foi feita junto de populações rurais de diversas regiões de Minas; nas áreas urbanas ocorreu em escolas de primeiro e segundo graus e instituições de ensino superior. Em ambas as áreas, foram considerados representantes de faixas etárias variadas e de diferentes níveis socioeconômicos. Esse contexto social, por sua vez, como afirmamos, foi delineado no período da pesquisa situado entre 1979 e 1998.

Buscamos as frases nas experiências cotidianas, instância em que surgem como produção de sentido naturalizada. Assim como os abecês, as frases pertencem a uma realidade social complexa em que negros e brancos interagem enquanto procuram a afirmação de suas identidades. A interação implica a vivência de conflitos e conciliações que se desenvolvem no horizonte de outros processos discursivos também de interesse para negros e brancos. As frases dialogam com as questões econômicas, religiosas e políticas, de modo a reduplicá-las em sua própria constituição a partir de uma perspectiva que desqualifica o indivíduo e a coletividade negra.

O estudo do repertório de frases, abecês e piadas de negros nos impõe um sério problema: como analisar, compreender e denunciar a ideologia racista dessas produções sem contribuir para sua maior divulgação? Não há como descrever seus mecanismos de criação e difusão sem citar exemplos ou recorrer a paráfrases. Por outro lado, não analisar essas elaborações discursivas, é sustentar a situação incoerente de "racismo cordial"[81] e negligenciar o envolvimento das ciências humanas com aquilo que mais a envolve: as experiências sociais dos indivíduos.

Por isso, ressaltamos as razões que nos levaram a lidar diretamente com os textos das frases. Antes de tudo, trata-se de discurso divulgado por meio da tradição oral, de pichações em lugares públicos ou de

---

[80] FREUD. *Op. cit.*, 1977; NUNES, Geraldo. In: BRAGA, José Luiz et al. (Org.). *Op. cit.*, 1995, p. 159.
[81] TURRA, Cleusa; VENTURI, Gustavo. *Racismo cordial*. São Paulo, 1995. p. 13.

obras com diferentes objetivos.[82] Não estamos diante de um discurso desconhecido, mas, ao contrário, bastante difundido na sociedade brasileira, seja nos meios populares ou acadêmicos.

O fato de citarmos esse discurso não tem o objetivo de reforçar seus pressupostos ideológicos, mas de verificar seus mecanismos de constituição e de interferência na sociedade. Contudo, não estamos isentos de ver essa pretensão minimizada diante dos olhos que buscam uma lista a mais de munição discriminatória, mesmo porque reconhecemos as fraturas da palavra que empregamos em nosso discurso. A ambivalência é característica inerente ao verbo, na medida em que, neste caso, ele nos permite analisar e denunciar a discriminação, mas ao preço de também fixar um modelo para o discurso discriminador. No entanto, para que possamos avaliar a materialidade da ação inscrita nas frases de negro, é necessário tratar diretamente com o discurso discriminador, pois só tocando sua lâmina é possível evidenciar a sua violência e a falácia da "democracia racial" que lhe garante oxigênio para manter-se e renovar-se.

A difusão das frases é mais eficiente do que a dos abecês; isso pode ser explicado a partir do momento em que consideramos alguns aspectos formais dessas elaborações discursivas. Os abecês seguem um padrão em que se destacam o emprego das rimas e a manutenção de uma certa unidade das estrofes. Esses aspectos inibem os enunciadores com menos habilidade, ao mesmo tempo em que impõem um modelo. Evidentemente isso não significa uma determinação, mas a prática mostra que nem todos se dispõem a manusear os abecês, tanto que os seus enunciadores chegam a gozar de prestígio nos grupos a que pertencem. São considerados "especialistas" nesse tipo de composição. As frases, por sua vez, apresentam formas relativamente simples. Podem ser concisas ou extensas, privilegiando a prosa. Quando lançam mão da rima, utilizam estrofes mais comuns, como as quadras. Em geral, são propostas sob as formas de:

---

[82] A publicação de discursos sobre negros pode ser verificada em diferentes tipos de obras. Por exemplo: no estudo de Manuel Diégues Jr., em *Literatura popular em verso* (Belo Horizonte, 1986. p. 159); e *Almanaque Casseta Popular*, Rio de Janeiro, ed. Núcleo 3, ano I, n. 2, p. 12-13, 1986.

a) afirmações diretas:
Preto parado é suspeito, andando é marginal, correndo é ladrão.
Branco manda brasa, preto manda cinza.

b) perguntas seguidas de respostas:
– Por que o preto é preto?
– Porque quando a mãe dele o teve, o teve no escuro.

c) diálogos com perguntas e respostas:
– Você sabe quais os grupos de negros que vieram da África para o Brasil?
– Sei, sim. São os gula-gula e os bantos.
– Qual é a diferença entre eles?
– Os gula-gula são os negros bonzinhos, que fazem o que a gente quer. Os bantos são esses negros que querem fazer o que eles querem.

d) quadras ou quartetos:
Lá vem um negro
Com olhos de gralha
Arreda negro
Não me atrapalha

e) narrativas:
Tinha um preto muito rico, exibido que só ele. Possuía uma mansão enorme. Havia um branco que tinha giriza deste preto. Foi à casa dele e de piche pintou em seu muro:
– Aqui mora um preto.
O preto para desacatá-lo:
– Mas é rico.
O branco para acabar com ele escreveu:
– Mas é preto.

A partir de exemplos como os anteriores, pretendemos enfatizar nas frases a possibilidade de ação que propõem à medida que são comunicadas.

Todas, sem exceção, partem de um pré-construído em que se tem como certa a inferioridade dos negros. As afirmações equivalem a orações absolutas, do ponto de vista gramatical e também ideológico; as perguntas e os diálogos induzem a respostas discriminadoras já esperadas; as quadras confirmam o senso comum de que "os negros são um problema"; as narrativas deixam margens para a imaginação do narrador, desde que o resultado final comprove a ideologia da inferioridade dos negros.

Em função da flexibilidade formal, as frases podem ser tomadas como expressão mais ágil da orientação ideológica presente nos abecês, ou seja, aquela que indica uma visão de mundo sedimentada em valores patriarcais identificados com grupos dominantes e reduplicados por representantes de grupos menos favorecidos. As frases exprimem a ideologia e as ações de indivíduos e grupos que agridem outros indivíduos e grupos de maneira antissocial e racista. Tal como os abecês, elas se relacionam à rede de experiências simbólicas dos grupos e dos indivíduos que as traduzem em realizações concretas.[83] A realização das frases implica seu reconhecimento social como um tipo de discurso entre outros, colocado a serviço de determinados interesses. O sentido psicossocial das frases decorre do fato de se relacionarem às experiências simbólicas que se concretizam historicamente num grupo delineado por valores culturais, políticos e econômicos. Ao atenderem às demandas discursivas da coletividade e dos indivíduos, as frases se constituem como elementos dramáticos que tornam visíveis os limites de violência que afetam a ambos.

O campo de linguagem verbal representado pelas frases de negro, assim como os abecês, expõe a face violenta da sociedade brasileira. Aí são desenhadas concepções ideológicas que se concretizam em procedimentos marcados pela intolerância. As frases podem ser pensadas a partir das noções de *modelo de* e *modelo para*, indicadas por Clifford Geertz, no tocante aos modos de organização social.[84]

---

[83] FREUD. *Op. cit.*, p. 77-82.
[84] GEERTZ. *Op. cit.*, 1989.

Adaptando essas noções ao tema em análise, é pertinente considerar que as frases e os abecês de negros – tendo sido gerados pelos indivíduos reunidos em sociedade – culminam por expressar tanto os indivíduos quanto a sociedade. Nesse caso, as frases e os abecês constituem um *modelo de* sociedade racista e violenta, em cujo elenco de excluídos se atribui um peso considerável aos indivíduos negros e seus descendentes.

Como parte de elaboração da ideologia discriminatória, as frases adquirem autonomia no campo imaginário, multiplicam-se de acordo com novas possibilidades de combinação e de atualização dos sentidos. No percurso de fazer-se e refazer-se contínuos, esses elementos do imaginário (*modelo de*) tendem a ser naturalizados, tornando-se, por isso, *modelo para* a organização da vida social.

O cotidiano da sociedade brasileira exibe, com diferentes intensidades, os modelos de discriminação racial desenhados no imaginário. Contudo, a dimensão agora é a da prática social, aquela em que os confrontos não podem ser adiados: os atores surgem, uns diante dos outros, lançando mão de estratégias sociais adequadas à defesa de seus interesses. A cena social é de embates, conforme a indicação do *modelo de* ação sugerido pelas frases de negro. No entanto, por que essa violência é frequentemente esvaziada pelo contradiscurso da cordialidade brasileira, evitando-se a abordagem das tensões características das sociedades multiétnicas?

Percebemos, nesse caso específico, que a eficácia do *modelo para* a sustentação de uma sociedade discriminatória se concentra, sobretudo, na manipulação do *modelo de* discriminação que a orienta. Isto é, no controle da produção de sentidos que permeia o imaginário acerca dos negros e seus descendentes. Isso pode ser observado no fato de os abecês, as piadas e as frases de negro serem considerados como elementos lúdicos – numa evidente tentativa de subtrair ao lúdico sua complexidade de sentidos.

O lúdico no discurso contra negros é tratado como criação discursiva de efeito mínimo, cuja carga de sentidos explode no ato da enunciação e não reverbera em outras instâncias. Quer dizer, ri-se dos abecês, piadas e frases como ato contínuo à sua enunciação. Mas é justamente a catarse proporcionada pelo riso que deveria gerar indagações mais agudas. Quem ri de quem? Por que a sensação de divertimento ou de alívio decorrente do enunciado chistoso? Como reagem aqueles tomados como alvo do chiste?

A partir da compreensão do lúdico como atividade essencial da organização social,[85] somos levados a considerá-lo como instância de proposição de sentidos e de confrontações. O caráter lúdico das frases de negro decorre de seu pertencimento a uma lógica em que a comunicação se apresenta como realidade emblemática para definir quem vence e quem perde nas inter-relações sociais.

As frases constituem um processo de comunicação em meio a outros processos de comunicação. São, portanto, elaborações discursivas que ultrapassam a esfera do imaginário e deságuam na realidade social como produções intencionais. Para avaliar a intensidade de suas repercussões, é interessante considerar o "campo de circulação" onde são produzidas,[86] bem como os atores envolvidos nessa fábrica de representações sociais.

O campo de circulação das frases é complexo, na medida em que se trata da sociedade brasileira considerada dos pontos de vista diacrônico e sincrônico. As frases possuem uma trajetória que remonta aos primórdios da sociedade brasileira. A chegada de negros ao País para atender ao regime escravista implicou a elaboração de discursos acerca destes. Esse aspecto histórico-social é decisivo para indicar o campo original de produção e circulação dos discursos envolvendo os negros e seus descendentes.

Pela diacronia, observamos que aquilo que se disse sobre os negros foi dito a partir de circunstâncias que os reduziam à condição de diferença inferiorizada em relação aos demais atores sociais.[87] Do ponto de vista da sincronia, verificamos que os discursos discriminatórios ora retomam frases consideradas tradicionais ("Negro não nasce, aparece"), ora utilizam temas contemporâneos para elaborá-las ("Qual a diferença entre a AIDS e o preto? – A AIDS evolui.").

---

[85] HUIZINGA, Johan. *Homo ludens*. São Paulo, 1980. p. 12.
[86] SODRÉ, Muniz. *A verdade seduzida*. Rio de Janeiro, 1988. p. 9.
[87] Sobre a questão da imagem que brancos faziam de negros no período escravista, ver SCHWARCZ, Lilia Moritz. *Retrato em branco e negro*. São Paulo, 1987. p. 11-17.

O campo de elaboração e circulação das frases é, portanto, o campo histórico-social em que se constituíram e desdobram as relações interpessoais e intergrupais no Brasil. O modo como se interpreta ou como se ignora essa elaboração discursiva é, decididamente, uma questão de natureza ideológica. Interpretá-las como discurso racista tem como consequência mínima a demonstração do pacto de perversidade e anticidadania que preside as relações sociais brasileiras. Divulgá-las como "brincadeira" ou jogo inocente demonstra a maleabilidade das ideologias na construção de significados, na medida em que, por trás das "brincadeiras" inventadas para divertimento, pode haver "ideias que servem a funcionamentos estratégicos no interior das relações sociais".[88]

Na cena social, os atores envolvidos pela ideologia que define as frases como jogo desempenham seus papéis de maneira ambivalente – isto é, procuram ocultar suas identidades de agressor e vítima justamente quando participam das contendas. Apesar dessa ambivalência dos atores, os resultados da discriminação são evidentes na realidade, insistindo na fórmula de que negros valem menos e brancos valem mais.

Isso decorre do fato de que a regra central do jogo – negro deve ser agredido, branco deve se divertir – exprime apenas uma face de seus sentidos. Tal regra, compartilhada na superfície das relações sociais, é aplicada de outra maneira nos labirintos da prática da discriminação. O jogador principal – enunciador do discurso –, embora seja conhecido, raramente é apontado diretamente. A vítima – objeto do discurso –, embora seja diretamente apontada, muitas vezes insiste, ela mesma, em reproduzir o discurso de autoagressão.

O que se nota é a tessitura de uma rede de convivência entre agressor e vítima, em geral legitimada por uma ordem social em que as orientações ideológicas são utilizadas para encobrir a gravidade das tensões.[89] Em função disso, o racismo numa democracia racial – que soa como algo paradoxal e inconcebível – vem, no entanto, sendo aceito como uma naturalização do imponderável ou configuração possível do jogo. Jogo em que interfere a

---

[88] SODRÉ. Op. cit., 1988, p. 7.
[89] Cf. SODRÉ. Op. cit., 1988, p. 95: "A ideologia exerce uma força contínua de negação ou de apagamento das ambivalências no processo humano de troca".

ideologia do dominante, permitindo-lhe lançar os dados e construir o discurso sobre os resultados obtidos. A manipulação dos resultados – sempre lembrando os aspectos diacrônicos e sincrônicos que os modulam – tem possibilitado a elaboração de discursos que exprimem a perversidade das relações sociais no Brasil. Exemplo disso, é a constatação de que entre nós prevalece um "racismo cordial" em que o indivíduo, mesmo tendo preconceito contra negros, afirma o contrário. Desse modo, defende-se do ônus de ser acusado de racista ao mesmo tempo em que encontra uma sociedade conivente com esse tipo de atitude.

Sob o enunciado do "racismo cordial", parecem ter sido resolvidas as contradições mais graves, como se a partir da síntese no domínio do discurso se pudesse organizar outra síntese na prática social. Ou, como se o *modelo de* "racismo cordial" servisse de *modelo para* a constituição de uma sociedade de "racismo cordial". Mas, na medida em que as frases de negro e sua ideologia racista se articulam como forma de comunicação entre outras formas de comunicação, não há como pensá-las como meras abstrações que resultam em fatos concretos. Não podemos esquecer que as frases são enunciados concretamente veiculados com o auxílio da palavra. A palavra que flui na oralidade do canto ou da fala e, também, na escrita em textos de jornais, revistas ou nos grafites de lugares públicos.

A materialidade da palavra não exclui as abstrações dos conceitos subjacentes a ela, mas também não inibe a percepção de que os conceitos se tornam realização material, sensível na realidade social. De outro modo, as frases de negro são elaborações discursivas alimentadas, simultaneamente, pelas manipulações ideológicas do imaginário e da concretização, em atos, daquilo que foi pensado. Aquilo que é comunicado através das frases é, em si mesmo, uma ação impulsionada por princípios discriminatórios. Ou seja, entre a intenção e gesto existe uma estreita ponte que relaciona o imaginário à realidade, e vice-versa. O enunciador do discurso, de alguma maneira, está comprometido com as ações que ele pode desencadear. É nesse sentido que as frases, abecês e piadas de negros convertidos em *palavra-ação* ou *discurso-atitude* colocam por terra o desejo de entendê-los como jogo inocente, sem maldades ou segundas intenções.

A fim de analisarmos as elaborações discursivas das frases de negro, tomaremos alguns exemplos recolhidos em pesquisa de campo. Chamamos a atenção para o fato de que enunciar as frases é um ato social relacionado a outros atos sociais, tais como o de estar presente a uma roda de amigos, o de presenciar um episódio cotidiano, o de demonstrar um argumento etc.

Para situarmos o alcance discriminador das frases, vamos considerá-las a partir de quatro perspectivas de abordagem dos negros e seus descendentes: deslocamento do tópico negro/gente para o tópico negro/coisa ruim; deslocamento do tópico negro/gente para o tópico negro/animal; negro como subgente na escala social; negro como raça inferior.

PALAVRAS: FACAS SÓ LÂMINAS

O deslocamento dos negros para a condição de coisa é fato pertinente ao desenvolvimento da economia mercantil em que o cativo era "transformado em um ser inorgânico, à imagem das mercadorias que o geravam".[90] A reificação dos negros elaborada no domínio da linguagem verbal se estabeleceu também como forma de agir em relação aos negros e seus descendentes, isto é, o enunciado se converteu em ação que desapropria um ser humano de seus atributos humanos.

As frases construídas a partir dessa orientação ideológica mostram a exacerbação da violência contra os negros, reduzindo-os à condição de *coisa* e depois *coisa ruim*. O que se observa é que a prática social aguça o alcance do discurso discriminatório, na medida em que os indivíduos são colocados frente a frente em situações de defesa de seus interesses.

A violência do racismo brasileiro se mostra de maneira inequívoca à medida que percebemos os grandes esforços empreendidos para rechaçá-lo. Se, de um lado, conta-se a produção ideológica de certos setores da

---

[90] MEILLASSOUX, Claude. *Antropologia da escravidão*. Rio de Janeiro, 1995. p. 227.

intelligentsia nacional e da mídia ativados para desenhar o perfil de um país tolerante acerca das diferenças étnicas, por outro, tem-se o senso comum que alimenta a repetição de fórmulas de apelo emocional através das quais se tenta minimizar a agressividade dos fatos. Assim, fórmulas do tipo "Não sou racista, até tenho um primo negro" ou "Não sou contra negros, mas preferiria que minha filha não se casasse com um deles" – que possuem alto grau de rendimento funcional, sendo adaptáveis a diferentes contextos de tensão – podem ser contestadas por servirem como artifício para ocultar situações cotidianas de agressão contra os negros e seus descendentes. Eis o que se pode observar nas frases a seguir:

> Preto é primo primeiro do capeta.
> Preto tem cheiro de bosta.
> Só não pego preto na mão porque só pego em bosta quando estou descuidado.
> Só não sou racista porque preto não é raça.
> Preto, só sapato e meia, mesmo assim eu piso nele.
> Se vêm três homens, eles falam que vêm dois homens e um negro.
> Preto é foda ou tinha que ser preto.
> Conserve sua cidade limpa: mate um negro por dia.
> Eu gosto tanto de preto, pena que a gente não possa comprar mais.
> Preto é igual papel higiênico, ou está no rolo, ou está na merda.
> Preto não da à luz, dá curto circuito.
> O preto pisou na merda e, espantado, falou: – É, estou derretendo.
>
> – Qual a diferença entre um preto e uma lata de merda (ou de lixo)?
> – A lata.
>
> – Por que o caixão do preto tem duas alças
> – Você já viu lata de lixo ter quatro alças?
>
> – Por que o caixão do preto tem vários furinhos?
> – Para os vermes vomitarem.

– O que Deus falou quando criou o segundo preto?
– Chiii... Queimou de novo.

– Por que preto não morre afogado?
– Já viu bosta afundar?

– O que significa um caminhão cheio de preto?
– Matéria-prima para kichute.

– Uma mulher preta quando estava grávida foi presa pela polícia. Sabe por quê?
– Porte de drogas.

– Qual o método que Deus usou para criar o negro?
– Xerox.

O conteúdo do repertório acima não deixa margens a dúvidas quanto à existência de um discurso e de uma consequente prática de discriminação racial na sociedade brasileira. O discurso insiste na reificação do negro, ampliando o processo de degradação ao identificá-lo com coisas sabidamente ruins. Em síntese, o discurso reduplica as teses do período escravista, mas dotando-as de novas significações. Ou seja, o negro não é pessoa ("não é raça" ou "ser negro não é ser homem"), mas coisa do tipo: primo do capeta, excremento, sapato/meia, lixo, objeto que se compra, papel higiênico, peça com defeito ("queimada"), *kichute*.

Como prova da atualização do discurso racista, tem-se o negro identificado a aspectos recentes da sociedade, tais como o uso das drogas (reprimidas pelas autoridades) e o xerox (técnica de fotocópia até há pouco tempo restrita ao preto e branco). O negro reificado na imagem das drogas é novamente agredido com ser fora da lei, marginal. Na outra imagem, o negro-xerox é reduzido à condição de cópia precária, destituído de identidade própria.

No *deslocamento do tópico negro/gente para o tópico negro/animal*, a técnica da fórmula anterior é aplicada para retirar o negro da esfera biológica em que o homem é tomado como animal racional para confiná-lo às instâncias dos animais considerados inferiores.

Se eu gostasse de preto punha urubu para chocar.
Se preto fosse gente urubu era astronauta.
Todo preto é igual lombriga, se sair da merda morre.

– Quando é que preto visita a família?
– Quando vai ao zoo e visita a jaula dos macacos.

– Por que é que preto tem muitos filhos?
– Porque é a única coisa que burro sabe fazer.

– Qual a diferença entre uma preta grávida e um pneu furado?
– Nenhuma, ambos estão esperando macaco.

– Qual a musa da raça negra?
– A Xita.

– Quais são as três definições de um preto em cima de um prédio?
– Se voar é urubu, se agarrar é macaco, se cair é bosta.

– Qual o primo mais próximo dos pretos? Os brancos ou os macacos?
– Os brancos, pois macacos eles já são.

– Qual o cartão de apresentação de um preto?
– Um cacho de bananas.

– Por que o preto não erra?
– Porque errar é humano.

O processo de animalização consiste na reiteração de comparações enraizadas no senso comum, em que o negro é assimilado a macaco, burro, verme (lombriga). O que se observa na montagem das frases é a manipulação racionalizada do senso comum, com a finalidade de criar um consenso acerca da inferioridade dos negros. O discurso racista ignora as demonstrações científicas que situam o ser humano próximo de outros animais no grande panorama das cadeias biológicas. Assim, as relações de espécie identificadas entre humanos e primatas são rejeitadas, na medida em que o discurso racista produz outra realidade, com outros valores, a fim de manter a assimilação entre negros e macacos como fato negativo.

O percurso de reificação e de animalização do negro é iniciado e concluído de acordo com uma fórmula do tipo pré-construído, isto é, o discurso afirma que, antes de tudo e ao fim de tudo, o negro "não é humano". Por não ser humano, ele é coisificado e animalizado; por ser coisificado e animalizado, o negro não é humano. A comprovação desse círculo de fogo em torno do negro se exprime no conjunto de frases em que *ele é considerado como subgente na escala social*. Nesse ponto, o discurso racista não recorre às etapas de comparação e de assimilação que levam a concluir que o negro é coisa ruim ou animal e, por fim, não humano. A agressão é direta, na medida em que as afirmações negam taxativamente ao negro o *status* de ser humano.

Preto só fica importante quando está sendo procurado pela polícia.
Preto calado já está errado, parado é suspeito, correndo é ladrão.
Preto quando não suja na entrada, suja na saída.
Preto e árvore só dá galho.
Achar preto é fácil, difícil é achar um direito.
Cuidado, negão, a Lei Áurea foi assinada a lápis.
Preto é que nem cachimbo, só leva fumo.
Preto não pensa porque se pensar fede.

Branco tem veia poética, preto tem varizes.
Em preta não se bate com a mão e sim com pedaço de pau.
– Quando preto é bonito?

– Quando chega atrasado ao serviço (ou em casa) e o chefe (ou mulher) diz: "Bonito, hein!"

– Por que os pretos dos EUA são melhores que os do Brasil?
– Porque estão bem longe.

– Quando preto sobe na vida?
– Quando anda de elevador.

– Quanto preto vai à escola?
– Quando está trabalhando de servente na construção.

– Sabe por que que preto é preto?
– Porque em cima do morro a água não chega.

O ambiente social é evocado para dar sentido às afirmações que reduzem o negro à condição de subgente, evidenciando as teias de conivência que sustentam realidades paradoxais como a do "racismo cordial". Nesse repertório de frases são combinados elementos da reificação e da animalização, mas a ênfase recai sobre a intenção de deslocar o negro do conjunto social, de modo a considerá-lo como figura estranha à própria sociedade.

A estratégia dos pré-construídos é empregada largamente, como se estes fossem proposições de "verdades" sabidas por todos, inclusive pelos negros. E aqui se observa uma contradição aproveitada pelos agentes do discurso discriminador: o negro é considerado não humano para servir de tema à formulação das frases, mas deve readquirir *status* de ser humano para que, entendendo o discurso agressivo, se "coloque no seu lugar" de subgente. Daí as alusões à vida cotidiana em que as características morais do negro são, de antemão, colocadas sob suspeita, tanto por parte da polícia quanto dos outros indivíduos ("negro é ladrão", "negro não é direito", "só dá galho").

Além disso, os pré-construídos assinalam a condição social instável dos negros, ameaçados pelas leis (escritas a lápis) que deveriam protegê-los. Em vista disso, a marginalidade a que está relegado o homem negro o expõe mais frequentemente às misérias sociais ("leva fumo") e abre caminho para a ação do discurso racista. A violência que se exprime na linguagem ("Preto não tem veia poética") espraia-se também para as relações interpessoais ("Em preta se bate com pedaço de pau").

As frases agridem o negro por este não corresponder a certos padrões de beleza ("Quando é que preto é bonito?). Além disso, expurgam-no da convivência social ("Os negros dos EUA são melhores porque estão longe), ridicularizam seus anseios de ascensão social ("Só sobe na vida ao andar de elevador), menosprezam sua capacidade de trabalho e seus hábitos ("Negro só vai à escola para construí-la", "É negro porque é pobre, mora no morro e não toma banho").

As propostas racistas dessas frases são enunciadas em tom de ironia, como se a intenção fosse a de promover o "divertimento". Ao que tudo indica, a estratégia tem sido eficaz, pois a naturalização do riso diante desses enunciados, na maioria das vezes, anestesia o discernimento e o espírito crítico dos envolvidos. É interessante observar que essas frases possuem fios do mesmo tecido social que as aceita e, em outros casos, rejeita. Os cenários e as tramas fazem parte do cotidiano brasileiro, como podemos perceber pelas referências aos espaços públicos (a sessão de trabalho, a escola) ou privados (a casa), e também aos atores (policiais, patrões, esposas).

Como podemos ver, é na familiaridade do cotidiano que a violência se instaura, excluindo o negro dos cenários, das tramas e da qualidade de ator. A discriminação de ordem social tende a relativizar a interferência dos fatores étnicos ou raciais, aspecto que, segundo alguns analistas, é mais pertinente ao quadro das relações sociais brasileiras. Por essa via, procura-se ir além da crítica à discriminação centrada em fatores raciais para considerar o problema sob a perspectiva socioeconômica em que os fatos relacionados à classe superam os de instância racial, de modo que "a cor é [...] sinônimo de baixa condição social". [91]

Do nosso ponto de vista, a análise com ênfase no aspecto racial ou no aspecto socioeconômico tende a abordar parcialmente as questões suscitadas

---

[91] FERNANDES, Florestan; BASTIDE, Roger. *Brancos e negros em São Paulo*. São Paulo, 1959. p. 180.

pelos discursos de ação discriminatória na sociedade brasileira. Isso porque não é pertinente considerar que as noções de raça ou modelo socioeconômico sejam realidades articuladas fora da cultura, como parece ocorrer no caso de serem citadas isoladamente como causas da marginalização dos negros.

Na crítica às restrições impostas pelo conceito de "raça", Kwame Anthony Appiah observa que "onde a raça atua [...], ela atua como uma espécie de metáfora da cultura; e só o faz ao preço de biologizar aquilo que é cultura, a ideologia".[92] Se trabalharmos as noções de raça e modelo socioeconômico como produções culturais, portanto, como elaborações ideológicas, talvez possamos compreender um certo convívio entre rigidez e plasticidade que caracteriza os discursos discriminatórios em análise.

As situações de deslocamento do negro vistas anteriormente – de gente para coisa, de gente para animal, culminando com sua desumanização – não se nutrem apenas de aspectos biológicos oriundos da noção de raça, nem somente de um modelo socioeconômico que torna "negros" todos os pobres. Antes de tudo, a discriminação por um e outro motivo se dá em termos de formulação ideológica, ou seja, ocorre como a construção de sentidos para aquilo que se entende como "raça" e aquilo que se entende como "pobre, portanto, negro".

A funcionalidade das noções de raça e modelo socioeconômico lhes garante o emprego na formulação dos discursos discriminatórios. São noções que se prestam para iniciar e fechar situações de conflito, pois são propostas como verdades absolutas. O que está dentro de seus campos de sentidos é válido, o que contesta esses campos é considerado sem valor e sem sentido. Assim, brancos discriminam negros porque não são brancos; ricos discriminam pobres porque não são ricos. Na combinatória negros/pobres, a discriminação se dá pelo fato de estes não serem nem brancos nem ricos.

É preciso atentar para o traço de elaboração ideológica que é, ao mesmo tempo, ação sobre os indivíduos. Nesse processo, verificamos como as noções de raça e modelo socioeconômico são manipuladas em

---

[92] APPIAH, Kwame Anthony. *Op. cit.*, 1997, p. 75.

função de diferentes interesses. Se um negro discrimina outro negro, terá de considerar que a noção de raça é insuficiente para diferenciá-lo do outro a quem agride. A discriminação pode ocorrer se o agressor manipula o sentido de raça, ideologicamente, e evoca outras noções culturais para compor seu perfil racial. Por exemplo, a de ser mulato e não negro, rico e não pobre, da cidade e não da periferia, escolarizado e não analfabeto etc.

Essa linha de argumentação é adotada nas frases que agentes não negros organizam para agredir negros: em suma, brancos pensam e agem para marcar posição de diferença em relação a negros, afirmando-se como centro da política, da economia, da cultura. Numa perspectiva mais ampla, tem-se que brancos e negros são depositários de ideologias que delineiam a noção de raça a ser aplicada num contexto ou noutro.

Mesmo se levarmos em conta que "não existem raças humanas" num sentido biológico,[93] na realidade esse princípio é tomado como factual e funciona para coordenar as inter-relações sociais. Isso está demonstrado em frases, diálogos e narrativas populares que afirmam o conceito biológico de raça e, mais especificamente, do negro como raça inferior. Vejamos os exemplos a seguir:

Preto só é branco quando nasce.

– Por que o negro tem a palma da mão branca e a palma do pé branca?
– Porque quando Deus mandou todos entrar na água o preto só colocou a palma da mão e a palma do pé.

– Por que é que preto é preto e branco é branco?
– Porque branco não é preto.
Três negrinhos estavam no deserto e apareceu-lhes um gênio e lhes disse:
– Cada um de vocês tem o direito de fazer um pedido.
O primeiro pensou e disse:

---

[93] *Idem, Op. cit.*, p. 66-75.

– Eu quero ficar branco.
O gênio fez ele ficar branco. O segundo pensou e disse:
– Eu também quero ficar branco.
O gênio fez ele ficar branco. E o terceiro, que estava quase morrendo de rir, fez o seu pedido:
– Eu quero que eles fiquem pretos novamente.

Os enunciados acima foram articulados a partir de traços biológicos, mais notadamente a cor da pele. São esses traços, aceitos como características raciais, que definem as expectativas dos brancos em relação aos negros ("branco não é negro") e dos negros em relação a si mesmos, quando desejam tornar-se brancos e veem esse desejo frustrado (veja-se a narrativa dos três negrinhos).

As frases discriminatórias apelam para a noção de raça para sugerir a nostalgia dos negros em relação aos brancos: as marcas desse sentimento estão estampadas nas palmas das mãos e dos pés. São traços biológicos como esses, fisicamente visíveis como os cabelos ou a forma do corpo, que as frases empregam para difundir a ideologia de raça melhor e raça pior.

A utilização desse argumento de base racial na vida cotidiana justifica o fato de aplicarmos a expressão discriminação racial, embora partilhemos das críticas feitas à noção de raça. Em situação de conflito, não temos como ignorar a natureza dessa munição disparada contra os discriminados, causando-lhes danos e constrangimentos. Esse quadro demonstra que a enunciação e a ação desse discurso são complexas, sendo constituídas por uma rigidez que reitera conceitos independentemente de sua comprovação, e por uma plasticidade que adota o *nonsense* como uma forma de verdade.

Teoricamente podemos até optar por não levar em conta a noção de raça, mas na prática social essa noção é atuante e não tem sido modificada (rigidez) apesar das análises que mostram sua inconsistência. Além disso, o *nonsense* de várias das frases citadas é ideologicamente estimulado para gerar novos enunciados discriminadores, evidenciando a plasticidade de um discurso que interfere na vida social.

A pergunta que se impõe nesse momento é: que mapa esse discurso-ação tem como referência para manter-se eficiente, mesmo diante das análises que denunciam a barbaridade de seus efeitos na sociedade? A resposta, talvez, resida no fato de que quando tratamos da imposição da noção de raça para discriminar negros estejamos tratando de algo mais que uma questão relacionada aos negros. Ao que nos parece, estamos tratando dos mecanismos de produção de discursos, ações e realidades que atingem de maneiras múltiplas e específicas negros, mulheres, transexuais, velhos, crianças, imigrantes. O ponto de intersecção entre os discursos que afetam esses grupos é, como veremos ao longo desse estudo, a violência que interfere nas relações estabelecidas pelos indivíduos entre si e também nas relações articuladas entre estes e as instituições públicas e privadas.

OFICINAS DE PALAVRAS-LÂMINAS

Na análise dos mecanismos de produção das frases de negro, deparamo-nos com uma realidade brasileira que ofereceu elementos para que o discurso discriminatório soasse com legitimação, seja apoiando-se em dados da ciência evolutiva recorrentes no final do século XIX,[94] ou em ditos populares do tipo: "Para português, negro e burro, três pês: pão para comer, pano para vestir, pau para trabalhar".[95]

A prática social brasileira em relação ao negro sempre foi de desconfiança: do escravo se esperava a produção e a obediência, mas considerando a possibilidade de que uma e outra viessem a ser perturbadas pelas ondas da revolta. Nesse ritmo de confiar-se ao negro desconfiando dele, a sociedade brasileira se inclinou para o princípio de que a cultura e a palavra de negro eram "coisas" menores. Superiores eram a cultura e a palavra dos homens achegados ao poder, bem como os veículos de difusão influenciados por eles, sobretudo a imprensa, a Igreja e a escola.

A sociedade brasileira se constituiu como uma oficina geradora do discurso discriminatório, ao mesmo tempo em que nos forneceu materiais para

---

[94] SCHWARCZ, Lilia M. *Op. cit.*, p. 23.
[95] CANDIDO, Antônio. Literatura-Sociologia: a análise de *O Cortiço* de Aluísio Azevedo. In: ENCONTRO NACIONAL DE PROFESSORES DE LITERATURA – PRÁTICA DE INTERPRETAÇÃO TEXTUAL, 2., Rio de Janeiro, 1976, p. 129.

criticá-lo estando nós situados no interior dessa oficina. Essa ambivalência promove situações conflitantes em que as frases se tornam espelho do modo como o processo comunicativo, ideologicamente orientado, gera enunciadores ambivalentes e anestesia o senso de autocrítica da sociedade.

A ambivalência se exprime, por um lado, quando os enunciadores empregam as frases com "naturalidade", esquecendo o longo percurso social que as legitimou com base em relações de violência e desigualdade. Por outro, quando reagem com estranhamento ao serem criticados por prática de discriminação.

No primeiro caso, o discurso discriminatório é encoberto por táticas ideológicas que enfatizam o oposto, ou seja, a existência de uma nação exemplar no tocante à convivência de grupos distintos. Isso é demonstrado na superfície da vida social pela presença de negros e brancos dividindo espaços na publicidade ou nos setores de trabalho. Contudo, a divisão de espaços é irregular, com acentuado prejuízo da presença de negros, que, diante do público, são reduzidos à condição de minoria. Essa vem a ser a perspectiva que situa as frases como "brincadeira", quando, de fato, suas consequências são tão sérias quanto drásticas para as populações discriminadas.

No segundo caso, o estranhamento à crítica do conteúdo discriminatório das frases se explica pelo fato de pertencerem ao leque de discursos voltados contra mulheres, homossexuais, velhos, imigrantes – como se estes também não fossem discriminadores e violentos. O enunciadores que fazem retaliações à crítica contra as frases se defendem com argumentos do tipo: "Mas isso não é racismo, não falamos contra negros. Falamos do mesmo jeito das mulheres...". A questão é que, em geral, o enunciador do discurso discriminatório se coloca como centro do processo comunicativo, impondo-lhe as direções que julgar mais pertinentes aos seus interesses. Prevalece, uma vez mais, a manipulação ideológica do *nonsense*, isto é, o discriminador discrimina, mas alega que não teve essa intenção.

A disposição de autocrítica da sociedade diante das frases de negro é anestesiada em função do emprego do recurso cotidiano da conversa. Isso é mais perceptível nas frases que empregam diálogos através dos quais os enunciadores trocam informações a respeito de uma realidade que lhes é comum.

O saber compartilhado acerca dos negros possui um roteiro de sentidos estabelecido, de modo que a pergunta inicial sugere ao interlocutor duas atitudes, mas apenas uma resposta, isto é, ou o interrogado responde de imediato à pergunta ou é instruído por aquele que o interpela, caso não conheça a resposta. Para ambas as atitudes, o roteiro de sentidos oferece como resposta a desqualificação do negro.

É interessante notar que a estrutura dialógica desse tipo de frase pressupõe um cenário social onde os atores se movimentam de acordo um *script* dinâmico, que permite identificar um percurso de formação do enredo, paralelamente à possibilidade de fazer-lhe atualizações. Mesmo que alguns atores não se deem conta do percurso de formação do discurso discriminatório – como frisamos anteriormente – e o atualizem, vale considerar que esse procedimento se realiza sobre as marcas do processo histórico. Exemplo disso é a forma de palimpsesto de algumas frases em que o enunciado recente (sobre a AIDS) encobre outro anterior (sobre o câncer):

– Qual a diferença entre o negro e a AIDS?
– A AIDS evolui e o negro não.

– Qual a diferença entre o negro e o câncer?
– O câncer evolui e o negro não.

O mesmo esquema ocorre quando o enunciado específico contra negros recobre um provérbio conhecido ou um enunciado contra mulheres:

Preto que ri por último ri atrasado.
(Quem ri por último ri melhor.)
O que mata de repente é vento pelas costas e preto pela frente.
(O que mata de repente é vento pelas costas e sogra pela frente.)

Esse procedimento amplia o processo comunicativo da conversa cotidiana, ao manter a antiga forma de um enunciado e criar outra baseada na anterior, mas diferente dela. A manipulação ideológica desse procedimento resulta na naturalização das frases de negro, fazendo com que sejam incorporadas à sociedade brasileira através de um caminho legitimado, isto é, como se fossem parte de um repertório compartilhado. Prova disso é que os discursos discriminatórios contra negros e grupos como mulheres, homossexuais e imigrantes têm sido contestados e ainda assim circulam abertamente na sociedade.

A violência contra negros e seus descendentes é praticada de maneira ostensiva, mas o mecanismo que a promove se apresenta protegido por subterfúgios gerados na oficina da própria sociedade. Diante disso, o que se observa são os laços de conivência social com a discriminação, evidenciando a eficácia do terrorismo ideológico na elaboração dos discursos de segregação.

Ao analisarmos o potencial de ação inscrito no discurso racista, procuramos efetuar a crítica à sua legitimação social. Por um lado, a legitimação ocorre na aceitação do discurso racista como um entre outros discursos "naturalmente" inseridos na cultura brasileira; por outro lado, por meio através da postura vacilante que a sociedade brasileira tem adotado no tocante às questões de justiça racial,[96] pois, na maioria da vezes, hesita em aplicar as leis que punem o racismo, embora o considere como um crime.

É nesse tipo de fratura da ordem social que investem os agentes da discriminação, ao perceberem que a fragilidade dos meios de defesa da cidadania estimula a proliferação das formas de violência. No caso da sociedade brasileira, essa fratura é histórica e pode ser acompanhada pela trajetória de discursos discriminatórios como os abecês, as piadas e as frases de negro. Eles têm sido atualizados, aproveitando-se das novas circunstâncias em que a ordem social se mostra impotente ou desinteressada por empenhar-se na defesa dos direitos humanos.

Em vista disso, a análise do discurso contribui para compreendermos as orientações ideológicas que dão sentido aos discursos discriminatórios,

---

[96] Ver a crítica de Cornel West à postura da "América branca" em relação aos negros (*Questão de raça*. São Paulo, 1994. p. 19).

ao mesmo tempo em que os identifica como um modo de ação. Vale ressaltar que, em situações como essa, a análise do discurso também é contestada em sua dimensão de exercício puramente teórico.

A gravidade do tema e suas implicações levam a análise do discurso a se apresentar na arena dos conflitos sociais, assumindo, também, a perspectiva de discurso-ação. Isso ocorre na medida em que a análise do edifício discursivo não se esgota nas fases de sua desmontagem e interpretação. Outra fase, a da recepção da análise, tensiona suas pretensões de distanciamento, especialmente em casos como o dos discursos discriminatórios. Os apelos em prol da justiça social chamam historicamente a análise do discurso a desempenhar um tipo de ação moral que, a julgar pela complexidade dos conflitos sociais, ainda se faz necessária.

Evidentemente toda opção por uma ação moral implica o risco da emissão de juízos de valor. Porém, a realidade oferecida pelos discursos de segregação é de uma moralidade perversa, criando verdades absolutas a fim de justificar suas práticas de violência. A análise do discurso, nessa circunstância, é duplamente pressionada: de um lado para ignorar a investigação dos discursos, levando-se em conta que as rápidas transformações contemporâneas exibem, cada vez mais, a ruptura das dicotomias que orientaram as análises nos anos da guerra fria. De outro lado, a análise do discurso mantém sua pertinência, pois questões fora do âmbito da guerra fria ainda exigem interpretação comprometida com certos valores. Eis o caso dos discursos discriminatórios: não há como analisar à distância os seus conteúdos sem denunciar sua interferência nefasta na sociedade.

Como já dissemos, a análise teórica não tem evitado as consequências dos discursos discriminatórios. No entanto, é como ação moral que a análise teórica pode aliar-se a outras práticas de crítica à discriminação, criando condições para compreendermos os modos de articulação dos discursos agressivos. Eis o que procuramos fazer em relação às "frases de negro", com a pretensão de verificar as orientações ideológicas que as fundamentam, o vocabulário que empregam e, finalmente, os mecanismos que garantem sua permanência e atualização na sociedade brasileira.

É fato que iniciamos um percurso crítico, mas, desde agora, é possível vislumbrar os desdobramentos desse tipo de discurso. Se considerarmos que ele não é apenas uma realização verbal e, sim, que a realização verbal é uma das formas da elaboração ideológica discriminatória, teremos de atentar para as outras formas de veiculação dessa ideologia envolvendo os negros, tais como as imagens produzidas e divulgadas pela mídia.

Mas, por ora, é importante o exame das frases de negro, já que nos levam a percorrer os caminhos de uma certa tradição cultural. Vale a tentativa de identificação dos atores e dos enredos que interpretam, a fim de observar o *que* e *como* a sociedade brasileira fala acerca dos negros. Já numa análise inicial, torna-se evidente que quanto mais as frases insistem no discurso que exila o negro da sociedade brasileira, mais esse discurso afirma a presença dos negros como constituintes de nossa sociedade. A partir disso, tem-se o desafio de compreender que tipos de relações interpessoais e intergrupais são organizadas para desenhar o perfil de uma sociedade multiétnica em que, ideologicamente, as contradições das atitudes se espelham nas contradições dos discursos.

A vida nos estúdios

> "Tendo a imagem, especialmente a fotografia, servido como um dos suportes ideais utilizados pela classe dominante para a propagação de sua ideologia, torna-se, sem dúvida, um instrumento particularmente importante para que se venha, em sentido inverso, a captar como foram elaboradas estas ideologias."
> *Sofia Olszewski Filha*[97]

O HOMEM INVISÍVEL

Em 1952, o escritor Ralph Ellison publicou *The invisible man*, obra na qual denunciava as condições desfavoráveis dos negros na sociedade norte-americana. Os negros – que haviam contribuído e continuavam a contribuir para o desenvolvimento sócio-político-cultural da nação – permaneciam, no entanto, excluídos das esferas de decisão da vida nacional. Esse fato foi identificado e representado por Ellison na imagem do *homem invisível*.

No Brasil, tem sido frequente o emprego da imagem *homem invisível* para denunciar a marginalização de nossas populações negras. A presença rarefeita dos negros nos meios de comunicação de massa vem sendo

---

[97] OLSZEWSKI FILHA, Sofia. *A fotografia e o negro na cidade do Salvador 1840-1914.* Salvador, 1989. p. 12.

interpretada por militantes políticos, intelectuais e artistas como uma espécie de apagamento intencional da imagem do negro na sociedade brasileira. Em consequência dessa invisibilidade, as populações negras tendem, segundo esses analistas, a viverem sua autoestima sob uma condição precária e a marcarem os índices de sua própria exclusão social. Por isso, o empenho em *tornar o negro visível* na sociedade tem sido uma das formas encontradas por entidades e cidadãos que se opõem à discriminação racial e social.[98]

O que o título da obra de Ellison propõe como problema a ser analisado não é apenas a visibilidade (ou representação) rarefeita da imagem do negro na sociedade norte-americana, mas, acima de tudo, a maneira como essa representação foi elaborada de modo a resultar no efeito de invisibilidade daquele que era representado.

Para evidenciar sua análise do fato social, o autor se apoia numa construção linguística que é simultaneamente uma construção visual. Essa construção visual adere à obra – e à sensibilidade dos leitores – como se fosse uma fotografia, uma pintura ou um desenho daquele que só é visto em sua invisibilidade. A imagem-título propõe o reconhecimento do homem invisível como uma representação permeada pelos significados do homem que a sociedade só admite ver como invisível, ou seja, como não cidadão.

O apelo da imagem-título torna-se maior à medida que se dá a conhecer como uma imagem possível no repertório de outras imagens possíveis. O não estar do negro na imagem do homem invisível é uma forma de estar que se baseia em meios específicos de produção. A questão é detectar quais são os meios de produção, difusão e interpretação dessa imagem. Tal imagem é uma provocação à ordem de sentidos que homens negros e não negros – situados em sociedades multiétnicas, mas cindidas por conflitos de natureza étnica, política e econômica – têm como fonte de orientação para seu estar-no-mundo.

É importante considerarmos as representações do negro numa sociedade multiétnica como ação política ligada à transmissão de preceitos

---

[98] Segundo Aroldo Macedo, em editorial da revista *Raça Brasil* (1997, ano 2, n. 13, p. 4), "já era hora de levantar o véu da invisibilidade do negro do Brasil". O autor reforça essa opinião na entrevista: "Raça Brasil levanta o véu da invisibilidade do negro" (*O Tempo*, Belo Horizonte, 3 set. 1997. Magazine/ Blequitude, p. 8).

ideológicos de segmentos dominantes ou menos favorecidos. Isso impõe a análise da tensão como força inerente aos contatos entre grupos que se autodefinem a partir da diferença reconhecida nos outros. O etnocentrismo nesses casos é assumido, simultaneamente, como forma de autodefesa (quando um grupo demarca as fronteiras de sua identidade) e de ataque (quando rejeita a existência da identidade do Outro e lhe atribui o traço distintivo de uma diferença inferiorizada).

A elaboração das imagens do Eu no Outro, nesse contexto de tensão, estimula-nos a investigar os mecanismos ideológicos que transformaram os negros, os índios das Américas, os habitantes das ilhas do Pacífico e os orientais num conjunto de imagens capazes de alimentar a sedução e o medo no imaginário do homem branco ocidental.

Os viajantes estrangeiros que cruzaram as terras fora da Europa deixaram testemunhos contundentes dessa tensão. No Brasil, registros como os de Debret e Rugendas, na pintura, de Max Radiguet[99] e von Martius,[100] na literatura, demonstram o misto de atração e receio pela diferença do Outro negro ou índio. Apesar da tensão, o desejo de estabelecer a imagem do Outro foi imperativo, ora para atender às necessidades imediatas do registrar para conhecer e dominar, ou para desenvolver a aprendizagem de configurações estéticas. Diante disso, como sustentar que são invisíveis aqueles em relação aos quais são nutridos sentimentos de atração, repulsa ou indiferença?

A invisibilidade, portanto, não deve ser analisada como fato natural e dado *a priori*, mas como elaboração sociocultural que é apresentada à realidade como uma realidade plena e natural. O *homem invisível* é a parte visível de uma teia de relações sociais que os indivíduos experimentam e nem sempre apreendem em detalhes.

Os jornais brasileiros, desde o século passado, vêm fazendo diversas citações da imagem dos negros. Essas citações são importantes, pois permitem-nos

---

[99] Ver comentários à obra de Max Radiguet (*Souvernirs de l'Amérique Espagnole*. Paris, 1865). In: FREYRE, Gilberto. *O escravo nos anúncios de jornais brasileiros do século XIX*. São Paulo, 1979. p. 99.
[100] Segundo von Martius, a presença da "turba variegada de negros" na cidade indicava ao viajante que ele se encontrava "num estranho continente do mundo" – o Brasil. In: PAZ, Francisco M. *Na poética da História*. Curitiba, 1996. p. 239.

observar as ideologias dos grupos dominantes que as desenharam e as maneiras de os negros conviverem com sua imagem elaborada pelo Outro.

Detendo o olhar sobre os periódicos do século XIX, deparamo-nos com um tipo de desenho que funcionava como uma espécie de logotipo e servia para denunciar os escravos fugidos. O desenho mostrava a imagem do negro ou negra escravos em posição de caminhada, com uma trouxa amarrada a uma vara e apoiada nos ombros.[101]

O modelo das *cartes de visite* foi divulgado no País pelos fotógrafos da época. De acordo com Paulo César de Azevedo e Maurício Lissovsky, elas são o resultado de um processo que permitiu "impressionar várias vezes a mesma imagem num só negativo. Inicialmente são retratos copiados numa única folha de papel fotográfico no formato de cartões de visita [...]". Exibiam, além de retratos, paisagens e costumes dos povos. "Elas são predecessoras dos cartões postais que se tornariam moda no final do século passado."[102]

Esses desenhos e fotografias se caracterizam pela economia de informações ou pela repetição de um mesmo elenco de informações. Em função desses traços, situam-se no limite dos estereótipos do negro fora da lei (o escravo fugido, o bandido procurado pela polícia) ou do negro submetido às regras estéticas europeizantes (os retratos de família, as *cartes de visite*).

A crítica dos militantes políticos, intelectuais e artistas à invisibilidade do negro na mídia é pertinente, se levarmos em conta a desproporção entre a expressiva presença de negros na sociedade brasileira e a sua frequência restrita na mídia. Por outro lado, a constatação de que os negros têm sido representados na mídia sugere a rearticulação da crítica à invisibilidade. O eixo da crítica pode ser deslocado da abordagem direta da invisibilidade (que vê apenas a ausência da imagem do negro) para a análise da *maneira como o negro é representado* (que investiga a ideologia responsável pela construção de uma imagem do negro que é, em síntese, a negação de sua própria imagem).

---

[101] FREYRE, Gilberto. Op. cit., 1979, p. 4-5.
[102] AZEVEDO, Paulo César de; LISSOVSKY, Maurício (Org.). O fotógrafo Christiano Jr. In: *Escravos brasileiros do século XIX na fotografia de Christiano Jr.*. São Paulo, 1988. p. ix.

Se a imagem é como Proteu – "pode ser tudo e seu contrário"[103] –, somos instigados a perguntar: por que ela é montada de tal maneira, em tal lugar e época, enfocando certos alvos, estando sob controle de certos agentes e sendo fixada sobre determinados suportes? Podemos deter-nos em certas imagens para investigar seu modo de produção e os significados que derivam delas?

Selecionamos como objeto de análise as *cartes de visite* de Christiano Jr., fotógrafo radicado no Rio de Janeiro e depois em Buenos Aires, na segunda metade do século XIX. Christiano Jr., falecido em Assunção do Paraguai, em 1902, legou-nos uma considerável série de fotografias de escravos negros.

Na edição de 1886 do *Almanak Laemmert* (Rio de Janeiro), seção de "Notabilidades", o fotógrafo colocava à disposição do público uma "Variada collecção de costumes e typos de pretos, cousa muito propria para quem se retira para a Europa".[104]

A análise das fotografias de Christiano Jr. faz parte dos estudos que temos realizado acerca dos processos de preservação e transformação de heranças culturais bantos na sociedade brasileira. Um dos temas que abordamos é a elaboração das representações de populações negras a partir de suas práticas religiosas.[105] Por isso, o nosso interesse pelas fotografias de Christiano Jr., nas quais nos deparamos com agentes e circunstâncias particulares que propõem a elaboração de determinadas imagens dos negros brasileiros.

Nosso objetivo é conhecer esses agentes e circunstâncias, a fim de analisar o campo social onde as imagens do negro podem ganhar uma visibilidade de fato ou uma visibilidade estereotipada que tende a ser interpretada como invisibilidade. Para tanto, procuraremos sustentar a hipótese mencionada de que a reelaboração da imagem do *homem invisível* – através do exercício interpretativo – pode contribuir para a construção de outras imagens que possibilitem a compreensão do mundo como mosaico de imagens semanticamente dinâmicas.

---

[103] JOLY, Martine. *Introdução à análise da imagem*. Campinas, 1996. p. 27.
[104] AZEVEDO; LISSOVSKY. *Op. cit.*, 1988, p. viii.
[105] GOMES; PEREIRA, *Op. cit.*, 1988; GOMES; PEREIRA. *Arturos: olhos do rosário*, Belo Horizonte. 1990.

Como destinatários das *cartes de visite* de Christiano Jr., estamos cientes de que ninguém "penetra o sentido de uma fotografia sem arriscar-se ao confronto entre o real guardado pela imagem e o real do leitor-intérprete".[106] As fotografias, como textos de uma época, falam sobre essa época e suas relações com o presente, ou sobre as relações entre a imagem do negro de ontem com a do negro de hoje. Do ponto de vista do leitor-intérprete, buscaremos decifrar as outras significações que "a naturalidade aparente"[107] das fotografias de negros velou enquanto revelava certas significações.

RETRATOS NO TEMPO

Vida de negros nos estúdios

As imagens produzidas por Christiano Jr. fazem parte de um acervo no qual contrastam as técnicas modernas de registro de informações (a fotografia) e o arcaísmo do objeto retratado (aspectos da sociedade escravista brasileira). Para a elaboração de uma teoria da comunicação a partir das estruturas da imagem, torna-se interessante a análise do modo como esse contraste se desdobrou no registro e na difusão da imagem do negro. É válido, ainda, discutir de que maneira essas imagens produzidas situaram o negro "dentro" do universo fotográfico como objeto representado e o mantiveram "fora" da ordem social privilegiada, ao reiterar sua condição de escravo.

As fotografias de negros escravos realizadas em estúdio se caracterizaram pela montagem da cena em que os personagens surgiam como se estivessem desempenhando suas atividades diárias. As vendedoras de frutas, os carregadores e o barbeiro "mostravam" em estúdio a maneira como se conduziam no cotidiano. Porém, a fotografia limita nosso acesso aos cheiros, aos toques, ao burburinho da comunicação que aproximava os negros entre si e os demarcava como diferença na comunicação do mundo de senhores brancos. A ausência desses elementos adverte para a

---

[106] SODRÉ, Muniz. A sombra do retrato. In: AZEVEDO; LISSOVSKY (Org.). *Op. cit.*, 1988, p. xviii.
[107] JOLY, Martine. *Op. cit.*, 1996, p. 43.

distância que se definiu entre o cotidiano dos negros em ação e o registro de sua imagem no espaço idealizado da fotografia.[108]

A imagem revelada na fotografia de escravos é verossímil, pois assemelha-se e quase se confunde com o recorte da realidade que procurou representar. As *cartes de visite*, além de objetos de diversão e lazer, tornaram-se depositárias de informações que nos permitem ver, conhecer e interpretar uma parte daquilo que foi registrado como sendo a realidade brasileira num determinado tempo e espaço.[109]

A fotografia surgiu no contexto da sociedade industrial e pode ser vista também como parte do aprimoramento técnico estimulado no decorrer do século passado. Mas, ao contrário de outros bens que se tornaram apenas produtos da sociedade capitalista, a fotografia transitou da condição de bem resultante da industrialização para a de elemento deflagrador de movimentos na ordem social.

Na linha das mudanças trazidas pelas técnicas fotográficas, é importante ressaltar a relutância das pessoas em trocar os retratos a óleo pela fotografia. Para os primeiros, o gosto dos usuários teceu um sentido aristocrático na perspectiva social (já que as famílias e indivíduos abastados é que possuíam condições de arcar com as despesas de um retrato sob encomenda) e artística (uma vez que cada retrato era realçado como obra em que o cliente se valia do talento do artista para satisfazer expectativas particulares).[110] A fotografia foi vista durante longo tempo como fruto da técnica industrial, ou seja, como processo em que o fotógrafo estaria impedido de lançar mão dos recursos da subjetividade presentes no trabalho do pintor.

---

[108] Ver AZEVEDO; LISSOVSKY. *Op. cit.*, 1988. Fotografias números 16 a 23, 36-37, 42 a 45, 49 a 51 e 66.
[109] JOLY, Martine. *Op. cit.*, 1996, p. 19.
[110] A linguagem da fotografia provocou polêmicas no final do século XIX, considerado, até então, como um reduto da linguagem da pintura. Sobre o prestígio da pintura nesse período, ver HAUSER, Arnold. *História social da literatura e da arte*. 1982. v. II, p. 1.055. No Brasil, vários chargistas registraram os sustos da população diante do fotógrafo e de seu maquinário; ver o artigo de MAUAD, Ana Maria. Imagem e autoimagem do Segundo Reinado. In: ALENCASTRO, Luiz Felipe de (Org.). *Op. cit.*, 1997, p. 192-193.

O atrito em torno dos meios de elaboração da imagem atingiu os seus produtores: se ao pintor era aplicada a categorização de artista, ao fotógrafo se impunha um tipo de classificação indefinida, pois, não sendo artista, aparentava-se a um novo tipo de operário, isto é, a um produtor da imagem que não se enquadrava nos moldes tradicionais dos adeptos da pintura ou do desenho.

No contexto de formação e desenvolvimento das ciências humanas, e paralelamente à prática da fotografia, desencadeou-se o interesse pelo registro das culturas situadas fora da Europa. A interpretação desses registros permitiria, segundo a orientação etnocêntrica da maioria das análises, a fixação da imagem do europeu civilizado, a fim de diferenciá-lo dos outros homens considerados não civilizados. As ciências humanas, em especial a etnografia e a antropologia, contribuíram para a inserção da técnica da fotografia no universo da investigação científica. Além dos *croquis*, desenhos a lápis ou bico de pena e as pinturas, os estudiosos podiam contar a partir de então com o instantâneo da fotografia. O espírito investigador alimentou, em parte, a realização da fotografia como meio de registro de hábitos e costumes de diferentes grupos culturais. Por outro lado, a fotografia – símbolo de uma civilização branca e industrializada – foi sendo legitimada como processo que permitia olhar e registrar uma certa imagem do Outro contemplado.

A fotografia se revela, em suas origens, como técnica de produção da imagem sobre a qual incidem os interesses dos interpretantes que desejam atribuir-lhe algum sentido. Os interesses do fotógrafo, sua capacidade de deslocar os pesados equipamentos, os equipamentos em si e até o papel que servia de suporte para a imagem são consequências da sociedade industrializada. As funções que esses elementos desempenham no curso de realização da fotografia decorrem de sua ligação intrínseca com um determinado modelo de organização social. As imagens produzidas evocarão necessariamente essas instâncias, fato que se torna relevante para os negros registrados por Christiano Jr., já que estavam alijados ou colocados em condições de inferioridade na organização social do escravismo.

A sociedade brasileira, apesar de não reproduzir as mesmas características da sociedade industrial do século XIX, indica que trabalhos como os de

Christiano Jr. são orientados pela lógica do modelo externo. Ao anunciar suas *cartes de visite*, Christiano Jr. atua como uma espécie de etnógrafo ávido por levar aos seus pares a imagem de um outro grupo humano.

Anteriormente ao advento da fotografia, os diários, as pinturas e os desenhos desempenhavam a função de registrar e difundir a imagem daquele que era colocado como alvo da observação. A diferença do Outro, entendida pelo observador privilegiado como falta de civilização – portanto, como ameaça –, estimulou a fixação de sua imagem como algo exótico a ser exibido num espetáculo de variedades. Nessas circunstâncias é que os negros fotografados por Christiano Jr. foram incluídos numa "Variada collecção e typos de pretos".

Tem razão Manuela Carneiro da Cunha quando comenta que o trabalho fotográfico de Christiano Jr. "registra o negro como generalidade, despersonalizando-o", ao enfatizar as atividades e não as pessoas.[111] O agravante, segundo a autora, estava no fato de que as fotografias dos senhores eram doadas aos seus pares como cartões de visita, ao passo que as dos escravos negros eram vendidas a estranhos como cartões-postais.

Atualmente reconhece-se que, na relação entre senhores e escravos, nem sempre preponderava a rigidez da legislação, uma vez que essas relações eram atravessadas por mediações que garantiam ao escravo espaço suficiente para a sustentação de seu estatuto de pessoa. Esses espaços surgiam como fruto de negociações, mais ou menos explícitas, que revelavam senhores e escravos como atores envolvidos numa densa trama social. Daí a relevância dos atuais estudos sobre a formação e a permanência de famílias escravas, fato que evidencia a dinâmica de reorganização e de interferência da subjetividade dos negros em ambientes de adversidade.[112]

No entanto, por causa das mediações acima, não devemos desconsiderar a eficácia da legislação escravista e dos critérios de valor que esta ajudou a imprimir no senso comum no tocante à população negra. A didática da legislação escravista contribuiu para que a imagem do negro-objeto pudesse ser aprendida como fato natural, mais

---

[111] AZEVEDO; LISSOVSKY. *Op. cit.*, 1988, p. xxiii.
[112] Ver FLORENTINO, Manolo. *A paz nas senzalas*. Rio de Janeiro, 1997.

tarde consolidado como fato social. Essa lógica racista sustentou como sendo *natural* a condição do negro-objeto na fotografia e cultural o modo de entendê-lo como inferior nas relações sociais.[113] Por isso, os anúncios dos "typos de pretos" feitos por Christiano Jr. não chocavam o público, para quem as fotografias apresentavam a elaboração *cultural* daquilo que todos aprenderam naturalmente: os negros não eram pessoas ou, se o eram, pelo menos aos olhos da sociedade até aquele momento, haviam permanecido invisíveis.

O perfil agrário e escravocrata da sociedade brasileira realçava, por contraste, o significado das técnicas de produção da imagem fotográfica, associando-as a um tipo de sociedade de perfil urbano e industrial. A fotografia tem a marca da modernidade que Christiano Jr. faz questão de apresentar ao seu público; trata-se de um sinal de investimento na melhoria da qualidade de seus serviços e da tentativa de superar os concorrentes no mesmo ramo. Eis um testemunho:

> Ultimamente [C. Jr.] recebeu um perfeito machinismo que tira doze retratos de uma só vez, talvez o único que exista nesta capital.
>
> [...] Um magnífico apparelho solar está montado com proporções de fazer retratos em tamanho natural, de pé ou sentado, e logo que se acabe o primeiro retrato será exposto e se annunciará o lugar.[114]

A fotografia, vista a princípio como técnica ameaçadora da inventividade do artista, ganhou legitimidade como símbolo do mundo moderno, das cidades em crescimento, da velocidade e do consumo. Para nós, legitimou-se como técnica moderna capaz de registrar aspectos de uma sociedade não tão moderna, ainda apoiada no trabalho compulsório.

---

[113] Sobre o aprendizado natural da relação entre a realidade e a imagem, ver JOLY, Martine. *Op. cit.*, 1996, p. 43.
[114] AZEVEDO; LISSOVSKY. *Op. cit.*, 1988, p. viii.

O enredo da representação do negro no Brasil se desenrola de maneira viciosa nesse cenário. Para uma sociedade não moderna que desejava afirmar-se como tal – sobretudo quando a afirmação se tornava útil para atrair a simpatia de governos, como o da Inglaterra, interessados no fim do tráfico de escravos e na abertura de mercados consumidores –, criou-se a situação que demandava a formação de ideologias capazes de manter unidas, sob pressão, as diferenças sociais e étnicas do País.

Tornou-se necessário forjar um modo de promover a imagem do negro como forma de aproximar o Brasil das portas da modernidade europeia, mas sem que com isso o mesmo negro atingisse o *status* de cidadão para arranhar o rosto da sociedade escravista vigente. Um preconceito indisfarçável, revestido de aparente tolerância, veio a ser o parceiro das maneiras estereotipadas de representar a imagem do negro na imprensa e nas artes nacionais.

A obra de Christiano Jr. ilustra um tipo de "saída" desse impasse, ao fotografar o escravo negro numa situação controlada: o fotógrafo possui o olhar e a ideologia que orientam a maneira de ressaltar ou minimizar certos aspectos na imagem do retratado. Os negros das *cartes de visite* são imagens idealizadas de uma realidade bem mais complexa; eles estão apresentados como objetos de um tempo que se deseja manter intacto. São assim como as paisagens de um passeio a outras terras que as retinas e sentimentos imprimem na fotografia para que não se percam.

O fotógrafo captou os negros em estúdio, tentando reproduzir a sua presença e visibilidade no cotidiano. Porém, o modo de apreensão e divulgação dessas imagens é fruto de uma elaboração ideológica que, contraditoriamente, exime a sociedade da culpa de não ver os seus negros e informa que os mesmos não constituem elos relevantes na ordem social dominante.

Essa elaboração ideológica está evidenciada na adoção da pose para realizar as fotografias. Segundo Barthes, na pose o sujeito fabrica um outro corpo, metamorfoseia-se em imagem.[115] A imagem da pose se torna pesada, permanece imóvel desde a origem e assim se mantém, obstinada, durante o processo de realização da fotografia.

---

[115] BARTHES, Roland. *A câmara clara*. Rio de Janeiro, 1984. p. 22.

A pergunta inevitável é: nos registros de Christiano Jr. os negros são eles mesmos? Considerando o fato indicial de que os negros, sendo escravos, não eram sujeitos sociais, é possível supor que também não eram sujeitos para fabricarem, eles mesmos, um outro corpo para a pose. Os interesses comerciais demonstrados pela prática da venda das *cartes de visite* nos levam a pensar na interferência do fotógrafo na montagem da pose, ou seja, da imagem dos negros. A montagem da pose – mais do que um detalhe técnico para encontrar um melhor ângulo de visão ou aproveitar a luminosidade – revela implicitamente a tentativa de construir um sentido para a fotografia. A pose de um senhor de escravos diz muito de seu poder e influência, ao passo que a de seus escravos pode reafirmar esse poder ao serem mencionados num segundo plano da foto.

No trabalho de Christiano Jr., o proprietário do estúdio e das poses realizou o registro de "typos de pretos" sem ameaçar a ordem social branca com uma deliberada humanização dos negros. Os fotografados são mais *escravos* e *índices* do que *pessoas* e *símbolos*, do ponto de vista social e estético, respectivamente.

O escravo-índice está congelado na foto. É com essa expectativa que a sociedade racista o contempla, minimizando as ondas afetivas que se agitam sob os corpos imobilizados nas poses. A natureza indéxica dessa imagem é conservadora e determina que o escravo, também um negro, seja reapresentado à sociedade como um estereótipo, ou seja, como um negro em versão simplificada.

O fato de os negros usarem trajes característicos de seus ambientes culturais (fotos 1, 2, 3, 4) e de exibirem escariações que identificam seus grupos de origem (fotos 5, 6) não é garantia de sua identidade, desde que a imagem estereotipada nos condicione a ver apenas e sempre isto nos negros. Os negros dessas imagens correm o risco de não serem eles mesmos: habitantes da casa da fotografia, montados em poses segundo o desejo alheio, confirmam sua condição social de objeto.

O negro-símbolo constitui uma realidade latente nas fotografias de Christiano Jr.. Por um lado, em virtude de sua desqualificação social estabelecida pela legislação escravista; por outro, em face da eleição das imagens do branco e do índio como símbolos de identidade nacional. O branco livre e o índio – em tese preterido como mão de obra por causa do tráfico de africanos – incorporaram, em diferentes momentos, o espírito da nacionalidade. Tornaram-se agentes portadores de sentido no imaginário nacional. Esse sentido resultou de uma interação social que apontava para os benefícios centrados na imagem do europeu civilizador (navegante ou desbravador intrépidos) ou do índio heróico (filho da natureza e combatente dos inimigos de sua liberdade).[116]

A imagem do negro-símbolo, contudo, não emergiu na arte brasileira do século passado: na literatura ou nos registros fotográficos, foram compostas cenas em que raramente se pode observá-lo como agente privilegiado.[117] O valor simbólico da imagem decorre da possibilidade de ser ela interpretação – e não mera reprodução – do real, bem como proponente de transformação do real. É preciso surpreender o negro-símbolo como subjetividade inerente àqueles que se tornaram alvos do fotógrafo e que se sustentaram como seres humanos graças à organização de sua vida familiar, artística e religiosa em meio às pressões geradas pelas suas condições de sujeitos escravizados.[118]

A fotografia também possui um grau de subjetividade que a ilumina quando é exposta ao nosso olhar. Como num espetáculo, a subjetividade permite que reencontremos nossa memória individual e do grupo seguindo as trilhas de uma suposta memória daquele que foi fotografado.[119]

Ao entrarmos num possível registro de memória dos negros fotografados, entramos em nossa própria memória, viva e desperta. Ao

---

[116] SANTOS, Olga de J.; VIANNA, Marilena. *O negro na literatura de cordel*. Rio de Janeiro, 1989. p. 14-15.
[117] Segundo Domício Proença Filho, "A trajetória do negro na literatura brasileira não escapa ao tratamento marginalizador que, desde as instâncias fundadoras, marca a etnia no processo de construção da nossa sociedade" (*Revista do IPHAN*, Rio de Janeiro, n. 25, p. 159, 1977).
[118] Ver SLENES, Robert. *Na senzala, uma flor*. Campinas, 1994.
[119] BARTHES, Roland. *Op. cit.*, 1984, p. 20. Ver o poema "Imagem, terra, memória", em que o poeta Carlos Drummond de Andrade, deixando-se guiar por uma coleção de fotografias, escreve: "Vejo sete cavaleiros/ em suas selas e silhões/ [...] / Eles nos convidam/ a percorrer este mundo/ [...] / Só agora reparo:/ Vai-me guiando Brás Martins da Costa, / sutil latinista, fotógrafo amador,/ repórter certeiro,/ preservador da vida em movimento" (In: *Farewell*. Rio de Janeiro, 1996. p. 63-66).

pensar sobre o que estariam pensando os negros das fotos, desenvolvemos nossos pensamentos, em parte guiados pela subjetividade da emoção, em parte pelas orientações historiográficas. Fazemos isso movidos pelas expectativas existenciais que, porventura, marcaram nossos ancestrais, naquele momento, para além do que as suas poses parecem revelar.

Ao contemplarmos as fotos, não é difícil perceber a distância que se desenhava entre a pose – que poderia ser repetida mecanicamente – e os estados de ânimo das pessoas em cada instante diferente de preparação das poses. São as nuances de sensações sugeridas por esses instantes que estimulam a produção de sentidos para fotos como essas. Elas, que em certa medida são fruto da moda, estabeleceram relações sintagmáticas com outros períodos históricos.

O trabalho de Christiano Jr. navega por essas duas margens. A princípio, o fotógrafo nos dá a ver aquilo que a moda de seu tempo inspirava: o escravo-índice, a pose, a realidade idealizada nos limites do estúdio. Mesmo as fotos (7, 8, 9) realizadas fora do estúdio indicam que, na mudança do espaço interno para o externo, foi mantida a técnica de construir a pose em meio às paisagens com poucos elementos.

A foto 10 revela na pose o congelamento dos gestos de dois homens tocando tambores para que o fotógrafo pudesse captá-los como se estivessem realmente executando as suas funções. Os olhos fixos dos instrumentistas denunciam sua separação do cortejo de reis e rainhas (foto 11) ao qual deveriam estar dinamicamente relacionados.

Noutra margem, surpreendemos as fotografias de Christiano Jr. dialogando com públicos e ideologias de diferentes períodos da história. Isso é possível graças à perenidade que a fotografia impõe àquilo que registra. Por mais precária que essa perenidade possa parecer, ela representa a instância de superação da morte imediata e a criação de expectativas que nos permitem reencontrar a realidade fotografada noutro tempo e espaço.

A fotografia é herdeira de uma perenidade medida, que depende da resistência do suporte e dos elementos químicos utilizados em sua produção, bem como de nosso interesse e capacidade para olhar a fotografia como fonte renovável de significados. Além de nos revelar algo, a fotografia nos estimula a dizer algo que possa ser revelado por meio da imagem.

Através daquilo que "não viu" – porque se dispôs a ver determinados aspectos da realidade –, Christiano Jr. nos deu a ver, a partir da contemporaneidade, outros caracteres que delineiam os sentidos de vida da população afro-brasileira. As histórias de vida anteriores a cada pose dos escravos devem estimular nossa atenção para entender a vida imaginada (da pose) e a vida real (subentendida na emoção dos fotografados) como contrapontos necessários para termos acesso aos modos como uma sociedade constrói imagens dos homens, uns considerados visíveis e outros, invisíveis.

Vidas de negros fora dos estúdios

Estudos recentes têm apontado uma presença significativa da população negra nos espaços urbanos do Brasil do século passado.[120] As fotografias de estúdio captaram parte das redes de relacionamento que se desenvolviam nesses espaços, pois isolaram o escravo negro num cenário preparado *a priori*. Nos casos em que aparece mais de um escravo na mesma foto, ainda assim prevalece a ideia de montagem que nos ajuda a compreender os sentidos de época presentes nessas imagens.

A perenidade da fotografia projeta seus sentidos de época e a repercussão desses sentidos ocorre a partir do confronto com as ideologias e os gostos que não são necessariamente idênticos aos do período de origem da foto. O tempo exila a foto de sua origem e a oferece aos espectadores de outro tempo.

Desse modo, olhar as fotografias de Christiano Jr. não é somente olhar o passado, mas o futuro dos negros que posaram nos estúdios. Além de servirem como cartões-postais para deleite de colecionadores ou curiosos, que outras repercussões têm as imagens? As experiências de vida dos negros não podem ter desaparecido na disciplina das poses. O mais provável é que tenham sido transformadas em imagens que não estão em primeiro plano, mas que lançam, desde o seu quase desaparecimento, um desafio ao nosso olhar.

---

[120] ALENCASTRO, Luiz Felipe de. Vida privada e ordem privada no Império. In: ALENCASTRO (Org.). *Op. cit.*, 1997, p. 28.

Na busca da linguagem para definir a experiência do *blues*, Duke Ellington afirmou que ele "é sempre cantado por uma terceira pessoa, aquela que não está ali". A canção seria acionada não pelo par de amantes, "mas por um terceiro que os arrasta e fascina".[121] Esse terceiro elemento ausente representa uma presença essencial para manter o ritmo do *blues*, bem como a intensificação dramática e lúdica de suas letras. O *blues* existe por causa dessa tensão: a da ausência que propõe à sensibilidade uma outra forma de presença. Muniz Sodré observa que essa é a metáfora para a síncopa, a batida que falta, que incita "o ouvinte a preencher o tempo vazio com a marcação corporal – palmas, meneios, balanços, dança".[122]

As fotografias de Christiano Jr. nos levam a pensar nas mulheres, homens, velhos e crianças que estão ausentes, mas presentes, nas imagens acabadas. O vazio provocado pela vida que não foi registrada na pose, e que pulsa como outra realidade possível, tensiona a superfície da imagem. Esse aspecto pode ser considerado como um contraponto à subjetividade dos negros que – vigiada por um *modus vivendi* característico da sociedade escravista – foi direcionada para exprimir-se em seus corpos como um objeto do trabalho compulsório e/ou da exploração sexual.

Mas, assim como a síncopa chama o corpo para a vida no samba, a subjetividade vigiada das fotos nos convoca para os lugares inumeráveis das sensações. Não se trata de olhar para os negros como escravos, mas para os escravos naquilo que possuem de seres humanos relacionados às suas origens étnicas e culturais. Se o fotógrafo viu "typos de pretos" em conformidade com os valores de sua época, nós, contemporâneos, podemos ver pessoas privadas de suas liberdades e expostas como objetos à curiosidade pública.

Na foto 12, a mãe posa com o filho às costas e a bandeja de trabalho à cabeça. É difícil perceber a expressão facial da mãe, já que foi registrada de perfil. Seu rosto é um traço enigmático contra a parede, como nas pinturas egípcias. O rosto da criança, no entanto, revela a curiosidade infantil mesclada ao receio diante do desconhecido (o fotógrafo?... o mundo?).

---

[121] SODRÉ, Muniz. *Samba, o dono do corpo*. Rio de Janeiro, 1979, p. 17.
[122] *Ibidem, Op. cit.*, 1979, p. 17.

Na foto 13, outra mulher carrega o filho. Seu rosto de perfil, estático, contrasta com o movimento facial da criança que enruga a testa e abre os olhos numa expressão de susto.

As fotos montadas não escondem de todo uma realidade na qual mãe, filho, trabalho e insegurança se convertem em temas da vida em família de negros pobres. Os filhos de mães escravas tinham seu tempo de afeto disputado pela imposição do trabalho à mãe, fato que ganhará novos contornos no Brasil da fase industrializada. As mães negras não têm senhores, mas patrões nas fábricas; para garantir o emprego, é necessário deixar os filhos aos cuidados de irmãos mais velhos, vizinhos ou mesmo sozinhos em casa. O imaginário de separação entre mães negras e seus filhos está desenhado de forma sutil nas fotos, contrastando com o imaginário de uma *família* de negros centrados nas práticas religiosas (Candomblé e Congado), festivas (carnaval) ou de resistência (quilombos).

Esse imaginário do medo nas *cartes de visite* é referendado por uma longa sequência de rostos sem sorriso. À exceção das fotos 14 e 15, em que a jovem mulher e o jovem da mineração esboçam leves sorrisos, deparamos com rostos fechados, sisudos, como a reproduzir a expressão adotada pelos senhores. Interessante é que entre as queixas feitas contra os negros muitas diziam respeito ao seu gosto por festas e celebrações. Situações, enfim, propícias à manifestação da alegria e do riso.

As fotos, uma vez mais, fazem-nos pensar sobre o negro desenhado pela sociedade dominante. A multiplicidade étnica é demonstrada nas fotografias através da ênfase nos elementos externos, como vestimentas, adornos ou escarificações nos rostos; porém essa multiplicidade é minimizada pela uniformização de atividades que podem caber a um escravo: aguadeiro, ama, carregador, açougueiro, cesteiro.

Isso gerou uma situação de conflito nos modos de apresentação da imagem do negro brasileiro. Ele foi, de início, o estranho na vida da nação e, mesmo quando se tornou um dos elos essenciais de sua construção social, continuou a ser representado como o Outro. A sociedade dominante fez concessões trazendo o negro para "dentro" do mundo branco, adaptando-o à imobilidade da pose e da tentativa de preservação dos valores patriarcais e escravistas. Desse modo, a sociedade poderia sentir-se em paz, pois à sua maneira estava dando visibilidade aos negros: vestidos como brancos, aquietados como mulheres brancas ou brancos pobres, eles deveriam dispor-se a ser menos negros. Os negros que se mexessem, na hora da fotografia (ou movessem a estrutura social) rompiam os limites da benevolência senhorial. Numa fotografia realizada por Militão Augusto de Azevedo, em 1870, percebemos o quanto a emergência da subjetividade do negro na imagem poderia perturbar o equilíbrio da ideologia dominante. Na extrema direita do retrato (foto 16), pode-se notar que "o homem de branco se mexeu: estragou a foto da ordem escravista programada pelo seu senhor".[123]

Os movimentos imprevistos dos negros nas fotos são índices da vida que se desdobrava para além da idealização da imagem. Na foto 11, Christiano Jr. registrou um cortejo de reis e rainhas acompanhado dos tocadores de tambores. A cena em ambiente aberto mostra um grupo de quinze pessoas em diferentes poses. De uma das pessoas, à direita da foto, vemos apenas as mãos justapostas e parte da saia rodada.

Para além da pose, a vida pulsa com a evocação de elementos importantes na constituição de certa identidade cultural afro-brasileira. Quatro dos homens são instrumentistas, responsáveis pela música sagrada que faz dançar o corpo e a alma; distinguem-se com clareza quatro mulheres e três homens coroados; um homem ao fundo porta uma espécie de bastão e guarda as coroas; finalmente, tem-se o homem da frente e à esquerda, aparentando ser embaixador do grupo. Todos estão vestidos com elegância, embora permaneçam descalços, fator demonstrativo de sua condição de escravos.

A cena ilustra parte das festas de coroação de reis e rainhas que ocorreram com frequência no Brasil. Para os representantes do regime escravista, os ritos de coroação eram ambivalentes: por um lado, acirravam rivalidades entre os grupos africanos aqui radicados, pois reafirmavam suas diferenças do continente de origem; por outro, permitiam a perigosa aproximação de pessoas igualadas pelo sofrimento.

---

[123] ALENCASTRO, Luiz Felipe de. Vida privada e ordem privada no Império. *Op. cit.*, 1997, p. 19.

Os negros envolvidos nas coroações reconheciam seu caráter sagrado, daí o respeito e o espírito festivo com que se dedicavam às cerimônias. Veja-se que o cuidado com a roupa indica a ocasião em que os cativos invertiam sua condição e cingiam vestes de nobreza. Para os negros que retomavam o curso da história dos antepassados, a coroação era mais do que a pantomima permitida pelos senhores. A significação desse evento foi ampliada quando, em diversas localidades, criou-se o costume de alforriar os reis coroados do ano.[124]

As coroações, segundo Arthur Ramos, continham sobrevivências políticas de grupos bantos, visíveis numa organização clânica que se disseminou entre ranchos, clubes e confrarias religiosas.[125] Nessas oportunidades, os negros respondiam à sociedade escravista com procedimentos que os situava no contexto de sua ordem social de origem. As coroações possuíam valor simbólico, pois reis e rainhas representavam o eixo de criação de uma família ampliada em que todos se tornavam responsáveis pelo reconhecimento e preservação da memória dos ancestrais.

As evocações culturais da foto 11 ainda fazem parte do roteiro existencial das festas de Congado em estados como Minas Gerais. A solenidade dos reis e rainhas coroados, a devoção dos negros e descendentes de negros pobres, a presença dos instrumentos de percussão evidenciam que certa visão de mundo implícita na foto do século passado ainda orienta procedimentos de alguns grupos contemporâneos. É provável que devotos de Nossa Senhora do Rosário de hoje possam ver as pessoas da foto como seus ancestrais: há uma linha de identidade que os liga no modo de tocar os tambores, de acompanhar os reis e as rainhas, de rezar dançando.

Fotografias como as de Marcelo Pereira (ver *Iconografia* 17 e 18) flagram na festa de Congado dos Arturos, em Contagem/MG, imagens que indicam uma similaridade de forma e conteúdo com a foto de Christiano Jr..[126] Formalmente, as imagens mostram reis e rainhas acompanhados por

---

[124] GOMES; PEREIRA. Op. cit., 1988, p.183.
[125] Ver RAMOS, Arthur. *As culturas negras*. Rio de Janeiro, [s.d.], p. 180; e RAMOS, Arthur. *As culturas negras no Novo Mundo*, 1979. p. 233.
[126] GOMES; PEREIRA. Op. cit., 1990, p. 38-60.

outras pessoas: a realeza é o centro de uma vivência sustentada pela hierarquia e pela relação com os ancestrais. Reis e rainhas são descendentes no sagrado e, pela sua perseverança, devem trabalhar para deixar herdeiros de sua maneira de viver.[127] As mãos das mulheres (veja-se Christiano Jr. /11 e Marcelo Pereira /17) estão sobrepostas junto ao ventre; reis e rainhas procuram agrupar-se aos pares; as roupas se caracterizam pelo esmero (ainda que feitas com materiais simples).

Quanto aos conteúdos, sentimos que a solenidade das pessoas se exprime nas expressões faciais e na precisão dos gestos. Os olhares são penetrantes, parecem contemplar outra realidade recriada no momento do sagrado. Nos trabalhos dos dois fotógrafos, não houve apenas o registro de uma cena, mas a apreensão de um modo de sentir, de acreditar nas divindades e de se situar no mundo que constitui a tradição de um segmento da população afro-brasileira.

Os negros retratados sabiam e sabem as diferenças entre o cotidiano e o espaço do ritual de coroação. Mas isso não significa que o cotidiano e o ritual estejam separados; o diálogo entre eles é evidenciado pela necessidade que as pessoas têm de distinguir suas ações. É durante o ritual que os negros – antes escravizados, hoje indivíduos pobres – procuram superar as precariedades do cotidiano, ou seja, através da vivência dos valores simbólicos, o grupo se empenha para sanar também os problemas de ordem prática relacionados à segurança, à alimentação e à afirmação de seu prestígio.

O acervo fotográfico de Christiano Jr. aguarda a visita de outros olhares para revelar-se como imagem do passado que pulsa no presente. A ambivalência de sentidos do acervo questiona a coerência dos debates atuais em torno da representação da população afro-brasileira. A fotografia elaborada como documento de época, segundo uma orientação ideológica, além de cumprir essa função, pode ser aprendida como metáfora capaz de nutrir sentidos não previstos em sua origem.

Isso parece estar subjacente às imagens dos negros das *cartes de visite*. Cada foto funciona como uma metáfora que provoca a sensibilidade

---

[127] MARTINS, Leda Maria. *Afrografias da memória*. São Paulo, 1997. p. 32-42.

contemporânea. É preciso ver os escravos e suas atividades e também os seres sociais que vão urdindo uma história silenciada pelas forças dominantes. E desde que a fotografia é uma forma de perenização do instante, muitos instantes de vida dos negros ultrapassaram a morte da pose para se apresentar em nuances que a pesquisa, a imaginação e o afeto dos contemporâneos permitem compreender.

As fotografias de Christiano Jr. estimulam análises dos processos de elaboração e divulgação das imagens da população afro-brasileira. As *cartes de visite* estão impregnadas de sentidos ligados a um contexto em que os negros possuíam o valor que a sociedade patriarcal, branca e escravista lhes conferia.

A fotografia – caracterizada como representação sensível, portanto, estética do mundo – contribui para a formação de concepções estéticas que podem ampliar ou reduzir a relevância daquilo que registra. Nas *cartes de visite*, a representação estética dos negros tende a reduzir sua importância como seres sociais para realçar o seu estatuto de mercadoria. O escravo-ícone está legitimado pela moldura de uma sociedade em que senhores e escravos se relacionavam em meio a cidadãos libertos.

Apesar das diferenças entre esses segmentos, a vida cotidiana demonstra os laços que estabeleciam entre si. Por um lado, através da violência, que gerava maneiras perversas de interação entre exploradores e explorados na medida em que ambos só eram reconhecidos uns diante dos outros. Por outro lado, através da negociação em que os envolvidos nessa trama vislumbravam esquemas alternativos de organização da sociedade, ainda que não pudessem ou não quisessem alcançá-los.

Na rota da violência, senhores e escravos se defrontavam simbolicamente na fotografia. A dos primeiros era partilhada entre os semelhantes como gesto de civilidade; a dos segundos, tal como eles próprios, era peça a ser vendida. Na rota da negociação, as poses registravam a confirmação de um poder político e estético senhorial e de uma adequação da imagem dos negros a padrões que acentuavam, mais do que diminuíam, sua exclusão social.

A elaboração da imagem está relacionada aos recursos e suportes técnicos empregados. As imagens da pintura, da fotografia, do computador e da televisão são portas de acesso a contextos sociais diferenciados, nos quais as mudanças tecnológicas apresentam novas superfícies – concretas ou virtuais – para a fixação da imagem. Mais do que mudanças de base material ou tecnológica, isso indica mudanças nos modos de pensar a elaboração da imagem. A possibilidade de optar entre a foto em preto e branco no século passado e a imagem digitalizada de hoje significa a possibilidade de apreender o mundo de uma ou de outra maneira.

O resultado dessa opção transparece na imagem do mundo que criamos. O mundo de Christiano Jr. emerge em preto e branco para dizer quando e como negros e brancos se arranhavam na cena social brasileira. Naquele momento a ideologia do homem invisível teve na fotografia o seu meio de difusão.

Mas os suportes técnicos, assim como as ideologias, não precisam ser tratados como elementos acabados e defendidos das mudanças. Pelo contrário, os suportes técnicos são eficientes à medida que são alterados pelos aperfeiçoamentos que garantem a sua sobrevivência. Se o trabalho de Christiano Jr. contribuiu para traçar a imagem do homem invisível, também deu-nos a ver perspectivas de superação desse estereótipo. Os suportes técnicos utilizados por Christiano Jr. se referem a formas de vida que estão para além deles; contudo, essas formas de vida – forjadas num cenário social complexo – só puderam chegar até nós através desses suportes. Isso demonstra que o olhar é mais do que um ato físico. É, em grande parte, uma elaboração ideológica que constrói e reconstrói os sentidos das imagens.

Numa sociedade como a brasileira, que tem nos contatos multiétnicos uma de suas bases de sustentação, é imprescindível o exercício interpretativo dos processos de produção das imagens. Na do homem invisível, vivem e se mobilizam mulheres, homens, velhos, crianças, homossexuais, enfim, pessoas e cidadãos negros que contestam essa forma negativa de serem observados. O desafio consiste em dinamizar essa vivência como elaboração ideológica que oriente a produção das imagens dos afro-brasileiros e proponha, sob outros ângulos, o modo de conhecer-lhes as histórias coletivas e pessoais.

As fotografias de Christiano Jr. retornam à luz, como provocação às ideologias contemporâneas, cobrando de seus agentes argúcia para olhar o passado e suas implicações com o presente e o futuro. Suas fotografias indagam: ainda nos olhamos como ícones ou avançamos para a riqueza semântica do símbolo? Nós, negros e não negros, congelamos nossas reflexões em poses intolerantes ou permitimos que se deixem tocar pela densidade da vida?

A elaboração das imagens do negro brasileiro assume hoje um caráter mais amplo. A questão, a princípio restrita a uma etnia, diz respeito a todo cidadão, pois se trata de pensar sobre o modo como outros grupos marginalizados aparecem diante do público. A imagem é, portanto, parte integrante de uma linguagem social que constrói ou desconstrói realidades. Daí o seu peso estético, político e econômico no cerne de uma lógica de mercado, que além de continuar a negociar pessoas (através de práticas ilícitas como o tráfico de órgãos ou as redes internacionais de prostituição feminina, por exemplo) insiste em agredi-las em suas subjetividades, negociando os seus desejos e as suas esperanças.

Retratos do mesmo

"Mas, que importa tudo isso?! Qual é a cor da minha forma, do meu sentir? Qual é a cor da tempestade de dilacerações que me abala? Qual a dos meus sonhos e gritos? Qual a dos meus desejos e febre?"

Cruz e Souza [128]

ONTEM E HOJE: IMAGENS RETOCADAS

A iconografia sobre os negros no Brasil apresenta diversas formas, entre elas o clichê do escravo fugitivo publicado em anúncios de jornais do século XIX, as pinturas de artistas como Debret e Rugendas, e as fotografias das *cartes de visites* impressas por profissionais como Christiano Jr..[129] Nessas representações, os negros são retratados como objetos, reduplicando a condição a que estavam relegados na sociedade escravista. Mesmo após a abolição, prevaleceram essas representações, contribuindo para a formação de uma espécie de tradição iconográfica dos negros brasileiros.

Neste capítulo pretendemos avaliar a tentativa de ruptura dessa tradição, considerando publicações contemporâneas que se propõem

---

[128] CRUZ E SOUZA. Emparedado. In: *Obra completa*: poesia e prosa. Rio de Janeiro, 1961. p. 659.
[129] FREYRE, Gilberto. *Op. cit.*, 1979; AZEVEDO; LISSOVSKY. *Op.cit.*, 1988; OLSZEWSKY, Sofia. *Op. cit.*, 1989.

como contrapontos à lógica de reificação dos negros. Em função disso, tais publicações enfatizam a necessidade de divulgar uma *nova imagem* dos negros brasileiros, destacando sua diferença em relação ao padrão iconográfico divulgado desde o período escravista.

Além disso, nossa intenção é analisar a produção das *novas* imagens como uma elaboração discursiva e, como tal, atravessada por orientações ideológicas. Se, por um lado, a *nova imagem* do negro explicita uma ideologia de contestação, por outro, é necessário verificar até que ponto essa contestação é também perturbada pela orientação ideológica dos grupos dominantes. Desse modo, nossa reflexão se concentra sobre dois aspectos da construção de uma *nova imagem dos negros*: primeiro, sobre o significado atribuído à noção do *novo*, levando-se em conta a inserção desse conceito nos domínios do pensamento da modernidade; segundo, sobre o resultado dessa ideologia na formação de um discurso visual estampado em veículos de grande circulação.[130]

Antes de comentar os aspectos acima, é interessante observar que as representações dos negros brasileiros fazem parte da realidade cotidiana, na qual se travam embates de natureza étnica e ideológica relacionados à formação da sociedade brasileira. O recorte contemporâneo para analisar a proposta de uma nova imagem para os negros implica o reconhecimento de uma experiência histórica caracterizada pelos conflitos.

Em outras palavras, os modos que negros e brancos encontraram para representar a si mesmos e uns aos Outros decorrem das estratégias que adotaram para ocupar os diversos espaços da sociedade. Daí, a presença das representações estereotipadas que demonstram a preocupação de um grupo étnico de realçar suas qualidades em detrimento das qualidades do outro. A concentração dos poderes econômico e político nas mãos de grupos brancos interferiu decisivamente no jogo de produção e divulgação das representações, de maneira que, em geral, prevalece a sua caracterização como elemento positivo e a dos negros como elemento negativo.

---

[130] *Manchete*, Rio de Janeiro, ano 36, n. 1.883, 21 maio 1988, capa e p. 4-8; *Veja*, Rio de Janeiro, ano 20, n. 1911, maio 1988, capa e p. 20-43; *Veja*, Rio de Janeiro, ano 31, n. 25, 24 jun. 1998, capa e p. 98-107; *Black People*, Rio de Janeiro, ed. 10, ano 3, n. 4, capa; *Raça Brasil*, São Paulo, ano 2, n. 13, capa.

Esses fatos ilustram a dificuldade de aceitação das diferenças, apesar do discurso de tolerância racial que perpassa a sociedade brasileira. Em função disso, as imagens dos negros na mídia contemporânea se revestem da maior importância, pois através delas é possível verificar até que ponto as mudanças na sociedade estão respaldadas ou não pelos discursos visuais recentes. E, ainda, até que ponto oferecem oportunidades para que se possa debater as contradições que permeiam a nova imagem do negro.

Como se pode notar, nossas análises incidem sobre a representação visual com o objetivo de compreender os mecanismos de sua produção. Tal procedimento é uma provocação à maneira habitual de a sociedade receber as imagens elaboradas em seu interior. Quase sempre as atenções são desviadas para os sentidos que aparecem à superfície da imagem, como se ela, por si mesma, exprimisse as noções de valor e as linhas de comportamento da maioria dos indivíduos. Por isso, o clichê do escravo fugitivo – com os pertences às costas – e a imagem da mulata sensual são aceitos como fatos naturais, como se desde sempre os negros estivessem destinados a assumir essas formas de representação.

No entanto, a estrutura profunda das imagens revela um intrincado jogo de orientações ideológicas. É o que se percebe na articulação das imagens do escravo fugitivo e da mulata sensual, quando ambos são destituídos de seus atributos humanos e representados de maneira reificada. O escravo como máquina de produção e a mulata como objeto de prazer masculino são representações elaboradas segundo orientações ideológicas de matriz patriarcal e capitalista. A divulgação dessas representações tende a ocultar outras possíveis formas de representação dos negros, na medida em que se impõem como modelo e buscam a conivência do público.

Porém, como toda elaboração discursiva, a produção do discurso visual sobre os negros também entremostra suas contradições. A afirmação de uma modalidade visual dos negros implica a necessária exclusão de outras modalidades. É em busca dessas outras modalidades que parte a orientação ideológica que aspira à elaboração da nova imagem do negro brasileiro. A fim de analisarmos esse processo – que implica a crítica aos papéis desempenhados por negros e brancos na sociedade –, levaremos em conta a influência que o conceito do *novo* exerceu, e exerce, sobre o pensamento moderno. Posteriormente, faremos a análise da nova imagem para o negro divulgada como matéria de capa em cinco revistas de grande circulação, no período de 1988 a 1998.

O MESMO TRISTE PÉRIPLO

Na vertente utópica do pensamento moderno, Kant, Hegel e Marx delineiam um caminho de esperança a partir da tensão entre passado e futuro, o que nos coloca diante da possibilidade de entender a transformação como o *novo* capaz de solucionar as ameaças de crise. Sob esse aspecto, a modernidade elege o *novo* como valor e as ações do sujeito são direcionadas para a busca da consciência de si: é preciso mudar o que foi para que o sujeito possa ter direito ao que virá.

No que diz respeito ao tempo, o sujeito da modernidade o apreende como perspectiva de superar aquilo que ainda se é. Daí que a missão do filósofo consiste em pensar e apreender a emergência do possível – aqui identificado com o *novo* – e trabalhar para que ele se realize. O engajamento do filósofo se exprime como esforço para promover a mudança, já que o sujeito moderno vê o presente como a limitação que é preciso ser superada. Por isso, o *novo* assume um caráter libertador e mobiliza o sujeito em sua direção.[131]

A busca do *novo* é um projeto que deseja levar o negro brasileiro a tornar-se ciente de si mesmo. Entretanto, o presente continua exibindo as marcas da discriminação, o que faz com que o negro brasileiro livre e ciente de si seja apresentado como aquele que ainda não é. O discurso, nesse caso, navega nas vertentes da modernidade: o sentido da mudança é dado, o futuro será melhor, já que a militância no presente é uma determinação com chances de sucesso graças ao engajamento dos militantes. O engajamento de

---

[131] Cf. VAZ, Paulo. Globalização e experiência de tempo. In: *Signos plurais*: mídia, arte, cotidiano na globalização. São Paulo, 1997. 103: "É consensual descrever a Modernidade como a época da história. Uma primeira questão a ser trabalhada é, portanto, que relação com o presente tornou possível uma historicidade aos homens modernos."

intelectuais na militância antirracismo implica a elaboração de um discurso segundo o qual a vitória sobre o racismo representa a vitória dos direitos humanos sobre a violência que determinados grupos sociais inflingem sobre outros grupos. Contudo, na medida em que vários segmentos racistas da sociedade brasileira se opõem a esse projeto de liberdade, tem cabido, em parte, aos intelectuais e aos artistas, socialmente comprometidos, o papel de produtores do *novo*. Esse *novo* emergente – ou seja, a sociedade sem racismo, com equanimidade na distribuição das riquezas, com extensão da cidadania aos menos favorecidos – é reivindicado como o *possível* do homem verdadeiro. Os negros brasileiros, por isso, não devem temer o futuro no qual virão a ocupar posições que hoje, como no passado, a sociedade racista lhes impede de alcançar.

A interferência do discurso de militância gerado nas fontes do pensamento utópico da modernidade não é mais intensa no Brasil porque se depara com uma estrutura de rejeição por parte da mídia e das classes dominantes. A tendência desse discurso é de natureza profética, o que lhe confere grande poder de apelo. Em geral, a estratégia para silenciá-lo é sutil, constituindo-se como atos de sabotagem que visam a colocá-lo em descrédito diante da população.

Ao que parece, essa estratégia tem funcionado, pois esse discurso costuma soar estranho aos próprios negros brasileiros desprivilegiados, embora aponte para a realização daquilo que eles desejam. Nesse quadro, merece atenção o fato de que a estratégia de enfraquecimento do discurso de militância é extraída de um dos seus pontos de força: o apelo à tradição. Isto é, para combater a violência racial, é coerente que o discurso de militância tome a tradição afro-brasileira como referencial de valorização dos negros. Porém, a ambivalência desse discurso se torna palpável quando a tradição mencionada é reduzida à noção de raça; numa sociedade multiétnica como a brasileira, a aceitação passiva e sem autocrítica desse fato dá a entender que as relações sociais se baseiam na valorização unilateral dos valores afrodescendentes. Em parte, é por conta disso que os defensores de procedimentos racistas encontram farto material para acusar o discurso antirracista de racismo às avessas; ao mesmo tempo, tal fato faz com que os negros brasileiros simpáticos à diversidade se sintam excluídos pelo excesso de centralização desse discurso.

O caráter multiétnico de nossa sociedade coloca em xeque os discursos etnocêntricos mesmo quando se impõem, como foi o caso do eurocentrismo. As contestações são inevitáveis, ora sob a forma organizada de discursos de intelectuais e artistas, ora sob a constante elaboração discursiva dos meios populares. O problema não reside isoladamente na necessidade de elaborar a contestação ao etnocentrismo, mas sobretudo na dificuldade de divulgar essa contestação.

A apresentação do discurso do novo passa, necessariamente, pela via utópica, uma vez que se trata de confrontar uma realidade dada com outra que se abre para os projetos de transformação. Nesse sentido, pode-se dizer que o discurso de elaboração da nova imagem do negro brasileiro se sustenta com argumentos de tendência utópica. Em seu conjunto, esses argumentos dizem respeito a duas faces de raciocínio que se complementam: a negação do *status quo* e a construção de outra imagem para o negro.

O discurso do novo – para negar o *status quo* e, consequentemente, a imagem do negro que ele estimula – organiza-se como elemento de confrontação, a fim de não compactuar com as fórmulas discursivas que reificavam o negro brasileiro. Por isso, o discurso do novo constitui uma prática social que abrange o trabalho, a família, a escola, os meios de comunicação – todos, enfim, considerados como a realidade a ser transformada.

A construção de outra imagem do negro brasileiro implica, contudo, a relação com a imagem elaborada pelo *status quo*, numa perspectiva que evidencia a sua rejeição. Por outro lado, insere-se entre outros discursos sobre o novo veiculados pela mídia, tais como o da nova mulher ou do novo consumidor. Como se percebe, o discurso do novo não é uma exclusividade dos negros, mas pertence a uma perspectiva social que tem o novo como um valor destacado. Talvez, por isso, as estratégias de reconhecimento do novo negro, da nova mulher e do novo consumidor apresentem alguns aspectos semelhantes.

Os três segmentos – cada um à sua maneira – representam setores marginalizados no sistema de forças da sociedade brasileira. O discurso do novo, no entanto, enfatiza a mudança desse quadro. Dos três segmentos, o do consumidor parece obter resultados mais visíveis, na proporção em que é reconhecido como peça-chave para o funcionamento do mercado capitalista. O novo consumidor ultrapassa a antiga relação que o situava apenas como elo final da cadeia de produção. O perfil do novo consumidor procura revelar um sujeito com senso crítico e competência para dialogar com os componentes das cadeias de produção e difusão dos bens de consumo.

O segmento das mulheres – apesar das contradições que afetam os discursos sobre sua inserção no mercado de trabalho e seus vínculos com a vida familiar – tem avançado na contestação dos valores impostos pela sociedade patriarcal. Isso significa dizer que o discurso da nova mulher inclui a conquista de direitos no mercado de trabalho, bem como a manutenção do respeito aos seus caracteres particulares relacionados à feminilidade, à organização da família e à participação nos setores políticos, econômicos e culturais.[132]

O segmento dos negros também vem ganhando espaços na sociedade brasileira, mas tem de adotar procedimentos específicos. O primeiro deles consiste em reconstruir para os negros a condição de pessoa que lhes foi retirada no período escravista. Esse passo é importante, pois as consequências do processo de reificação se estendem desde o passado até os dias atuais. O segundo procedimento tem por objetivo caracterizar a existência e a prática do racismo na sociedade brasileira, historicamente saudada como exemplo de convivência entre os diferentes grupos étnicos.

O discurso visual que estamos considerando para análise se desenvolve a partir da relação entre a proposta de uma nova imagem do negro e o *status quo* que forneceu recursos para estabelecer a imagem do negro reificado. Essa relação implica rejeitar e, ao mesmo tempo, adotar aspectos da antiga imagem. Para compreender essa contradição, é necessário observar que o discurso da nova imagem do negro circula

---

[132] Segundo Gilles Lipovestky, "a terceira mulher é dona de seu corpo e, portanto, de seu futuro". In: SALEME, Ascânio. "Um retrato da 'terceira mulher'" (*O Globo/Mundo*, Rio de Janeiro, 28 dez. 1997, p. 37).

pelos meios de comunicação de massa, tornando-se, por isso, acessível a um público extenso, formado por diferentes grupos de etnias, gêneros e faixas socioeconômicas.

O projeto de construção de uma nova imagem dos negros pode ser apreendido como elaboração ideológica que interage com outras formulações ideológicas, alimentando um campo de tensões sociais. Em outras palavras, não se trata somente de construir e afirmar uma nova imagem, mas, simultaneamente, de reconhecer quais são os defensores e os adversários dessa nova imagem e de que maneira ela sugere algo realmente novo ou apenas reveste com a capa do novo as antigas representações.

No momento, não pretendemos analisar as linhas de recepção do discurso visual que realça o projeto de nova imagem dos negros brasileiros. Como etapa inicial da análise, desejamos entender a formulação desse discurso, levando-se em conta que ele tenta rejeitar o discurso visual do negro reificado, tal como ocorreu nos anúncios de escravos fugidos e nas *cartes de visites*. A nova imagem trabalha no intuito de ultrapassar a reificação (negro objeto), propondo-se a retratar o ser social (negro cidadão) em atividades relacionadas à sua realização pessoal e à realização do grupo ao qual pertence.

A retórica da nova imagem estimula a afirmação das capacidades individuais dos negros, considerando as contribuições que estes deram à formação e ao desenvolvimento da sociedade brasileira. Para superar a antiga imagem do negro objeto – manipulado pelo poder escravista e limitado em suas aspirações pessoais –, procura-se enfatizar a imagem do negro cidadão, senhor de seus próprios empreendimentos, que assume posições de combate ao racismo.

A afirmação do sucesso pessoal é uma evidência do discurso utópico através do qual se lança mão do argumento que transforma os negros marginalizados de hoje em cidadãos críticos do futuro. Para realizar essa passagem, o projeto utópico destaca a necessidade de os negros acreditarem em suas capacidades pessoais, investindo em si mesmos e confrontando as restrições impostas pelas atitudes discriminatórias. Em geral, para constituir esse argumento, o discurso da nova imagem vem acompanhado de depoimentos relativos à história de vida do povo negro. Observa-se a oposição estabelecida entre o negro de antes (anônimo, marginalizado étnica, política e economicamente) e o negro que virá-a-ser (reconhecido, em melhor condição financeira, interagindo com indivíduos de classes sociais diferenciadas).

Para flexibilizar a rigidez desse protótipo, a nova imagem destaca também a ação do negro bem-sucedido que luta para não perder os vínculos com as pessoas de seu universo social de origem. Procura-se demonstrar que esse novo negro, ciente das dificuldades que enfrentou, retorna às origens para auxiliar os semelhantes que não conseguiram ou não puderam fazer o mesmo percurso que ele.[133]

A formulação do discurso do novo tem gerado um tipo de situação em que a negação de certos estereótipos se dá a partir de outros estereótipos. Isso ocorre na medida em que o material ideológico empregado para confrontar o *status quo* procede, muitas vezes, dos meios de formação e difusão pertencentes ao próprio *status quo*. É interessante observar que o pensamento patriarcal e mercantilista que fundamentou a elaboração do negro objeto reaparece, também, no pensamento da burguesia capitalista brasileira. Evidentemente não se trata de uma transposição *ipsisliteris*, mas de uma negociação entre o patriarcalismo decadente e a nova burguesia em ascensão, que tem como resultado a manutenção de uma ordem social profundamente hierarquizada.[134]

A relação proporcional senhor: *escravo/patrão: operário* aponta para uma mudança de nomeação dos atores, da moldura de valores e de formas de produção econômica da sociedade. Indica também que as negociações

---

[133] *Raça Brasil*, Rio de Janeiro, ano 4, n. 29, p. 34-41, 1999. "Famosos e generosos".

[134] João Luís Ribeiro Fragoso, em *Homens de grossa aventura* (Rio de Janeiro, 1992), demonstra as relações entre as formas de acumulação de capital e o modelo social escravista. O autor chama a atenção para a existência no período colonial "de um mercado doméstico e de uma elite residente de negociantes assentada numa acumulação mercantil interna" (p. 253). Isso evidencia a relação entre pensamento escravista e mercantilista, patriarcal e burguês, respectivamente, permitindo a ação de um tipo de empresário "inserido em uma realidade onde a acumulação mercantil aparece subordinada à recorrência de uma sociedade pré-capitalista" (*Op. cit.*, p. 284).

entre os atores se resolvem dentro de parâmetros políticos diferenciados: no primeiro caso, entre homens livres e escravos; no segundo, entre homens livres. Em cada parâmetro, os atores submetidos lançam mão de métodos específicos, como a formação de quilombos para escravos fugidos e de sindicatos para trabalhadores organizados, respectivamente.

A especificidade das negociações articuladas em decorrência das diferentes molduras sociais (sociedade escravista e sociedade de homens livres) não invalida a possibilidade de que os modos de distribuição de poder, atrelados a uma ordem hierárquica, sejam prolongados sem sofrer alterações drásticas. Veja-se que o operário subordinado às regras da exploração capitalista, numa perspectiva estrutural, representa um papel similar ao do escravo submetido à lógica de exploração do regime escravista. Cada um desses atores – dentro de sua moldura social – foi reduzido à condição de objeto para ser manipulado em nome de sistemas políticos e ordens socioeconômicas específicas.

A contradição do discurso do novo emerge no instante em que a crítica ao negro objeto – fruto do pensamento patriarcal e depois capitalista – assimila recursos dessas mesmas linhas de pensamento. De outro modo, podemos considerar que a produção de estereótipos – responsável pela antiga imagem do negro – tem sido confrontada com a produção de outros estereótipos, agora interpretados como a nova imagem do negro. O negro objeto do período escravista representado pelo escravo fugitivo, pelo escravo-máquina-de-trabalho passa a ter como parceiro o negro objeto representado pelo negro-atleta e pelo negro-artista – personagens consonantes com a ordem social burguesa e capitalista.

Numa perspectiva estrutural, verifica-se que o processo dereificação não foi alterado de maneira profunda, porém o modo de relacionamento com o processo modificou-se. Apesar da contradição, nota-se uma tendência que sustenta a reificação como fato negativo, embora admita um tipo de reificação como estratégia de crítica social.

O negro objeto do escravismo – reificação negativa – foi constituído como discurso de afirmação de uma sociedade que insistiu na hierarquização do trabalho e das relações étnicas a fim de restringir as ações de negros, índios, mestiços e pobres em geral. A elite brasileira privilegiou a ascendência branca dos indivíduos, bem como sua condição de sujeitos favorecidos política e economicamente. A contrapartida da visibilidade atribuída a esses sujeitos foi a restrição das intervenções sociais de outros grupos étnicos, em especial dos negros e seus descendentes.

Por outro lado, o discurso sobre o novo explora os estereótipos a exemplo do emprego paradoxal da reificação para gerar um efeito de crítica social forjando-se, desse modo, uma ilusória estratégia de afirmação da autoestima dos negros. Sob esse aspecto, a imagem do novo negro se restringe aos negros bem-sucedidos como atletas, artistas, líderes políticos, top models– enfim, negros que ascenderam ao padrão social da classe média ou alta, apesar de suas origens sociais menos favorecidas.

É interessante observar as contradições que atravessam o discurso do novo. A primeira surge na medida em que a reificação é utilizada como argumento para evidenciar aspectos positivos dos negros. Em vista disso, a autoestima e a identidade dos negros se assentam sobre bases opostas às noções de autoestima e identidade, isto é, na medida em que toda reificação constitui um processo de esvaziamento das qualidades definidoras do sujeito e de suas heranças socioculturais.

A segunda contradição se explicita quando o horizonte de autoestima e identidade dos negros está definido de acordo com padrões preestabelecidos pela sociedade burguesa e capitalista. Mesmo que seja novo para os negros, esse padrão se configura como estereótipo, pois enfatiza a importância de uma representação singular para os negros, contrastando com a realidade na qual os negros existem como pluralidade individual, coletiva, estética, ideológica etc.

Na terceira contradição, o discurso do novo contesta a imagem antiga do negro, considerando-a estereotipada, mas, simultaneamente, constitui-se em um proponente de estereótipos. O aspecto mais complexo dessa contradição, no entanto, evidencia-se quando o novo nega a sua própria condição de estereótipo e tenta impor-se como proposta de transformação. Por isso, ele assume um caráter de verdade que se procura legitimar por meio de uma estratégia de repetição – técnica empregada na elaboração dos antigos estereótipos.

Assim, contra os antigos *slogans* -"Negro de alma branca", "Negro, se não suja na entrada, suja na saída" e "Negro do cabelo duro"-, são apresentados, como proposta do novo, os *slogans* "Negro é lindo", "O negro que chegou lá (venceu as barreiras sociais)" e "Negro tem autoestima". A esses enunciados juntam-se argumentos como: "Os negros não apareciam de forma positiva na mídia, mas agora têm espaço como atletas e artistas. Veja-se a aceitação pública de negros como Pelé, Milton Nascimento e Zezé Mota...". São argumentos gerais, divulgados como voz consensual, que procuram minimizar as contradições do novo.

A reiteração desses *slogans* e argumentos tem como consequência o esvaziamento de seu potencial de sentidos, pois tais *slogans* se tornam referências genéricas que não atingem o cerne das questões complexas que enunciam. Além disso, a mencionada reiteração retira-lhes a dinamicidade que os situa como "uma" possibilidade social, entre outras, a ser relacionada aos negros brasileiros e os impõe como um valor genérico que identifica "todos" os negros. De acordo com essa perspectiva do novo, ser negro significa sentir-se belo, alcançar sucesso pessoal e gostar de si mesmo sem que, de maneira profunda, o sujeito e a sociedade se decidam a articular uma crítica a essa hierarquização de valores.

Contudo, do ponto de vista das inter-relações sociais, esses traços isoladamente não garantem uma articulação de identidade que permita ao sujeito conquistar posições estratégicas no jogo social. Isso indica que o novo pode tornar-se também uma força que condiciona o processo de elaboração de identidade dos negros, principalmente se não estabelece a crítica das linhas de pensamento que lhe deram origem.

Apesar disso, o discurso de elaboração da nova imagem não pode ser desprezado como fato de ressonância social, aceito entre vários segmentos da população negra e não negra. Estamos diante de um discurso com orientações ideológicas explícitas – o que já evidencia uma prática social importante – e, além disso, diante da aplicação desse discurso – o que demonstra o aguçamento da prática social na qual o dito é o vivido e ambos se justificam como experiências coerentes e necessárias. Em síntese, o discurso do novo indica o que os negros podem ser. Ao aceitar esse horizonte, os negros lhe atribuem o sentido de um projeto de vida pessoal e coletiva. Tem-se, portanto, a proposta da utopia que estimula os negros a buscarem a ascensão social, exibindo-lhes o painel de possibilidades consideradas mais relevantes, isto é, o caminho da ascensão passa pelo desejo de tornar-se atleta, artista ou *top model*.

O projeto da nova imagem – como os projetos utópicos, em geral – abre perspectivas para o sujeito em relação ao seu passado, pois o incita a procurar no futuro uma situação melhor do que a vivida anteriormente. Mas, por outro lado, restringe as perspectivas em relação ao futuro, pois estabelece o ponto de chegada para o percurso realizado pelo sujeito. Isso implica perceber o futuro como tempo de um sentido já delineado, o que, em outras palavras, reduz o alcance da experiência de contatos com outros sentidos aberta para o sujeito quando este contestou o sentido absoluto representado pelo passado.

Segundo a rota utópica da nova imagem, o futuro do sujeito negro está delineado por um conjunto de valores e procedimentos que espelham a sociedade burguesa e capitalista. É pertinente pensar esse ponto de chegada como "uma opção" de projeto utópico para os negros marginalizados. Porém, não se pode olvidar dois fatos relevantes: primeiro, trata-se de "uma opção" para o futuro dos negros que se identificam com essa linha de pensamento, e não "a opção ideal" que atenda aos desejos de todos os negros. Segundo, o horizonte burguês e capitalista vislumbrado como opção utópica é, em larga medida, o horizonte que no passado e no presente ofereceu elementos para a marginalização dos negros. Essa contradição, portanto, esvazia a radicalidade do discurso sobre a nova imagem do negro brasileiro e nos leva a questioná-la sob dois ângulos: um, que revela a falência do novo como utopia, e outro, que o situa como evento relativo na realidade social.

A falência do novo como projeto utópico pode ser entrevista no resultado que se espera para a luta de contestação dos antigos estereótipos. Ao fazer do modelo burguês e capitalista o horizonte de utopia, o discurso sobre a nova imagem do negro dissimula o aspecto conservador que está em sua base de sustentação. Isto é, o novo se deixa influenciar pelas insinuações de um modelo excludente e individualista, que se estabeleceu a partir da hierarquização social do trabalho e do capital. Portanto, a orientação burguesa e capitalista do novo aponta para o fato de que alguns negros poderão atingir o horizonte utópico se se adequarem às condições que lhes permitam tornar-se atletas, artistas, empresários. O novo, nesse caso, restringe o percentual de indivíduos considerados aptos à ascensão numa sociedade em que a maioria da população sobrevive em condições precárias.

Por conta disso, há que se indagar sobre o valor absoluto do novo. Se ele não está isento de apropriar-se de características dos antigos modelos sociais, torna-se necessário pensá-lo como um valor relativo. A nova imagem do negro brasileiro, portanto, não é "a imagem" dos negros como pretendem expressar publicações direcionadas à população negra. Tal é o exemplo da Revista *Raça Brasil*, que em seu *slogan* – "A Revista dos ne-gros brasileiros" – procura traduzir a ideia de que a nova imagem representa "o projeto" capaz de atender às expectativas da população negra como um todo.

Não se trata aqui de criticar aleatoriamente um modelo de publicação que angariou grande simpatia junto ao público afrodescendente mas, acima de tudo, de tentar compreender as orientações ideológicas que esse modelo de revista contesta ou ajuda a confirmar. Outras publicações voltadas para a população negra – apesar de manifestarem de forma evidente a sua preocupação política, como é o caso da Revista *Black People* – também se defrontam com as dificuldades de rejeitar as ideologias opressoras e, ao mesmo tempo, estabelecerem uma orientação ideológica alternativa. Um exemplo dessa dificuldade se exprime na tentativa de criticar o estereótipo da mulher como objeto de desejo e, ao mesmo tempo, contribuir para a fixação de um outro estereótipo, isto é, o do "homem fetiche".[135]

Diante das contradições suscitadas pelo discurso da nova imagem do negro brasileiro, é interessante buscar na representação visual os efeitos dessas contradições. O apelo das representações visuais, muitas vezes, amortece as implicações ideológicas que fundaram a imagem, mas, nem por isso, tais implicações deixam de atuar na constituição dos sentidos da imagem.

---

[135] Matéria de capa da revista *Black People*, Rio de Janeiro, ed. 8, n. 2.

Para realizar a análise desses aspectos, levaremos em conta as imagens de negros estampadas nas capas das revistas *Manchete* (1988), *Veja* (1988 e 1998), *Black People* [s.d] e, finalmente, *Raça Brasil* (1997).

Os dados analisados cobrem um período de uma década. As publicações foram agrupadas de modo a levarmos em conta o tipo de postura ideológica que identifica a reiteração de estereótipos e que mostra a fratura do discurso sobre a nova imagem do negro brasileiro. A presença destacada de negros em capas de revistas de circulação nacional não é fato tão recente. No entanto, verifica-se que essa presença sempre foi restrita a determinados agentes negros, especialmente os atletas. A imagem mais constante, sem dúvida, é a de Pelé. Nos últimos anos, percebe-se uma lenta mudança, com a inserção de imagens de negros em revistas de esportes e modas, realçando a expectativa de ascensão social proporcionada pelas profissões de atleta e *top model*.

A ausência de estudos estatísticos sobre esse fenômeno dificulta a emissão de opiniões mais agudas. Contudo, é possível detectar uma tendência editorial que reserva certos espaços para a imagem dos negros, de modo que, ao mesmo tempo, não se pode afirmar a existência da discriminação, mas também não se admite a participação efetiva dos negros como produtores de sentido através de suas imagens. Atento a esse procedimento, Muniz Sodré comenta:

> Há algo aí que se poderia chamar de know-how norte-americano na gestão da imagem empresarial: reserva-se um lugar único para uma "colored", à maneira do sistema de quotas, produzindo-se um simulacro profissional de democracia racial.[136]

Essa presença permitida dos negros ocorre em espaços disciplinados pelo interesse empresarial, que leva em conta a possibilidade de o público aceitar ou rejeitar o discurso visual apresentado. A imagem do novo negro – considerado em sua boa aparência e mostrado como exemplo de sucesso pessoal – possui um campo de sentido delineado pelo espaço que lhe é destinado. Nesse caso, podemos tomar como referência a argumentação de Foucault ao ressaltar

---

[136] SODRÉ, Muniz. Sobre imprensa negra. In: *Lumina*. Juiz de Fora: UFJF/Facom, 1998. p. 32.

o fato de que a "disciplina organiza um espaço analítico".[137] Em suma, o lugar dos negros nas capas de revistas é disciplinar, isto é, indica quem é o negro de acordo com um ponto de vista que pretende tornar-se modelo.

O sinal mais evidente dessa estratégia é o processo de construção da pose que, no dizer de Barthes, é o elemento responsável pela fundação da "natureza da Fotografia".[138] A pose é, em si mesma, uma proposição de sentido na medida em se opta pelo destaque de um ou outro aspecto do sujeito fotografado. Além disso, a pose é composta pelo jogo de luzes e formas que constituem a fotografia, aspectos que revelam uma linha de sentido, em detrimento de outras que permanecem em potencial.

A imagem do novo negro resulta da produção de um texto visual que seleciona e combina elementos a fim de apresentar ao público um determinado sentido. Em função disso, o negro exposto na imagem é, antes de tudo, um sujeito submetido às regras de composição do produtor da imagem. O ponto comum entre as revistas direcionadas ao público negro (*Raça Brasil* e *Black People*) e as outras, direcionadas a um público sem especificação étnica (*Manchete* e *Veja*) é a elaboração de uma imagem de negros bem- sucedidos, recortados no universo dos atletas, artistas, políticos e top models.

Essa imagem foi montada com poses que reiteram um padrão de poses típicas da aristocracia e da burguesia em ascensão, isto é, procura-se ressaltar um conjunto de sujeitos reunidos em torno de um sujeito mais destacado. Veja-se a Figura 19: ao redor de Pelé (atleta de renome indiscutível), estão dispostos os artistas Zezé Mota e Djavan, a representante dos negros na vida política, Benedita da Silva, e a ex-Miss Brasil Deise Nunes. A forma dessa foto apresenta nítida semelhança com as fotografias em que se destacava a grande família articulada à volta do chefe patriarcal ou do comerciante bem-sucedido com os frutos de seu trabalho.[139]

---

[137] FOUCAULT, Michel. *Vigiar e punir*. Petrópolis, 1983. p. 131.
[138] BARTHES, Roland. *Op. cit.*, 1984, p. 117.
[139] Para a foto típica da família patriarcal, ver MAUAD, Ana Maria. Imagem e autoimagem do Segundo Reinado. In: ALENCASTRO (Org.). *Op. cit.*, 1977, p. 207.

É interessante lembrar que o discurso sobre a nova imagem do negro possui um conteúdo utópico, ou seja, indica o modelo de imagem que os negros podem desejar, depois de romperem com os estereótipos antigos. Daí decorrem, como afirmamos anteriormente, o seu traço de conservadorismo (que reitera o modelo burguês e capitalista de imagem) e de exclusão (que evidencia a possibilidade de apenas alguns negros atingirem o ápice da imagem utópica).

A análise das capas das revistas *Manchete*/1988 (Figura 19) e *Veja*/1998 (Figura 20) demonstra de modo contundente esses aspectos. A disposição de pose das duas capas é praticamente a mesma, mas a Revista *Veja* acrescenta um detalhe, isto é, uma capa dupla que permite mostrar um número maior de pessoas negras. Esse detalhe é relevante, uma vez que a intenção da matéria é demonstrar o aumento do número de negros que, segundo o texto da capa, passaram "do preconceito ao sucesso". Apesar desse traço novo na programação gráfica, a capa da revista insiste no esquema de apresentar um sujeito centralizado, tendo à sua volta outros representantes bem sucedidos.

A comparação entre as capas sugere uma ampliação da participação dos negros nos espaços da grande mídia: em 1988, a *Manchete* oferece ao público a imagem de 5 negros que atingiram o sucesso, ao passo que a *Veja* teve de fazer capa dupla para exibir, dez anos depois, outros 17 negros bem situados socialmente. Contudo, a nova imagem do negro não escapa às suas contradições. Uma vez mais, o horizonte utópico está marcado, demonstrando que a linha de ascensão social permanece delineada pelas mesmas atividades. Num período de dez anos, verifica-se que os negros que desejam ser bem sucedidos continuam tendo que optar pelas mesmas atividades: a *Manchete* traz o atleta (Pelé), a atriz/cantora (Zezé Mota), o cantor (Djavan), a modelo (Deise Nunes), a líder política (Benedita da Silva).

A *Veja* reitera esse paradigma com os atletas (Pipoca e Marta/basquete; Dinei, Marcelinho, Capitão e Cléber/futebol), as atrizes (Zezé Mota, Camila Pitanga, Cinthya Raquel, Taís Araújo), o ator (Norton Nascimento), os cantores (Netinho, Chrigor, Luís Carlos), os modelos (Deise Nunes e Sacramento) e o desembargador (Gilberto Fernandes).

Observando os dois quadros, apenas as atividades de liderança política (deputada federal) e de justiça (desembargador) parecem soar como algo "novo" em meio à repetição de atividades reservadas como horizonte utópico dos negros em ascensão social. Nas duas edições, o que chama a atenção não é a repetição dos mesmos rostos, mas da mesma estrutura de sentido que circunscreve a ideia da nova imagem a determinados aspectos da vida social. Os retratos do mesmo esquema de sentido excluem os negros que não se identificam com essa proposta de nova imagem. Em outras palavras, excluem a maior parte da população brasileira, negra e não negra, pois o espaço das atividades indicadas como horizonte utópico é restrito e seletivo.

As edições das revistas *Veja* e *Black People* (Figuras 21 e 22, respectivamente) evitam a forma da fotografia com indivíduo central e circundantes, mas apelam para outra forma modelar, ou seja, aquela empregada pelos serviços de investigação policial. As capas, tal como os quadros de identificação da polícia, exibem vários rostos, em tamanho característico de 3x4. Nos dois casos, a estrutura principal de sentido se organiza a partir da necessidade de realizar algum tipo de identificação. A polícia apresenta um quadro de rostos com o objetivo de oferecer condições a determinado sujeito para identificar um criminoso ou um suspeito de crime. A série de imagens destaca aspectos que singularizam o suspeito, de modo a propor uma espécie de história do indivíduo através de sua imagem. Ao observar a série de rostos, a vítima realiza uma arqueologia de traços físicos e psicológicos do Outro, cuja condição de suspeito está determinada *a priori* pelo espaço disciplinar em que se encontra.

As capas da *Veja* e da *Black People* insinuam uma estrutura de sentido semelhante, retirando, é claro, a condição de suspeito que recai sobre o indivíduo representado nos quadros de identificação policial. O aspecto da identificação, sim, predomina no conjunto de imagens das revistas. A *Veja* mescla personagens conhecidos do grande público – novamente os protótipos do atleta (Pelé, Didi), da atriz (Zezé Mota), do ator (Grande Otelo) e do cantor (Gilberto Gil) – com imagens dos cidadãos comuns, que podem ser identificados por outras atividades profissionais (o policial, o operário), faixas etárias (os idosos e os jovens) e gêneros (mulheres e homens).

Essa composição problematiza o estereótipo de uma nova imagem proposta como Utopia, centrada apenas em uma estrutura de sentido, ou seja, do horizonte burguês e capitalista. Antes, exibe o contraste que se estabelece entre esse horizonte de negros bem sucedidos – mas em menor número – e o de negros situados em condições sociais desfavorecidas – estes, sim, em maior número. O contraste se amplia à medida que o propósito da identificação demonstra uma diversidade de imagens dos negros brasileiros, ao contrário da unidade pretendida pelo projeto utópico da nova imagem.

A *Black People* reitera o princípio da identificação de uma imagem do negro que se sustenta a partir do espaço em que é apresentada. Isto é, a nova imagem possui um sentido baseado no fato de ocupar o espaço específico de uma publicação para negros. O leitor negro da revista procura nela os assuntos que o afetam diretamente, daí a necessidade de identificar-se também com as imagens que ela veicula. Por seu lado, a publicação procura atender a essa demanda e exibe um quadro de rostos que revelam uma certa padronização para o perfil do negro desejado.

Ao contrário da capa da *Veja*, a *Black People* não mostra a mescla de negros famosos e anônimos. Aposta na apresentação de negros que circulam fora da grande mídia, fato que os coloca, teoricamente, mais próximos dos cidadãos negros comuns. Mas, como frisamos anteriormente, a pose – tanto quanto o conjunto da fotografia – resulta de um processo de elaboração discursiva, de tal maneira que os negros apresentados como cidadãos comuns são, na verdade, uma proposta utópica daquilo que os negros brasileiros podem vir-a-ser.

É importante notar que os vinte rostos são nítidos – ao contrário da capa da *Veja*, onde as letras escondem várias expressões faciais – como se pretendessem evidenciar o perfil do negro caracterizado pela beleza, juventude e alegria. Além disso, os rostos femininos e masculinos estão dispostos de maneira alternada – exceto na terceira linha horizontal, em que aparecem dois rostos femininos seguidos. Essa disposição sugere um equilíbrio ideológico que reivindica os mesmos direitos para homens e mulheres.

A elaboração da nova imagem neste caso desvia, em parte, do padrão burguês e capitalista proposto pela *Manchete*/1988 e pela *Veja*/ 1998.

Contudo, está ameaçado de se tornar também um modelo excludente ao investir nos aspectos da juventude, alegria e beleza como pilares da autoestima. Esses recursos colocam em xeque a utopia da nova imagem, uma vez que foram explorados pelos discursos que geraram o estereótipo do negro "sempre alegre", apesar de suas dificuldades.

Vale observar o contraste entre a nova imagem sugerida e os temas que serão abordados nas matérias da revista: "Negro: uma raça ou uma cor?" e "Diadema: a violência nossa de cada dia". Os dois assuntos suscitam uma análise crítica da realidade brasileira, pois dizem respeito aos esquemas de hierarquização do poder político e econômico que interferem nas possibilidades de participação dos cidadãos negros e não negros na vida do País. Apesar da complexidade, que demanda grande espaço para discussão, os temas estão subordinados à proposta da nova imagem, que domina amplamente o espaço da capa.

Essa é a estratégia adotada pela *Raça Brasil*, na edição comemorativa de seu primeiro ano de publicação (Figura 23). O espaço disciplinar da capa delineia a apresentação da nova imagem, cuja forma fotográfica retoma aquela do sujeito central e seus circundantes. Reaparece a estrutura de sentido que privilegia certas atividades como horizonte utópico: a atriz ao centro (Zezé Mota), os demais artistas (Camila Pitanga, Isabel Fillardis, Taís Araújo, Milton Gonçalves) e os *top models* (Luzia Avelar, João Gomes, Erika Rosa).

A estrutura de sentido revela a mesma ideia de um conjunto de negros – nove apresentados na capa – alegres e bem sucedidos que são apresentados como exemplos para todos os negros brasileiros. Tal perspectiva é reforçada pela série de matérias anunciadas no rodapé da capa, destacando-se, entre elas, as seguintes: "A luta pela terra nos quilombos"; "Aumente sua autoestima"; "Emagreça até 6 quilos com a dieta dos pontos".

A primeira matéria sugere um assunto relevante para a compreensão dos processos de resistência dos ancestrais negros, mas é imediatamente suplantada pelo reforço do discurso de autoestima. A sequência das matérias demonstra uma inter-relação semântica de modo que a construção da autoestima está relacionada à adoção dos padrões de comportamento da sociedade burguesa. O horizonte utópico, portanto, está previamente demarcado. É evidente que ele pode atender às expectativas de determinados segmentos da população negra brasileira, mas, na condição de discurso utópico, ele extrapola esses limites e se propõe como "o discurso" da identidade, tal como evidencia o *slogan* da publicação ("A revista dos negros brasileiros").

A análise do projeto de elaboração da nova imagem do negro brasileiro evidencia uma dupla reiteração: a da estrutura de produção de sentidos – que contesta os estereótipos através da elaboração de outros estereótipos – e a das referências pessoais – que sempre coloca diante do público as mesmas personalidades do meio esportivo ou artístico. Nossa intenção não é estabelecer críticas pessoais, ainda que a participação social dos indivíduos revele suas orientações ideológicas, fato que torna pertinente a análise de suas opções e estratégias de atuação. Nosso objetivo foi compreender a articulação da estrutura de produção de sentidos para a nova imagem do negro brasileiro, questão que, como vimos, envolveu sistematicamente a trajetória de indivíduos destacados na vida social.

Não insistimos nas referências pessoais como realidade isolada, mas como componente de um processo a partir do qual se pode identificar uma estrutura de produção de sentidos. Mais do que saber do sucesso pessoal dos esportistas ou artistas, tivemos a preocupação de investigar a maneira através da qual a sociedade organizou campos de sentido e espaços de divulgação que estimulam os negros a desempenhar sempre as mesmas funções.

Nesse contexto, o discurso da nova imagem se configura como elaboração ideológica que se propõe a romper a hegemonia do discurso de reificação dos negros brasileiros. Apesar de sua intenção transformadora, o discurso do novo se ergue a partir das linhas de pensamento que discriminaram os negros, evidenciando, com isso, uma série de contradições. Mas a complexidade dessas contradições tem sido minimizada na medida em que o conteúdo utópico do discurso do novo sugere aos indivíduos uma reserva de expectativas favoráveis no futuro. Assim, interessa ao público saber o que ele pode vir-a-ser, num esquema de apelo que faz do passado uma mola de impulsão em direção ao futuro.

O discurso do novo não propõe que se esqueça do passado, isto é certo, mas investe no campo de possibilidades que o sujeito pode vislumbrar a partir do futuro. Daí o seu caráter otimista e mesmo profético, que incita à construção de uma nova imagem para opor-se àquela imagem reificada dos negros no passado. No entanto, essa euforia pelo futuro, muitas vezes, esconde armadilhas – como vimos – que tornam o discurso do novo tão relativo quanto o antigo discurso de reificação.

A questão que então se coloca é: existem possibilidades de vislumbrar outros horizontes para outras imagens dos negros brasileiros, além do horizonte do novo constituído com a matéria-prima do pensamento burguês e capitalista? Entendemos que as contradições inerentes ao discurso do novo, por si mesmas, representam um estímulo à busca desses outros horizontes. Isso indica a ampliação dos debates em torno das relações étnicas no Brasil, de modo a considerá-las também como elemento central dos processos de organização da sociedade. Não se trata, portanto, de um "problema" de negros ou de brancos, mas de uma realidade social, cuja dimensão étnica é atravessada por implicações políticas, econômicas e ideológicas.

Além dos debates acerca dos aspectos físicos dos negros, o discurso sobre o novo incita à análise dos processos de representação dos grupos e indivíduos, o que permite discutir as práticas sociais a partir das orientações ideológicas que as constituem. Em suma, torna-se necessário detectar as estruturas de produção de sentido que contribuem para compreendermos a realidade dessa ou daquela maneira.

Um não é todos

> "e um nome é preciso
> um nome preciso
> que te ampare do vento"
> *Eliane Marques*[140]

UMA HISTÓRIA COM HISTÓRIAS

As representações do negro no imaginário brasileiro percorrem um caminho que inclui a passagem dessas representações do domínio privado – com a participação de agentes da esfera familiar – para o público através de agentes como a imprensa, as instituições religiosas e educacionais.

Na esfera familiar, percebemos que a população, de um modo geral, tem sido empenhada na fixação e divulgação de certas representações do negro, na maioria das vezes caracterizadas por algum traço desviante. As heranças advindas do passado escravista geraram em muitas famílias de negros o desejo de *apurar* o sangue mediante a aceitação da ideologia de branqueamento.[141]

Na esfera pública, observamos a retração da imprensa, das instituições religiosas e educacionais para atuar no sentido de criar significações alternativas para as representações do negro brasileiro. Os espaços dessas

---

[140] MARQUES,, Eliane. *e se alguém o pano*. Porto Alegre, 2015. p. 64.
[141] SOUZA, Neusa Santos. *Op. cit.*, 1983, p. 28.

representações são restritos – se levarmos em conta a porcentagem de negros e seus descendentes entre a população – e caracterizam-se pela reduplicação de estereótipos delineados historicamente. Assim, deparamo-nos com representações geradas segundo ideologias dominantes, que reduzem o negro às condições de marginalidade social.[142]

No presente capítulo, realçamos a análise de alguns dos mecanismos que atuam na produção das representações do negro na esfera pública. Levaremos em conta o percurso histórico dessas representações divulgadas através de periódicos e outros meios de fixação da imagem (fotografias e catálogos) nos séculos XIX e XX. Dos periódicos do século passado, destacaremos a iconografia que ilustrava os anúncios de fuga de escravos e as *cartes de visites* do fotógrafo Christiano Jr.. As referências contemporâneas procedem da revista *Raça Brasil* e de catálogos de vendas de produtos médicos.[143]

Nossa hipótese é a de que as representações públicas do negro não sofreram modificações expressivas no período considerado, apesar de terem ocorrido substantivas mudanças político-sociais no País, tais como a substituição do Império pela República e a abolição do regime escravista.

Michel Foucault, em *As palavras e as coisas*, aponta os aspectos de crise da representação, que decorre do distanciamento entre a representação e a realidade a ser representada. Ao analisar o quadro "As meninas", de Velasquez, o autor observa que a representação "intenta, com efeito, representar-se a si mesma com todos os seus elementos",[144] elidindo, desse modo, o sujeito inicial que deveria tornar visível na tela do pintor.

Foucault observa também que, em fins do século XVIII, o pensamento de Adam Smith, dos primeiros filólogos e de Lamarck interferiu nas formas de compreensão da representação. Desse período em diante, ela "perdeu o

---

[142] Sobre a historicidade dos estereótipos, ver SCHWARCZ, Lilia M. *Op. cit.*, 1987, p. 15.
[143] Para os anúncios de escravos, consideramos SCHWARCZ, Lilia M. *Op. cit.*; FREYRE, Gilberto. *Op. cit.*, 1979. Para as *cartes de visites*, ver AZEVEDO; LISSOVSKY (Org.). *Op. cit.*, 1988. Para o século XX: revista *Raça Brasil*, São Paulo, 1997, ano 2, n. 13, p. 14 e 15; e *Histórias das copas do mundo*, ed. especial patrocinada pela indústria de medicamentos Glaxo, [s.d.].
[144] FOUCAULT, Michel. *As palavras e as coisas*. Lisboa, [s.d.]. p. 33.

poder de fundar a partir de si mesma, no seu desenrolar e pelo jogo que a duplica a si mesma, os nexos que uniam os seus diversos elementos".[145]

As reflexões de Foucault nos permitem pensar em, pelo menos, duas instâncias de crise da representação. A primeira, perceptível na análise do quadro de Velasquez, coloca-nos diante da possibilidade de a representação afastar-se daquilo que, até então, tínhamos tomado como sujeito. A representação, ao tornar-se autorreferencial, mostra a crise do antigo sistema em que o sujeito era essencial para que a representação existisse. Tem-se, portanto, a relativização do poder de interferência do sujeito na constituição da representação.

Mas essa crise da representação parece não ter atingido as formas de representação do negro brasileiro, na medida em que ele – reduzido à condição de objeto – continuou a ser indispensável para a produção de sua representação. Veremos o porquê desse fato durante a análise comparativa das representações do negro nos séculos XIX e XX.

A outra instância de crise da representação, decorrente da perda de poder para fundar os nexos de união entre seus elementos, leva-nos a considerar sua vulnerabilidade diante das fontes ideológicas que atuam na sociedade. A representação é permeável às interpretações ideológicas que estimulam mutações de seus sentidos, ainda que ela insista na coesão de sua autorreferencialidade. Em outras palavras, a representação é, por força de sua constituição, um processo comunicativo que provoca os outros processos comunicativos da sociedade, bem como se mostra sensível às provocações que recebe deles. Desse modo, a representação não é a comunicação resolvida, mas séries de comunicações que se inter-relacionam na dinâmica social.

Novamente essa crise não tangenciou as representações do negro brasileiro, uma vez que o poder de autorreferencialidade está subordinado ao princípio da representação que usa o negro como objeto – ou sujeito – indispensável. Isso pode ser observado no fato de que a expectativa em relação ao negro representado se desenvolve dentro de um repertório restrito – ou de estereótipos –, acusando a pouca permeabilidade dessa representação às interpretações ideológicas. Ou, por outro lado, denuncia

---

[145] *Ibidem, Op. cit.*, p. 314.

a permeabilidade dessa representação a uma única linha de interpretação ideológica, que impõe imagens absolutas do negro brasileiro.

Em vista disso, torna-se relevante compreender o percurso histórico através do qual as representações do negro se cristalizaram e se mantiveram, aparentemente intocadas, apesar da crise que afetou o sistema de representações no Ocidente. Por outro lado, se vivemos um período de larga difusão das imagens, é necessário observar, como Baudrillard, que "a ditadura das imagens é uma ditadura irônica".[146] Ou seja, se as representações do negro na mídia reduplicam os estereótipos antigos, há que se perguntar até que ponto se trata de uma simples reiteração ou de um outro processo de saturação das imagens sob o qual se ocultam e se revelam novos significados sociais.

ESPELHOS PARA NEGROS E BRANCOS

Uma visita ao século XIX nos coloca diante de um variado quadro de representações impressas que se incorporaram à vida de certa faixa das populações rurais e urbanas. A chegada de periódicos até as áreas rurais – em geral para o manuseio de grupos restritos de intelectuais, políticos e mandatários – e a sua crescente aceitação por parte de leitores urbanos contribuíram para a formação, lenta mas sólida, do hábito de os indivíduos se depararem dia a dia com as representações elaboradas a respeito de si mesmos e dos outros.

Em relação aos negros, a mídia se mostrou, desde essa época, como espaço de ambivalência. Nas páginas de jornais e revistas, os negros aparecem recortados segundo o olhar discriminador da sociedade, ou seja, não ocupam os espaços considerados "nobres", mas, em contraposição, aparecem com frequência naqueles outros espaços de marginalidade onde eram anunciados os escravos para compra e venda, e dava-se notícia de suas fugas e crimes. Fora desse espaço, o negro era abordado como objeto de curiosidade científica e submetido às análises que frisavam o caráter de sua inferioridade cultural e racial.[147]

---

[146] BAUDRILLARD, Jean. *A arte da desaparição*. Rio de Janeiro, 1997. p. 108.
[147] GOMES; PEREIRA. *Op. cit.*, 1988. p. 42-54.

Nesse sentido, a presença da imagem do negro na mídia deve ser pensada em termos de quantidade e de qualidade. As representações dos negros se tornaram fato cotidiano em periódicos e revistas do passado, levando de certa maneira a uma saturação dessa presença. Tanto, assim, que o público leitor brasileiro deixou de experimentar o espanto ou a surpresa diante das imagens de um negro algemado pelas autoridades, ou de um negro morto em via pública, ou de uma mulata exibindo o corpo com largo sorriso.

Essas imagens parecem naturalizadas, como se existissem desde sempre no imaginário nacional: o negro objeto se constituiu na forma de representação mais divulgada entre nós. Diante disso, a reflexão de Baudrillard acerca da exposição obsessiva do corpo pode fornecer-nos alguns elementos interessantes. Segundo o autor de A arte da desaparição, "depois da orgia e da liberação de todos os desejos passamos para o transexual [...] Transexual no sentido de que isso nada tem a ver com a ilusão do desejo, mas com a hiper-realidade da imagem".[148]

A presença do negro na mídia nacional se tem caracterizado pela saturação de uma certa forma de representação que, sendo repetida em excesso, mostra-se incapaz de estimular a geração de novos sentidos. Como exemplo, podemos tomar a iconografia do escravo fugitivo, com seus pertences às costas – típica do século XIX. Num primeiro momento, essa imagem expressa o desejo de uma sociedade, ávida por determinar suas linhas de valores, delineando os limites de quem atuava no papel de sujeito – os senhores – e de quem deveria submeter-se ao papel de objeto – os negros cativos.

No entanto, essa imagem do negro fugitivo passou a ser uma constante no imaginário nacional, mesmo quando se tratava de representar o negro livre. A questão que se coloca, então, é bastante complexa. Por um lado, é possível considerar que essa representação não é mais compatível com a sociedade posterior à abolição, pois ocorreram mudanças que eliminaram, teoricamente, os papéis de senhores e escravos. Por outro lado, a

---
[148] BAUDRILLARD. Op. cit., 1997, p. 106.

continuidade dessa representação denuncia a fragilidade das transformações que se deram na passagem do regime escravista para a sociedade de homens livres.

A saturação das representações do negro congelou a abertura de outros possíveis campos de sentidos, de tal modo que a reiteração do mesmo sentido favorece duas ordens de observação crítica: uma sobre as relações entre negros e brancos na sociedade, outra sobre a ausência da crise na representação dos negros.

A sociedade brasileira mudou a superfície das relações entre negros e brancos, mas não alterou drasticamente os mecanismos de produção de sentidos acerca dessas relações. Assim, negros e brancos vivem em regime de falsa tolerância, sendo limitados em seu desejo de estabelecer o diálogo a partir do respeito às diferenças. Em termos étnicos, somos uma sociedade que sobrevive às custas de "desculpas" ou de eufemismos: os negros são "morenos", os brancos ajudam "seus afilhados de cor"; na mídia, sempre que há grupos de pessoas em um comercial, pode-se notar a presença de "um" negro e "um" asiático, numa espécie de justificativa de nossa realidade multiétnica. Tais mecanismos, bastante sutis, servem para amortecer as discussões em torno da ausência dos negros nas representações, ao mesmo tempo que reiteram a expectativa de que negros são representados como exceção ou minoria.

É interessante notar que a crise da representação não afetou os modos de representar os negros, na medida em que a sociedade, como vimos, também não completou os processos de transformação das relações sociais e étnicas. A saturação da representação leva ao inevitável esvaziamento dos sentidos daquilo que é representado, pois impede o diálogo com outros possíveis apelos de sentidos. A reiteração do mesmo leva ao seu desgaste, gerando o impasse de uma representação que limita o diálogo da comunicação ao invés de estimulá-lo. Assim sendo, o vazio de sentido da representação do negro coincidiu com a percepção que a sociedade tinha do negro como coisa ou objeto. A representação afirmava o sentido do negro objeto, paralelamente à afirmação de sua invisibilidade como ser social. No século XIX, isso pode ser atestado pela produção iconográfica conhecida como *cartes de visites* – em que os negros retratados eram alienados como *souvenirs* – e pela prática dos periódicos que anunciavam compra e venda de negros na mesma página onde se anunciava compra e venda de outros objetos.[149]

Para nós, é pertinente observar de que maneira esse histórico de representação dos negros encontra ressonância na sociedade brasileira contemporânea. Por meio de uma arqueologia do imaginário, podemos constatar que as novas técnicas da mídia reduplicam, muitas vezes, os padrões observados na representação dos negros no passado. A confrontação dessas representações é válida na medida em que se converte numa provocação para a análise dos discursos que permeiam as relações sociais. Em termos de representação visual, é necessário estar atento para o fato de que nem sempre aquilo que se vê é realmente aquilo que a representação desejar fazer significar. Portanto, a presença de negros na mídia tanto pode indicar a democratização das relações étnicas e sociais, quanto a manutenção de antigas formas de discriminação.

Para efeito de interpretação, consideraremos três situações em que o negro é representado como objeto, ou seja, nas imagens do escravo fugitivo aos *top models* atuais, do negro como coisa ruim e do escravo capturado ao "cidadão"suspeito. É pertinente levar em conta as conexões ideológicas que essas representações mantêm entre si, na medida em que revelam a moldura social que as criou e lhes deu sustentação.

Não pretendemos realizar apenas uma leitura comparativa das imagens do passado e do presente, mas, acima de tudo, analisar de que modo a representação do negro se constituiu ao longo da organização social brasileira. Interessa-nos observar essa representação como uma forma de elaboração discursiva – nesse caso, de natureza visual – que envolve questões de ordem política, econômica e cultural. Do ponto de vista político, trata-se de saber porque os negros têm seus direitos de cidadania agredidos numa sociedade que se autodefine como democrática, mas que insiste em representá-los como objetos.[150] Do ponto de vista econômico, é necessário analisar de que

---

[149] AZEVEDO; LISSOVSKY. *Op. cit.*, 1988; GOMES; PEREIRA. *Op. cit.*, 1988, p. 43.

maneira os negros passam a ser avaliados como faixa atrativa de consumidores e como isso se reflete em sua representação através da mídia.[151] Do ponto de vista cultural, impõe-se a discussão acerca da apropriação que os meios de comunicação de massa fazem de manifestações comunitárias até então gerenciadas pelas populações consideradas periféricas.[152]

A análise da representação visual dos negros brasileiros na mídia implica também a análise de outros campos de sentidos que lhe servem de moldura. Isso elege a representação como um importante elemento que reflete as contradições da sociedade em relação aos negros e seus descendentes.

Do escravo fugitivo aos top models

A representação do escravo fugitivo que carregava seus pertences às costas foi bastante difundida nos periódicos brasileiros do século XIX (Figuras 24 e 25). A representação era exposta a partir de um clichê que evidenciava o homem ou a mulher, negros, ora apoiados num bastão, ora retendo-o nas mãos. A mulher aparece com uma trouxa à cabeça e o homem transporta a trouxa amarrada na ponta de uma vara que está apoiada sobre o seu ombro. Ambos estão representados como se estivessem em movimento.

Em geral a imagem era acompanhada de um texto, no qual eram especificados o nome do proprietário, as circunstâncias da fuga, o endereço

---

[150] É válido questionar a posição do Estado brasileiro que hesita em tratar a questão étnica como tema fundamental de nossa ordem social, ao mesmo tempo que assume o compromisso de combater o racismo diante da comunidade internacional. Ver Décimo Relatório Periódico Relativo à Convenção Internacional sobre a Eliminação de Todas as Formas de Discriminação Racial. Ministério da Justiça e Ministério das Relações Exteriores. Brasília, 1996; *Brasil, gênero e raça*. Ministério do Trabalho. Brasília, 1998.

[151] Ver a insistência das reportagens que enfatizam o negro como uma faixa de consumidores em crescimento: LUIZ, Milton. Pesquisa descobre o negro como segmento consumidor. *O Tempo*, Belo Horizonte, 23 dez. 1998, Magazine, p. 5; RIBEIRO, Daniela. A classe média negra. *Veja*, ano 32, n. 33, ed. 1.611, p. 62-69, 18 ago. 1999.

[152] É inevitável a retomada dos debates em torno do Carnaval organizado como indústria para turistas e sua relação com o trabalho de pessoas da comunidade. Outro aspecto a ser analisado é o interesse de agências de turismo pelos circuitos de festas religiosas e atividades artísticas do interior, tais como a Congada e a produção de artesanato, respectivamente.

onde o fugitivo deveria ser devolvido, o valor da recompensa, as habilidades, bem como os defeitos físicos e morais do escravo. Os sinais físicos revelam os agentes que interferiam sobre o corpo do escravo. Podia haver traumas decorrentes de doenças, de mutilações impingidas pelos escravos a si mesmos ou pelos proprietários através de castigos e marcas de posse.

É importante observar que o escravo era portador de um corpo com várias inscrições. No momento não discutiremos as estratégias adotadas pelos escravos a fim de exercitarem o próprio corpo, burlando a vigilância para vivenciar suas experiências de sexualidade, afeto e celebração. Como estamos analisando o processo de representação do negro como objeto, interessa-nos ver no corpo do escravo as inscrições feitas pelos agentes dominantes. O senhor podia imprimir sinais no corpo do escravo, marcando-o como animal ou máquina de trabalho, com o fito de garantir publicamente o seu direito de posse. O corpo escrito era exibido não como um suporte humano do escravo, mas como um objeto com a logomarca do proprietário.

Nos periódicos a representação do escravo – por conseguinte do homem negro e da mulher negra – dava-se a partir da tentativa de reproduzir essa realidade. Como o escravo estava reduzido à condição de objeto, segundo as prescrições do regime escravista, era essa a realidade transposta para a representação que se "oferecia como uma repetição: teatro da vida ou espelho do mundo".[153]

Outra tática de representação pode ser observada nas *cartes de visite* elaboradas pelo fotógrafo Christiano Jr., no Rio de Janeiro da segunda metade do século (Figura 26). A representação do negro na fotografia procura trazer a realidade para dentro do estúdio, mas trata-se de uma realidade controlada pelo realizador das *cartes de visite*. A respeito disso, Muniz Sodré observa que "levado ao estúdio, constrangido à codificação da pose – portanto a imobilizar-se em gestos de significação pré-marcada pela etiqueta de um olhar europeizante –, o indivíduo negro se retrata sem a exibição conflagratória de seu cotidiano".[154]

---

[153] FOUCAULT. *Op. cit.*, [s.d.], p. 34.
[154] SODRÉ, Muniz *apud* AZEVEDO; LISSOVSKY. *Op. cit.*, 1988, p. xx.

O clichê do escravo fugitivo e as *cartes de visite* possuíam funções específicas. O primeiro pretendia denunciar o escravo que desafiara as leis do regime, contribuindo para recuperar um bem de produção do proprietário. As cartes eram oferecidas ao público como *souvenirs*, conforme anúncio publicado no *Almanak Laemmert*, de 1866. Nessa ocasião, Christiano Jr. anunciava sua "Variada collecção de costumes e typos de pretos, cousa muito propria para quem se retira para a Europa".[155] O que aguça nosso senso crítico diante dessas representações é o modo como são articuladas as suas relações com a realidade. Ambas pretendem *ser a realidade*, ou pelo menos uma extensão similar da realidade, apesar de estarem codificadas em espaços e linguagens diferentes da realidade que representam: o desenho e a página de jornal, a fotografia e o cartão, respectivamente.

O clichê e as cartes são apresentados ao público como sendo aquilo que os negros são, isto é, objetos presentes no cotidiano reduplicados como objetos de observação nos desenhos e nas fotografias. Os negros – tanto na realidade do cotidiano quanto na representação dessa realidade – são considerados como *meios* para que a sociedade se organize e desenvolva. A dupla condição de objeto dos negros se configura, portanto, como um processo histórico de saturação da representação que dificulta a compreensão dos negros a partir de outros campos de produção de sentidos.

Os desdobramentos desse processo podem ser verificados em publicações contemporâneas que se declaram interessadas em propor outras representações para os negros brasileiros. Nas Figuras 27, 28 e 29 – publicadas na Revista *Raça Brasil*[156] –, temos a representação do negro estabelecida a partir de uma desejada relação de igualdade com o branco: o gesto do abraço e a largueza dos sorrisos estimulam a leitura da representação como um quadro caracterizado pela solidariedade. Contudo, a representação não se restringe ao campo étnico, uma vez que se estabeleceu mediada pela relação de gêneros, pela sensualidade e pelo assédio do *merchandising* de dois produtos (café e leite da Parmalat).

---

[155] AZEVEDO; LISSOVSKY. *Op. cit.*, 1988, p. viii.
[156] RAÇA BRASIL. Rio de Janeiro, ano 2, n. 13, p. 14 e 15.

Nas três sequências é preciso considerar a representação do negro diante do branco, e também as representações da mulher e do homem dispostos numa perspectiva em que sua sensualidade está a serviço da divulgação de uma mensagem comercial. As associações de sentido da representação se apoiam na realidade, tal como a construção do clichê do escravo fugitivo ou das *cartes de visites*. É evidente que outros componentes de sentido são incorporados à representação contemporânea, tais como a reprodução da imagem numa escala de massa (superior à dos clichês e das cartes) e o desenvolvimento das relações numa sociedade capitalista e não mais escravocrata.

Mas é justamente aí que nasce a maior contradição da representação do negro na contemporaneidade, pois mantém os estereótipos do passado sem levar em conta as transformações da sociedade. Como frisamos anteriormente, a questão tem um peso ideológico considerável, pois se trata de saber se ainda não foi possível gerar um novo discurso visual que aponte para outras formas de representação do negro, ou se essa representação estereotipada é intencionalmente mantida por agentes do modelo social dominante.

Diante do anúncio da Parmalat, vive-se o desafio de buscar os sentidos para uma representação que apela para a percepção do novo, embora esteja articulada sobre velhos paradigmas. A excelente qualidade gráfica chama a atenção para o contraste entre corpos negros e brancos, apresentados de modo invertido, pois ora a mulher é negra e o homem branco, ora a mulher é branca e o homem negro. O anúncio sugere algo mais que a beleza física dos *top models*, ressaltando-lhes a simpatia e o sorriso de cumplicidade, que se estendem também para o observador. Num dos anúncios (Figura 28), tem-se o sorriso frontal da jovem mulher, enquanto o homem negro, de costas, cria um clima de suspense em relação à sua provável expressão facial. Nos três anúncios há um equilíbrio entre força e delicadeza, em acordo com os outros paralelismos negro/branco, mulher/homem, café/leite.

A solidariedade étnica do anúncio se apoia sobre o modelo de solidariedade de gêneros. Os casais aparecem diante do público desfrutando um momento de intimidade, de modo que as cisões entre masculino e feminino são anuladas em prol da atmosfera aconchegante do ambiente privado ao qual se aplica bem a ideia de um "encontro". A representação de gêneros reduplica o quadro ideal da felicidade a dois, que, por sua vez, reforça a pertinência do encontro entre o café e o leite do anunciante.

A sensualidade do anúncio é sugerida pelo emprego de efeitos discretos e bem dimensionados. Ou seja, a representação explicita o contraste entre os grupos étnicos e o explora através de detalhes, tais como a demonstração de que os corpos se encaixam com leveza e movimento (Figuras 27 e 29) e a sugestão de que a intimidade entre os corpos se desenvolve a partir de um toque delicado e tenso (Figura 28). Os corpos que se tocam aparecem em meia foto, sobre a página, dando-nos uma visão parcial da nudez. Os topmodels não exibem trejeitos exóticos nos olhares ou nos sorrisos; pelo contrário, os sorrisos e os olhares sugerem uma cumplicidade fina e discreta. Contudo, o objetivo da nudez parcial é criar no observador o desejo pela nudez total. O anúncio realiza o despertar desse desejo, tal como se propõe a fazer com o encontro entre o leite e o café. O observador é sugestionado a buscar o complemento da nudez e também do sabor que emana dos produtos anunciados.

Enfim, nota-se que a encenação do encontro de etnias e de gêneros, mediado pela sensualidade, tem por finalidade atrair o observador – agora visado diretamente como consumidor – para as vantagens e os prazeres do produto Parmalat. Nesse enredo visual, negros e brancos, homens e mulheres são representados em função de dois produtos – o café e o leite – que, historicamente, configuram as tensões de relacionamento entre os dois grupos étnicos. A predominância de negros ou de brancos interfere na configuração das relações sociais, tal como a predominância de café ou leite determina o sabor e o aspecto visual da bebida. O anúncio ativa princípios de tensão e os minimiza através da proposição de "encontros" ideais em que as diferenças entre negros e brancos, homens e mulheres podem ser dissolvidas como as diferenças entre leite e café no processo de mistura.

Contudo, a base desse novo discurso "politicamente correto" é constituída por antigos paradigmas de reificação dos negros brasileiros. O texto que acompanha as imagens é sintomático, pois que traz de volta à cena os anúncios de escravos fugitivos. Os conteúdos das mensagens não são os mesmos, porém a técnica de exposição dos conteúdos é semelhante. O clichê do escravo fugitivo indicava seu traço de objeto, que era imediatamente reforçado no texto do anúncio: a imagem do objeto se fazia acompanhar pelo discurso verbal sobre o objeto.

As imagens de negros e brancos no anúncio da Parmalat foram dispostas paralelamente às características dos produtos que deveriam ajudar a vender. Esse aspecto demonstra que pessoa e coisa são representadas sob a mesma condição de produtos expostos para o consumo. O texto que acompanha as imagens – tal como nos anúncios de fugitivos do século XIX – confirma o processo de reificação da pessoa.

> Chegou o Café
> Parmalat.
> O café à altura
> do nosso leite.

O texto evidencia os conflitos de valores que perpassam as relações entre etnias e gêneros. Estar "à altura" de algum outro paradigma pressupõe um estado de tensão entre as diferenças que são comparadas. As outras marcas de café (note-se que as letras maiúsculas do "Café Parmalat" procuram destacar a excelência do produto), até então disponíveis no mercado, "não estavam à altura" do leite da marca do anunciante. Ao traduzir essa tensão para a relação entre café e leite, o anúncio convoca a referência de um modelo social que realça as qualidades dos brancos e apregoa os defeitos dos negros, e que privilegia o poder patriarcal em detrimento da atuação das mulheres. A força desse apelo simbólico pode ser sintetizada pela expressão: as outras marcas/ os negros/as mulheres, finalmente, foram elevados à altura da marca Parmalat/ dos brancos/dos homens.

A associação com as questões étnicas ocorre em virtude do acervo histórico-social brasileiro fortemente impregnado pela ideologia que considera os negros inferiores e alardeia o projeto de elevá-los "à altura" dos brancos. A esse propósito, é interessante observar que expressões do tipo "Preto de alma branca" e "Ela é negra, mas tem os traços finos" revelam a ideologia que só admite o negro como pessoa na medida em que ele assimila os valores brancos.

No ato de comparação entre objetos, o anúncio reduplica a representação do negro também como objeto, apesar de tentar chamar a atenção para a igualdade entre dois produtos de uma mesma marca. Isso ocorre porque o conjunto do anúncio – imagem e texto – está atravessado por elementos ideológicos que apontam para as estratégias de conquista do público consumidor e para a tentativa de harmonizar conflitos entre etnias e gêneros. Mas como o objetivo final se relaciona à divulgação do produto, tem-se a predominância de um esquema de proporções que acentua a reificação de negros e brancos, homens e mulheres.

A representação do negro como objeto pode ocorrer de maneira explícita (como nos clichês de fugitivos ou nas cartes), ou de maneira implícita (como no anúncio da Parmalat). A comparação entre as duas situações demonstra que a representação do negro objeto implica uma elaboração ideológica que conta, em grande escala, com a conivência dos grupos constituintes da sociedade. Se acompanharmos a trajetória desse modelo de representação, vamos perceber que ele se manteve praticamente inalterável, apesar das inúmeras transformações que afetaram a sociedade brasileira. Nota-se que esse modelo sempre foi empregado por grupos dominantes – que alimentam os estereótipos da mulata sensual ou do negro-máquina-de-trabalho – e pela própria população negra que, de maneira contraditória, usa o estereótipo da mulata para fugir ao anonimato ou se rende à impossibilidade de ultrapassar o circuito de mão de obra menos qualificada.

Ao insistirmos nas conexões entre o passado e a contemporaneidade, não estamos apostando em nenhum tipo de atavismo histórico para justificar a manutenção da imagem do negro como objeto. De outro modo, estamos procurando compreender as ideologias que são articuladas para desenhar o perfil de uma sociedade em que a representação de negros, mulheres, imigrantes e trabalhadores como objetos não é um fato natural, mas decorre de um projeto de construção social. Isso se torna evidente ao observarmos que a representação do negro como objeto possui variações que podem ser aplicadas em diversos contextos, de modo que as diferenças de aspectos visuais não alterem o conteúdo da reificação. Assim, o negro que é representado como objeto de consumo (máquina de trabalho, *souvenir* ou um produto/café "à altura") também é representado como objeto ruim, que causa prejuízos aos outros indivíduos.

Negro-coisa, coisa ruim

A representação do negro como objeto implica a aplicação de juízos de valor que desqualificam a pessoa como sujeito social. A reificação desqualifica a pessoa, mas, ao transformá-la em objeto, ressalta as qualidades que a tornam um objeto interessante para os agentes da discriminação. Esse raciocínio pode ser observado nos anúncios comentados anteriormente. O fugitivo era considerado um objeto de trabalho dotado de qualidades que permitiam o funcionamento do sistema escravista, ao passo que o negro coisificado como um bom produto (café "à altura") atende aos apelos de mercado da economia capitalista.

A complexidade desse raciocínio se evidencia quando a reificação ressalta os defeitos do negro e, justamente, esses aspectos negativos é que são tomados pelos agentes da discriminação como elementos aproveitáveis. Essa aparente contradição, no entanto, é parte da elaboração ideológica que coloca o racismo a serviço dos interesses da economia capitalista.

Vejamos o anúncio do medicamento Betnevral, publicado numa edição especial patrocinada pela indústria farmacêutica Glaxo. O volume de oito páginas, com capa e contracapa, não traz referências bibliográficas, tais como local, ano, editora, autor e numeração das páginas. A edição recebeu o título de "História das Copas do Mundo: antecedentes". A capa exibe a imagem da Copa Jules Rimet, que ficou em posse definitiva do Brasil a partir da conquista do tricampeonato mundial no México, em 1970. A contracapa expõe o anúncio do antibiótico Ceporexin, da Glaxo.

O texto comenta os esforços de dirigentes esportivos europeus para implantarem a disputa do campeonato mundial, resume aspectos da chegada do futebol ao Brasil e apresenta uma lista de todas as copas realizadas. A última da lista é a 11ª. Copa do Mundo, na Argentina em 1978. Isso nos oferece pistas quanto ao período da publicação, que pode ter ocorrido entre a competição de 1978 e a seguinte, em 1982, na Espanha. De todo modo, há elementos suficientes para atestar que se trata de uma publicação relativamente recente.

O volume apresenta 12 superfícies disponíveis para a impressão de textos e imagens. Oito páginas estão ocupadas com textos e imagens sobre a história do futebol. Quatro páginas trazem anúncios de medicamentos da Glaxo: Ceporan (contra infecções agudas), Betnevral (contra dor e inflamação), Betnesol (corticoterapia sistêmica para os pacientes difíceis: cardíacos, hipertensos...) e Ceporexin (contra infecção).

O anúncio de Ceporan mostra duas imagens: a de um paciente que recebe o atendimento cuidadoso num leito de hospital e a de um médico que conversa com seu paciente no consultório. Esse conjunto é acompanhado pelo *slogan* do medicamento: "A segurança hospitalar transferida ao consultório". O Betnesol é acompanhado por imagens geométricas de uma taça (para a versão em comprimidos solúveis) e de uma ampola (para a versão injetável). O Ceporexin, indicado para idosos, recém-nascidos, crianças e gestantes, é identificado pela imagem de uma borboleta colorida.

A página do Betnevral é encimada pelo *slogan*: "Uma dupla indesejável". Abaixo segue-se o desenho de dois jogadores de futebol, negros, robustos e com fisionomias agressivas. Abaixo dos desenhos, outro *slogan*: "Dor e inflamação". A composição química e a aplicação do medicamento vêm a seguir, informando que o mesmo "Elimina simultaneamente Dor e Inflamação Mioesqueléticas" (Figura 30).

Temos que considerar o fato de estarmos diante de uma série de representações: da indústria farmacêutica e sua eficiência; do sistema de saúde moderno; do futebol como esporte de preferência nacional. A representação da indústria cumpre o papel de demonstrar a eficiência de uma determinada empresa no competitivo mercado das indústrias farmacêuticas. Os *slogans* e as imagens atestam a competência da Glaxo e sua possibilidade de transmitir tranquilidade aos usuários de seus produtos. A representação do sistema de saúde é evidenciada de maneira sutil, especialmente no anúncio do Ceporan: as imagens do hospital e do consultório, em preto e branco, destacam a harmonia entre médico e paciente, num ambiente higienizado e seguro. A representação do futebol apela para imagens conhecidas do público: a Taça

Jules Rimet, lances e personagens bem sucedidos indicam a trajetória de desafio e vitórias dessa modalidade esportiva. Aqueles que se identificam com o futebol se veem, de certo modo, representados naquelas imagens.

Frisamos os detalhes dos anúncios para chegar à análise da representação do negro como coisa ruim. O conjunto da publicação associa os medicamentos a situações positivas: a harmonia do hospital e do consultório (Ceporan), o equilíbrio das formas geométricas (Betnesol), a sutileza e o colorido da borboleta (Ceporexin). A questão que se coloca é: por que o Betnevral é o único medicamento associado a uma versão negativa do negro?

A princípio a imagem dos dois jogadores tem um caráter positivo, pois faz pensar nos vários atletas negros bem sucedidos nesse esporte. É inevitável não recordar nomes como Leônidas da Silva (o "Diamante Negro") ou Edson Arantes do Nascimento (o "Pelé"). Mas, reparando nos jogadores do anúncio, percebe-se que são representados como figuras grotescas, com traços físicos desproporcionais, sobressaindo o excesso da musculatura. Um dos atletas, apesar de estático, parece esboçar uma ação de ataque. O outro está em franca posição de ataque, erguendo uma das pernas à frente e mostrando agressivamente as travas de suas chuteiras.

O truculento jogador da esquerda exibe a tatuagem de uma âncora no braço esquerdo, um anel e uma medalha no peito. Esses elementos são signos estereotipados: a tatuagem da âncora remete ao imaginário de marinheiros desregrados e arruaceiros, o anel e a medalha indicam uma ostentação exagerada de ornamentos. O jogador da direita tem uma das mãos cerrada e a expressão pesada de quem se empenha numa luta.

Os uniformes estão colados aos corpos dos atletas, aumentando o efeito de sua massa muscular. As chuteiras têm travas pontiagudas, o que lhes confere um aspecto de artefato contundente. Os negros do anúncio receberam os números 3 e 4, correspondentes às posições defensivas, de acordo com o estilo tradicional de numeração dos uniformes e de determinação das funções dos atletas na equipe. No ambiente futebolístico, é comum a presença de indivíduos de maior compleição física e de menos habilidade nas posições defensivas, embora isso não deva ser tomado como regra.

Esses detalhes são importantes para evidenciar a representação do negro como coisa ruim. O anúncio apela para o imaginário do futebol – conhecido do grande público –, mas realça os traços negativos dos negros nesse esporte. Os defensores são transformados em agressores e associados a duas coisas ruins: a dor e a inflamação. Além disso, reaparece o estereótipo do negro reduzido à força física, tal como na representação que associava os escravos a uma máquina de trabalho.

De fato, os atletas da imagem não são atletas, pois foram submetidos ao mesmo processo de reificação dos negros no anúncio do Café Parmalat. A diferença é que o anúncio do café sugere uma atmosfera de solidariedade étnica para afirmar a excelência de dois produtos da mesma empresa, enquanto que o anúncio do Betnevral transforma os negros em coisas ruins para justificar a qualidade do medicamento que as combate. Nesse caso, a reificação atinge o ápice da agressividade, pois desqualifica a pessoa, identifica-a com alguma coisa ruim e se utiliza dessa situação para gerar benefícios para o agente discriminador.

Do escravo capturado ao "cidadão" suspeito

As medidas repressivas do período escravista foram articuladas para sustentar um certo padrão de ordem social, mediante o controle exercido sobre a população de cativos, libertos e pobres em geral. Os negros, embora constituíssem a grande parte das forças produtivas, foram considerados como transgressores de fato ou em potencial da legalidade. Essa disposição pode ser observada nos documentos elaborados pelas autoridades, que demonstravam sua preocupação com o controle da população negra. As incursões militares contra os quilombos, as ações de captura dos capitães do mato, as recompensas oferecidas aos delatores de cativos fugidos e os castigos públicos foram práticas cotidianas que acentuaram o enredo de conflitos e que levaram o Estado a assumir o papel de protetor em oposição à ameaça de negros, pobres e errantes.[157]

---

[157] Sobre a vigilância imposta aos negros por meio de documentos oficiais, ver CAMPOLINA, Alda Maria Palhares et al. (Org.). *Escravidão em Minas Gerais*. Belo Horizonte, 1988. p. 33, 39, 41, 46-47; e MACHADO, Humberto F. *Escravos, senhores e café*. Niterói, 1993. p. 71-77.

Em vista disso, o aparato oficial – exemplificado principalmente pelas forças policiais – manifestou, desde o período colonial, a predisposição de mirar os negros segundo a ótica da suspeita. Os negros cativos eram percebidos como agentes potenciais de rebeldia e, mesmo livres, continuavam a representar possibilidades de ruptura da ordem, seja através de atritos ou da exibição pública de costumes – como a vivência religiosa – distintos do modelo europeizado importado para a Colônia.

A atitude de suspeita perpassa, ainda hoje, o discurso oral, tal como verificamos na expressão "Negro, se não suja na entrada, suja na saída". Em outros termos, a formação social brasileira incorporou o princípio de culpa antecipada dos negros, numa espécie de consenso que justifica a condenação *a priori* das pessoas negras. Assim sendo, a sociedade e os indivíduos se movem em relação aos negros a partir de um repertório de situações tipificadas como de suspeição. De modo particular, a ação da polícia no tocante aos negros se desenvolve como ação do Estado, desempenhada por indivíduos autorizados, mas nem por isso identificados com a diversidade étnica da população a quem deveria oferecer segurança. Prova disso são as incursões policiais orientadas por uma situação típica de suspeição, ou seja, aquela em que aparecem "quatro crioulos dentro de um carro".[158]

Frisamos a importância que as imagens adquirem no processo de representação social dos negros, pois trazem em si muito dos esquemas de valores que a sociedade elege para a sua organização. Assim sendo, a predisposição que considera os negros como suspeitos em potencial surge estampada nas imagens que permeiam a vida cotidiana. No século XIX, além dos desenhos de escravos fugitivos publicados nos periódicos, é necessário observar as pinturas que contribuíram com verdadeiras reportagens sobre a presença dos negros em diversos espaços da sociedade brasileira. Para nossa análise, vamos considerar o quadro de Rugendas, intitulado "Capitão do mato" (Figura 30) e editado no volume *Voyage pittoresque dans le Brésil*.[159]

---

[158] Ver a crítica a esse procedimento feita por Hédio Silva Jr., em "Crônica da culpa antecipada" (In: OLIVEIRA, Dijaci Davi de *et al*. (Org.). *Op. cit.*, 1998. p. 71).

[159] RUGENDAS, Maurice. *Voyage pittoresque dans le Brésil*. Paris: Engelmann, 1835. Apud CAMPOLINA, Alda Maria Palhares et al. (Org.). *Op. cit.*, 1988, p. 43.

Nesse quadro – tal como em outros, que flagraram festas ou punições aos escravos[160] –, o autor evidencia uma imagem pública dos negros, de modo a complementar o repertório de cenas que retrataram o interior de residências ou senzalas.[161] Sob a ótica do sistema dominante, a imagem do escravo subjugado pelo capitão do mato se fixou como a representação pública e acabada do negro transgressor. Daí, a ênfase no constrangimento físico e moral do homem negro (explicitado pelas cordas que o prendem) e pela imposição de uma forte relação de hierarquia (indicada pelo capitão do mato montado a cavalo e pelo corpo semidesnudo e arrastado do transgressor).

Ainda sob o ponto de vista dominante, a representação evoca elementos de feição épica, que resultam do embate entre o agente da ordem e o transgressor. Ao final da contenda, tem-se a consagração do poder dominante, tal como revelam a altivez do capitão do mato e a aparente sujeição do fugitivo. De modo geral, a imagem sugere a capitulação do transgressor, que, além de estar amarrado, é obrigado a caminhar com os ombros arqueados.

Porém, sob o ponto de vista do dominado, a representação evoca elementos de feição trágica, que resultam do fracasso da tentativa de escapar ao cativeiro. O retorno à senzala significava o castigo físico e o aumento da vigilância, aspectos que dificultavam novos projetos de fuga. Além disso, o índice trágico se revela na ruptura dos laços de solidariedade étnica, na medida em que os capitães do mato, muitas vezes, eram recrutados entre homens negros ou mulatos. Nesse sentido, os papéis dos negros no sistema social vigente estavam influenciados, também, pela possibilidade de adquirir alguma forma de poder, ainda que o acesso ao poder significasse uma aliança com o sistema e a consequente repressão dos negros pelos próprios negros.

Os traços do quadro de Rugendas são reveladores do processo de mudança político-social que culminou com a abolição do escravismo, mas que não resultou em alterações no tratamento preconceituoso dispensado à população negra. Muitas imagens contemporâneas ainda funcionam como tribunal, que

---

[160] CAMPOLINA et al. (Org.). *Op. cit.*, 1988, ver Rugendas: Punições públicas, p. 40; Festa de Nossa Senhora do Rosário, p. 74.
[161] *Idem.* Rugendas: negros novos, p. 136.

atribui aos negros uma culpabilidade *a priori*. O mais grave é que as imagens decorrem da predisposição social contrária aos negros, expressa em discursos como as frases feitas e os abecês analisados nos capítulos anteriores.

Uma demonstração disso é a fotografia de Luiz Morier, publicada na edição do *Jornal do Brasil* de 29 de setembro de 1982 (Figura 31). A foto mostra, em primeiro plano, um policial militar, que segura uma corda à qual estão atados pelo pescoço sete homens negros. Diante da imagem, que tem por título "Batida policial nos morros do Rio de Janeiro", o professor Fernando Costa da Conceição nos remete "à ilustração feita por Jean Baptiste Debret, o integrante da missão francesa no Brasil, séculos atrás, na qual um grupo de negros aparece amarrado também pelo pescoço com uma corda, sob a vigilância da guarda".[162]

As referências a Rugendas e a Debret são pertinentes, se levarmos em conta que as mudanças político-sociais – capazes de afetar os meios de produção ou as formas de governo – nem sempre se refletem nos modos de representação das relações entre grupos ou indivíduos. Por isso, as representações do negro subjugado do período escravista ainda ecoam nas representações do negro contemporâneo.

A foto de Luiz Morier evoca os elementos épicos detectados no quadro de Rugendas. Sob a perspectiva dominante, os negros da periferia, como os escravos fugidos, representam a face perigosa da sociedade. Por isso, contra eles se ergue a força do Estado, que tem na polícia o agente de restauração da ordem. O policial militar da foto, assim como o capitão do mato, controla as ações dos capturados; exibe o uniforme do sistema diante de personagens semidesnudos ou vestidos de forma modesta.

Por outro lado, a foto exibe a feição trágica dos negros cabisbaixos, humilhados pelo agente da ordem. Nesse caso específico, os detidos não tinham sequer o *feedback* que o escravo podia clamar para si, ou seja, de alguém que se rebelou contra o sistema. Dentre os sete homens amarrados, verificou-se, mais tarde, que "não havia nenhum 'marginal'".[163]

---

[162] CONCEIÇÃO, Fernando Costa da. Qual a cor da imprensa?. In: OLIVEIRA, Dijaci David de et al. (Org.). *Op. cit.*, 1998, p. 153.
[163] *Ibidem*, p. 153.

É importante observar que as atitudes contemporâneas em relação aos negros reduplica padrões de um esquema que, segundo se afirma, passou do modelo escravocrata para a sociedade de cidadãos livres.

As práticas cotidianas, no entanto, revelam outra situação. O senso comum fornece aos indivíduos o argumento que condena os negros, independentemente de se comprovar o seu envolvimento ou não em atividades ilegais. O argumento consiste em representar os negros como suspeitos em potencial, ou seja, se não cometeram um delito, é provável que venham a cometê-lo. Essa tese determinista – que seguramente orientou o comportamento da polícia no episódio registrado por Luiz Morier – perpassa o discurso oral, como bem ilustra a expressão "Branco correndo é atleta, preto correndo é bandido".

Mas é necessário entender a ação policial como parte de um enredo maior, isto é, de um Estado que invoca os direitos de cidadania para seus integrantes, embora não esteja empenhado ou não possua meios para defender esses direitos. A consequência é o drama de uma sociedade em que alguns indivíduos são considerados mais cidadãos do que outros. Ou, por outro ângulo, para negros, pobres, nordestinos, homossexuais, idosos, crianças e mulheres, resta a condição de cidadãos de segunda categoria.

As representações de negros, especificamente através do discurso visual, ajudam-nos a compreender esse fato. O negro-cidadão é ainda um projeto a ser realizado, uma vez que expressões irônicas como "cidadão de cor" – empregada nos meios policiais e pela população –, explicitam a ausência do respeito social devido a todas as pessoas. O esvaziamento do sentido da palavra cidadão e o desrespeito aos direitos da cidadania abrem caminhos para ações repressoras, que tratam da mesma maneira inocentes e criminosos.

As representações visuais do escravo capturado e do "cidadão" suspeito, tanto quanto o discurso oral, produzem efeitos ambivalentes em termos de significação. Por um lado, reforçam o estereótipo que parte da suspeita para condenar o indivíduo negro; por outro, denunciam essa prática discriminatória. A questão consiste em saber qual dos sentidos a sociedade e os meios de comunicação têm privilegiado, pois trata-se de uma opção ideológica, cujas consequências são a restrição dos direitos à liberdade ou, ao contrário, a aposta num projeto de sociedade democrática.

Os exemplos analisados nos tópicos anteriores ilustram situações cotidianas em que os negros se veem e são vistos pelos veículos de comunicação. É válido observar que as alterações ocorridas nesses veículos – em termos de aperfeiçoamento técnico e de renovação de linguagens – não implicaram numa mudança substancial da representação dos negros. A permanência do modelo de reificação nos leva a pensar se os negros continuam na mesma condição de objetos – o que parece ser a possibilidade imediata – ou se outra perspectiva de análise pode ser levantada para demonstrar as fraturas inerentes a esse modelo.

As representações do negro como objeto foram propostas pela sociedade e para a sociedade, tendo-se em conta o seu funcionamento como espelho onde os grupos podem alguma coisa se reconhecer ou não. Nesse processo, tem sido mais prático para os brancos perceberem sua diferença em relação aos negros. Mas, para os negros, o drama é complexo, pois trata-se de rejeitar a si mesmo mediante um modelo de representação que lhes foi imposto. Os negros que assimilam a reificação contribuem para o seu enraizamento social e psicológico e alimentam a ideologia de que ser negro é ser-não-pessoa. Essa representação mais pobre do negro-coisa favorece os métodos que marginalizam e descaracterizam os grupos e indivíduos, a fim de sustentar esquemas de espoliação política, econômica e social.

Por outro lado, é necessário levantar a proposta de que as representações do negro-coisa – como um espelho – são passíveis de contestação, na medida em que podem sugerir imagens invertidas. Em outras palavras, o que a história social tem afirmado como representação dos negros brasileiros deve ser analisado num campo extenso, onde outras representações existem como possibilidades. Contudo, antes de buscar essas possibilidades, é pertinente observar até que ponto a representação do negro como objeto é, também, uma negação de si mesma e da realidade que representa.

UM NEGRO NÃO É OS NEGROS

A representação do negro-objeto nos anúncios e nas cartas foi proposta como uma realidade fiel de outra realidade. Diante disso, a sociedade brasileira se limitou a trabalhar com a ideia de "uma" realidade, de modo que a representação adquiriu a identidade daquilo que representava e vice-versa. Esse ponto de vista impediu que se levasse em conta o fato de que a "representação do negro" não expressa o que os negros são, mas expõe uma concepção – forjada sob os influxos da discriminação – que se tenta impor como a realidade do que os negros são.

Essa fratura na montagem da representação evidencia, pelo menos, dois traços importantes: a capacidade das forças dominantes para manipular o valor dos discursos, à medida que impõem a representação como sendo "a realidade" e não "uma realidade" entre outras maneiras de constituição da realidade; e a necessidade de considerarmos diferentes perspectivas de realidade para proceder a uma análise crítica das representações que se propõem a exprimi-la. Desse modo, podemos analisar a representação como elaboração discursiva, portanto, situada num campo de discursos que interagem ou se confrontam.

Para essa reflexão, é interessante observar o caminho percorrido por Foucault na análise do quadro "Isto não é um cachimbo", de René Magritte. O autor nota que a primeira versão da obra, de 1926, mostra um cachimbo bem desenhado e, em cima, a menção "Isto não é um cachimbo". A segunda versão tem os mesmos elementos da primeira, mas

> em vez de se encontrarem justapostos num espaço indiferente, sem limite nem especificação, o texto e a figura estão colocados no interior de uma moldura; ela própria está pousada sobre um cavalete, e este, por sua vez, sobre as tábuas bem visíveis do assoalho. Em cima um cachimbo exatamente igual ao que se encontra desenhado no quadro, mas muito maior.[164]

Foucault analisa as possibilidades de relações entre as imagens do cachimbo e a frase que as acompanha, destacando o traço desconcertante dessas relações. Afinal, a imagem é verdadeira e a frase falsa? Ou a frase é verdadeira

---

[164] FOUCAULT. *Isto não é um cachimbo*. Rio de Janeiro, 1988. p. 11-12.

e a imagem falsa? Tudo parece óbvio nessa representação e, no entanto, não há mais certeza para afirmar categoricamente que ela dá conta dos elementos aos quais se refere. A imagem e o texto foram atingidos no centro de sua totalidade e se propõem ao observador como enigma que contesta as evidências de uma representação elaborada como espelho da realidade.

É essa sensação de desconcerto que julgamos possível experimentar diante da representação do negro como objeto, desde que se considere esta representação como uma elaboração relativa de um tipo de discurso. Nesse caso textos que seguem os anúncios e divulgam as *cartes de visites* são coniventes com a imagem do negro objeto; a menção textual se torna um elemento legitimador do sentido de reificação sugerido pela imagem.

Na representação do negro como objeto, deparamo-nos com a situação inversa àquela da obra de Magritte, em que o texto e a imagem se desautorizam mutuamente a serem interpretados como sentidos absolutos. Aliás, o próprio Magritte nos fornece pistas para reinterpretar a imagem do negro objeto, se considerarmos sua proposta de que uma "imagem não deve ser confundida com um aspecto do mundo nem com alguma coisa de tangível".[165]

Se admitirmos que a representação decorre de um processo de construção social, é pertinente acreditar que os seus sentidos estão impregnados pelos enfrentamentos ideológicos presentes na sociedade. A representação e a aceitação do negro como objeto demonstram uma das faces possíveis dos sentidos atribuídos aos negros. Essa face – associada a outros fatores de ordem política e econômica que acentuam a exclusão das populações negras – grassou como a forma dominante na sociedade brasileira. De certo modo, sua divulgação sistemática e coordenada – com o auxílio dos meios de comunicação, de instituições religiosas e de ensino – afirmou-se na vida cotidiana como uma realidade natural.

Por isso, raramente as pessoas são tocadas por representações como os anúncios ou as cartes. O que é uma representação orientada ideologicamente passa a ser percebida como um fato natural. A partir daí, tem-se o cenário

---

[165] MAGRITTE *apud* FOUCAULT. *Op. cit.*, 1988. Prefácio à exposição do pintor, Dallas, 1961, citado na orelha do livro.

para a manutenção do distanciamento da consciência, isto é, poucos ousam romper o pacto de silêncio tecido em torno da violência que afeta os negros brasileiros. A presença diária dos negros nos meios de comunicação é percebida como a evidenciação de sua inferioridade (negros-objetos) ou como condescendência da mídia que lhes permite ocupar determinados espaços.

No entanto, se nos apropriarmos da experiência de Magritte, podemos tomar texto e imagem como elementos relativos, passíveis de sofrerem um choque em sua autoridade de representação. A proposta, portanto, é contradizer o texto da reificação mediante a menção de que o negro representado na imagem não é os negros.

É necessário avaliar que, entre o indivíduo negro situado na História e a representação desse indivíduo num campo discursivo da História, estabelecem-se linhas de diálogo e divergência. Numa abordagem esquemática, é ponderável pensar que entre a realidade e a representação se estabelece um jogo de passagem de sentidos do 1 ao 2. Isto é, a realidade e a representação da realidade não pertencem ao mesmo modo de articulação discursiva, na medida em que não se pode apreendê-las da mesma maneira. Uma não é exatamente a outra, embora o jogo que produza o sentido de ambas as obrigue a se manterem em estado de inter-relação.

Assim, é possível perceber a representação como sentido 2, ou seja, como a rearticulação do sentido 1, que é a realidade. A realidade, portanto, infiltra-se na representação, mas esta se expõe como elaboração discursiva relativamente autônoma. Por outro lado, a realidade, como sentido 2, pode caracterizar-se pela reapropriação de sentidos propostos a partir da representação.

Nesse caso, é interessante verificar como as noções de valor também se tornam relativizadas, uma vez que realidade e representação se inter-relacionam e se distinguem uma da outra e com apelos de sentidos diferenciados. Isso é o que sugere Magritte ao afirmar que a "imagem de um pão com geleia não é alguma coisa comestível e, inversamente, tomar um pão com geleia e expô-lo num salão de pintura não muda em nada seu aspecto efetivo".[166]

---

[166] MAGRITTE apud FOUCAULT. *Op. cit.*, 1988.

Não estamos realizando um exercício retórico, mas uma prospecção dos sentidos silenciados que também fazem parte da representação. Ou seja, o negro que reagiu contra a reificação e engendrou processos de negociação ao longo da formação social brasileira não se identifica literalmente com a representação do negro objeto divulgado nos anúncios e nas cartes.[167]

O dispositivo de passagem de sentidos foi manipulado pela ideologia dominante, determinando que o negro-objeto da representação (sentido 2) reduplicava o negro-objeto da realidade (sentido 1). Ou ainda, que o negro-objeto da realidade (sentido 1) era apenas retratado no negro-objeto da representação (sentido 2). A divulgação maciça do negro-objeto (sentido 2), ao longo do tempo, tornou-se a referência para compreender os negros, sem sequer levar em conta seus processos de resistência e de construção de identidade social (outra possibilidade do sentido 1).

Diante disso, os sentidos da realidade e da representação da realidade se dispõem como construções sociais e não como a naturalização de um sentido dado *a priori*. A face desafiante dessa perspectiva está no fato de que a afirmação de um sentido é, também, a possibilidade de sua negação. Se o quadro de Magritte mostrou a fratura entre o cachimbo e a representação cachimbo, é pertinente considerar que existe também uma fratura entre o negro-objeto dos anúncios e das cartes e os demais negros brasileiros.

Além do texto que legitima o negro-objeto, tem-se a possibilidade de redigir outra menção que desautorize a imagem. O "outro texto" silenciado que acompanha os anúncios e as cartes, tal como a frase do quadro de Magritte, alimenta uma dupla situação, ou seja, nega o *status* de similaridade entre realidade e representação e afirma a relativa autonomia que preside a relação entre ambas.

Se ouvirmos o outro texto que acompanha os anúncios e as cartes, observaremos que ele rompe o panorama de reificação imposto ao negro. Esse outro discurso – que se alimenta das ações de resistência e negociação articuladas pelas populações negras, em diversos momentos da sociedade brasileira – nega o *status* de similaridade entre a realidade e a representação (o negro que resiste à opressão social não se vê retratado no negro que é vendido como um produto)

---

[167] Ver MACHADO, Maria M. *O plano eopânico*. Rio de Janeiro, 1994, p. 91.

e afirma a relativa autonomia entre ambas (fato demonstrado através do dispositivo de passagem dos sentidos do 1 ao 2 e vice-versa).

O texto que afirma a reificação e o outro texto silenciado que a nega transmitem suas tensões para as imagens do negro. Desse modo, na mesma imagem da reificação é possível vislumbrar o princípio de uma **contraimagem**. Isto é, nas imagens do negro-máquina-de-trabalho, do negro-souvenir, do negro-produto, do negro-coisa-ruim, estão instaladas as formas substanciais do negro-pessoa e cidadão social. Isso ocorre na medida em que o processo de reificação tem que partir da negação do caráter humano e social do indivíduo para se articular. Em razão disso, negar a identidade social do indivíduo para reificá-lo é ter admitido, *a priori*, a sua identidade social.

Estamos diante de duas elaborações de sentido que se inter-relacionam: a da imagem e texto de reificação e a da **contraimagem** e texto silenciado que negam a reificação, sugerindo outros sentidos para a percepção dos negros. A primeira elaboração vem se impondo na sociedade brasileira como um fato naturalizado e pronto; a segunda é campo onde latejam possibilidades de entender o negro fora da reificação, mas também novas formas de reificá-lo, apesar da intenção de não fazê-lo (para este último caso, recordamos o anúncio da Parmalat veiculado na Revista *Raça Brasil*).

É necessário perceber a representação do negro no âmbito da crise detectada por Foucault. Por um lado, a crise decorre da autorreferencialidade da representação – minimizando a interferência do sujeito a ser representado – e, por outro, da perda de poder para articular os elementos constituintes de si mesma. Assim sendo, a insistência na representação do negro de acordo com um único parâmetro evidencia o empenho de tendências ideológicas conservadoras, mas, simultaneamente, exige o surgimento de outras tendências que estabeleçam a crítica e a superação desse cenário.

Se entendermos a representação como construção social, teremos que levar em conta o fato de que uma de suas características é o apelo aos diálogos. As manipulações ideológicas que impõem representações absolutas privam os indivíduos e a sociedade do relacionamento com as diferenças, gerando um circuito de exclusão e violência. Portanto, a crítica aos modelos de representação é um procedimento com implicações estéticas e políticas. Trata-se de discutir até que ponto o privilégio de certos modelos tem como consequência a restrição dos direitos de grupos ou indivíduos situados fora dos modelos eleitos.

Ao considerar os anúncios e as *cartes de visites*, procuramos mapear a construção de um modelo de representação absoluta, em que o negro foi reduzido à condição de objeto. Além disso, tivemos a intenção de demonstrar o percurso histórico desse modelo, de modo a reforçar a hipótese de que as orientações ideológicas dos grupos interferem na elaboração dos discursos, nesse acaso, dos discursos visuais sobre os negros.

Não nos dispusemos a propor modelos alternativos de representação, mas a chamar a atenção para o fato de que eles podem nascer na medida em que se compreende o funcionamento dos modelos impostos. De certa maneira, só é possível mudar aquilo que se conhece, buscando-se a diferença em relação ao estabelecido. Como pudemos verificar, os mecanismos de representação do negro como objeto são sutis e dificultam a percepção de suas contradições. Daí a necessidade de percorrer suas etapas de organização e seus meios de difusão, bem como as atitudes assumidas pelos indivíduos e pela sociedade diante deles.

Negros vistos como negros

> "Verde que te quiero verde.
> Verde viento.Verdes ramas."
> *Federico García Lorca* [168]

O QUE HÁ PARA VER

No presente capítulo, pretendemos analisar o fato de alguns negros brasileiros utilizarem a estetização do corpo, segundo modelos de origem africana, como estratégia de construção de identidade e ocupação de espaços sociais. As reivindicações de direitos levadas a termo pela população negra brasileira, com as contradições inerentes aos movimentos sociais, têm alterado os modos de relacionamento do negro com o Outro e consigo mesmo.

As relações com o Outro estão mediadas pelas possibilidades de ser igual ao Outro ou distinto dele. Para o negro, ser o que o Outro deseja é abdicar de si mesmo, enquanto que distinguir-se do Outro é abrir caminho para a configuração de uma identidade própria. Em quaisquer dos casos, tem-se a experiência do conflito estimulado a partir de um referencial externo, o Outro.

No relacionamento do negro consigo mesmo, o eixo do conflito se interioriza, pois trata-se de perguntar em que medida existe consonância ou dissonância entre a identidade do sujeito antes e depois de aderir à

---

[168] LORCA, Federico Garcia. Romance sonâmbulo. In: *Obra poética completa*. Brasília, 1996, p. 358.

estética de um corpo afro. Em geral trabalha-se na perspectiva de que o negro – com seu corpo histórico e cotidiano – não é visível na sociedade, o que caracterizaria a ausência de sua identidade. Porém, ao assumir uma estética corporal afro, sua visibilidade se evidenciaria, credenciando-o a disputar um espaço social já que possui uma *nova* identidade.

Esses aspectos evidenciam a mobilidade das formas de representação dos indivíduos e dos grupos sociais, bem como a competitividade que leva à legitimação ou à exclusão dessas formas. Por isso, é necessário considerar as orientações ideológicas que atravessam a produção de imagens de indivíduos e grupos.

A expansão mercantilista dos séculos XV e XVI educou um olhar que diferenciava os corpos de senhores e de escravos, de brancos e de negros. O pensamento burguês, tendo como referência essa distinção, contribuiu para a noção moderna do corpo como propriedade individual e estimulou a formação de categorias para ordenar a leitura do corpo conforme o poder de interferência da classe e do indivíduo. Paralelamente à ascensão da ideologia burguesa, observa-se que os desdobramentos da Revolução Industrial tornaram visíveis os corpos-operários, consumidos na faina cotidiana, contrastando-os com os corpos-burgueses bem sucedidos, limpos e perfumados.

Esse quadro mostra como o caráter estético que delineou a imagem do corpo esteve subordinado às orientações da ideologia burguesa. A autonomia do estético cedeu lugar à dependência do ético, este, sim, tomado como referencial para estabelecer os campos de sentido do estético. Por conta disso, o estético passou a ser visto como elemento secundário nos processos de elaboração discursiva, já que *a priori* se considerava a ideologia que o sustentava.

Em outras palavras, passou a ser estético aquilo que, do ponto de vista ético, poderia contribuir para a configuração de um discurso social. Na prática isso significou o enrijecimento das fronteiras dos modelos estéticos, excluindo as formas que não eram consideradas adequadas à ideologia burguesa e ao seu padrão estético. É certo, devemos mencionar iniciativas que seguiram outras orientações, tal como o empreendimento de artistas do Modernismo que, no decorrer do século XX, buscaram na arte negra outros referenciais estéticos. No entanto, essas ações se situaram como ilhas em meio às pressões do mercado de arte, nitidamente cooptado pelo pensamento burguês.

A repercussão dessa linha de percepção do estético na sociedade brasileira nos interessa na medida em que, no século XIX, aliou-se, também, a um pensamento de base patriarcal. Já nos meandros do regime escravista, é possível detectar a imposição da ideologia mercantilista e sua posterior afetação burguesa de acúmulo de bens e abordagem utilitária do corpo. Assim sendo, os corpos-escravos foram tratados como bens geradores de lucros, disponíveis para a compra e a venda, bem como para a exploração sexual dos senhores. A expressão do pensamento patriarcal se faz sentir de maneira contraditória na relação escravo-senhor, pois a ética recomenda o apadrinhamento do outro corpo manipulado, embora a estética de descendentes mestiços significasse a ruptura do padrão estético da casa-grande.

Para sustentar essa situação, o pensamento patriarcal criou margens sociais para conter a tensão gerada pela convivência entre padrões estéticos distintos. A esse propósito, vale considerar os agregados mestiços ou os negros da casa, que eram apresentados nas fotografias das famílias brancas dominantes.[169] Nessa situação, o pensamento patriarcal mantinha sob controle as provocações surgidas com a possibilidade de se romper o padrão estético dominante em prol da ascensão de outro padrão estético representado por negros e mestiços. Fotografias do grupo familiar revelam que o padrão estético dominante era preservado, na medida em que era defendido por esse aparato ideológico. Daí o fato de as pessoas brancas ocuparem o centro da foto e as negras as extremidades (Figura 33).

Dos pontos de vista estético e ético, os negros estão nas margens da fotografia, tanto quanto ocupam as margens da sociedade. Isso implica dizer que o processo ideológico de diferenciação dos corpos tem como desdobramento

---

[169] MAUAD, Ana Maria. Imagem e autoimagem do Segundo Reinado. In: ALENCASTRO, Luiz Felipe de (Org.). *Op. cit.*, 1997, p. 207.

a diferenciação dos espaços a serem ocupados. Os corpos negros – reduzidos à condição de objeto pela ideologia patriarcal e escravista – foram categorizados como modelo estético secundário, sendo, por causa disso, empurrados para os espaços sociais desprivilegiados, tais como a senzala, as periferias urbanas e as colunas policiais dos periódicos. Os corpos brancos – sustentados como modelo estético dominante – integraram-se aos espaços privilegiados da casa-grande e das colunas sociais.

A demarcação de padrões estéticos segundo interesses ideológicos presidiu também a relação entre gêneros. O olhar patriarcal sobre o corpo feminino resultou na elaboração e imposição de um padrão estético em que se percebe a intenção de estabelecer o controle sobre a mulher. Na sociedade patriarcal, branca e escravista, o padrão estético dominante ressalta a importância do masculino não negro, reduzindo os espaços de negros e mestiços (segundo um critério étnico), de mulheres (segundo um critério de gênero) e de mulheres negras e mestiças (segundo os critérios étnico e de gênero).

A interferência de fatores éticos para delinear o perfil estético da mulher atua na sociedade brasileira desde o período colonial. O "processo de adestramento" que estabeleceu o padrão estético feminino foi acionado por diferentes formas de elaboração discursiva: uma "sobre padrões ideais de comportamento" – com a participação de moralistas, pregadores e confessores – e outra, com a aquiescência médica, "sobre o funcionamento do corpo feminino".[170]

Na medida em que a mulher era um corpo distinto daquele referendado pelo padrão estético e pela orientação ética patriarcal, ela foi percebida como ameaça potencial a essa ordem, tal como o corpo dos negros. Os corpos negros receberam uma marca estética ambígua – tanto foram valorizados para o trabalho ou exploração sexual, quanto foram desprezados em função do preconceito racial e social. A estética atribuída ao feminino é também de caráter ambíguo, pois, ao ressaltar suas qualidades maternas e eróticas, transformou-o em objeto de afirmação da estética masculina, branca, escravista. Se o corpo negro, de modo geral, foi reduzido à estética do negro-máquina há

---

[170] DEL PRIORE, Mary. *Ao sul do corpo*. Rio de Janeiro, 1993. p. 26-27.

que se notar o fato de o corpo da mulher negra, de modo particular, ter sido fragmentado e representado sob diversas formas estereotipadas, a exemplo da negra-ama de leite e da mulata-objeto-erótico. No caso das mulheres negras e mestiças, a ordem social dominante, de base eurocêntrica e patriarcal, combinou a estética construída a partir da inferiorização de suas origens étnicas com o histórico de sua inferiorização de gênero.

No interior dessa moldura social, negros e mulheres articulam suas estratégias de ocupação de espaços, de modo especial nos meios de comunicação. Contudo, uma análise de suas presenças nesse ambiente social demonstra que continuam a ser apresentados de acordo com o padrão estético que a ética patriarcal elaborou. Para tanto, basta observar o processo de reificação que atinge mulheres e negros quando suas representações na mídia são utilizadas para vender produtos e não para evidenciar-lhes os aspectos de agentes sociais.

A presença estereotipada do negro brasileiro nos meios de comunicação é tão acentuada que os próprios negros se esforçam para não se identificarem com esse padrão estético. As justificativas para esse procedimento da mídia são, entre outras: o racismo dos publicitários e dos clientes das agências de propaganda; a baixa aceitação das imagens do negro brasileiro; a falta de empenho dos negros para disputarem essa faixa do mercado de trabalho como publicitários ou *top models*.

Tais justificativas enfocam os fatos a partir de suas consequências – isto é, os negros são excluídos –, evitando analisar as forças ideológicas que alimentam a criação desses fatos. A estética de negro-objeto e mulher-objeto não é um dado *a priori*, mas, ao contrário, decorre de um processo social que a estabelece e sustenta. Os meios de comunicação de massa, em grande parte, reduplicam as articulações ideológicas que na sociedade brasileira se têm caracterizado por uma preponderância do poder masculino, antes patriarcal e, atualmente, também capitalista.

Por isso, a mídia oferece aos negros a estética estereotipada do negro serviçal, fora da lei, esportista ou objeto erótico. Além disso, oferece a estética do negro brasileiro que – em busca de suas origens – tem de se identificar com o negro americano, jamaicano ou africano (preferencialmente com o porte altivo dos nigerianos). Esse padrão estético sugere a exclusão de outras imagens de negros, na medida em que indaga: qual brasileiro deseja ter o perfil do negro angolano ou moçambicano, ambos assolados pela miséria social de países afetados pela guerra?

Esse quadro nos remete à conhecida relação entre Próspero e Caliban, mas com um aspecto particular. Se a primeira interpretação mostra a capacidade de Caliban para se apropriar da linguagem de seu opressor para usá-la como instrumento de ataque, numa outra perspectiva há que se considerar até que ponto Próspero permite que Caliban rebelde seja o Caliban rebelde.[171]

Aplicando o raciocínio à questão que analisamos, vale indagar até que ponto os padrões estéticos assumidos pelos negros têm sido exatamente aqueles permitidos pelo padrão estético dominante. Observe-se que os meios de comunicação ofertam aos negros a oportunidade contraditória para serem outros – e não eles mesmos –, de acordo com um elenco de possibilidades preestabelecidas.

Dentro desse panorama de imposição de modelos sociais (o da classe média consumista), psicológicos (o do negro bem-sucedido) e estético (o do homem negro com corpo atlético e da mulata sensual), é que se propõe o desafio para a elaboração de outros perfis estéticos para as populações negras no Brasil. A questão pode ser formulada, então, da seguinte maneira: é possível para a sociedade brasileira produzir outros paradigmas estéticos dos negros com ênfase no estético, além das limitações preestabelecidas pelos fatores éticos e ideológicos? Ou, para aguçar a provocação: é possível pensar uma representação social do negro a partir do próprio negro como valor estético?

O PENSAMENTO TATUADO

A transformação do corpo em objeto do conhecimento relaciona-se, certamente, à situação central que o homem estabeleceu para si mesmo no domínio da produção do pensamento. Os procedimentos para desvelar o corpo numa perspectiva biológica ou para interrogá-lo numa perspectiva

---

[171] JAMESON, Fredric. *Transformações da imagem na pós-modernidade*. Rio de Janeiro, 1994. p. 116.

ontológica têm sido evidenciados como exercícios que se relacionam à vida social, ou seja, aquilo que se sabe e se deseja saber sobre o corpo ultrapassa os limites da ciência e da filosofia para converter-se em informação que a sociedade busca com avidez.

O corpo humano constituiu, desde sempre, uma interface privilegiada para a veiculação de discursos. O aprendizado de suas funções biológicas contribuiu para a compreensão de que ele se integrava a um sistema de relações estabelecidas pelos seres vivos entre si e com o meio ambiente em que se situavam. Ao mesmo tempo, o corpo teve seus caracteres de natureza transformados, na medida em que incidiram sobre ele significados de ordem cultural. Em diferentes épocas, o ser humano, individualmente ou em grupo, entregou-se à tarefa de inscrever no corpo as marcas de suas identidades e de seus valores através de tatuagens, escarificações, vestimentas ou ornamentos.[172] Nosso interesse, no momento, não se volta exatamente para as formas de inscrição projetadas no corpo, mas para o modo como a inscrição de mensagens no corpo nos leva a perceber os agentes que se tornam privilegiados ao transformá-lo numa interface para a elaboração de discursos e sua consequente difusão.

O corpo é intrinsecamente um *lugar social*, na medida em que as resoluções acerca dele, e ele próprio, tornam-se visíveis a partir dos seus vínculos com a sociedade. No cerne desses vínculos, está o jogo do corpo que é revelado pela sociedade, ao mesmo tempo em que a revela. Isso evidencia o fato de que o corpo e a sociedade participam do mesmo domínio de elaboração de pensamento que elege o humano como referencial. Daí a perspectiva antropomórfica que orienta a linguagem utilizada para analisar estes dois elementos e que nos permite falar com relativa tranquilidade em "corpo social", quando se trata de investigar as relações coletivas dos homens.

Se for contemplado como lugar social, o corpo mantém e ultrapassa o sentido biológico que o identifica, a princípio, e adquire o estatuto de realidade orgânica, afetada pelos processos histórico-sociais.

---

[172] Sobre os aspectos formais da ornamentação, ver FLÜGEL, J. C. *A psicologia das roupas*. São Paulo, 1966. p. 33.

Em consequência disso, torna-se vetor de representações que se estendem além das ciências biológicas. A partir desse ponto, o corpo apreendido também pelo olhar filosófico se inscreve na esfera da realidade para qual o homem produz sentidos com o intuito de reconhecer seu lugar na própria realidade, bem como para vislumbrar as instâncias metafísicas em que o corpo pode ser acolhido pelas articulações da linguagem e do pensamento.

O corpo que a linguagem e o pensamento apreendem abre-se como espiral de signos, cujas conexões instauram a possibilidade de pensar o corpo como instância de comunicação, sendo o enunciado e a interface por onde os enunciados se entrecruzam e circulam. Nessa perspectiva, é interessante considerar a produção de sentidos que se destina à divulgação através do corpo, bem como a análise dos discursos que são tecidos a respeito dos discursos que o corpo veicula como informação.

O corpo se dispõe no campo da comunicação como uma interface genérica para a elaboração de discursos e se revela, simultaneamente, como interface de discursos específicos. O corpo torna palpável os discursos das múltiplas realidades sociais e as exprime como particularidade, a ponto de identificarmos nele as elaborações ideológicas acerca das relações entre gêneros, grupos étnicos, modelos econômicos, orientações políticas e dicções estéticas.

O corpo é, em sua realidade física, uma forma de comunicação que evidencia e vela os modos de interação entre homens e mulheres, enfatizando os jogos de sedução, estranhamento, afeição ou violência. É também no corpo que os homens comunicam seu pertencimento a grupos étnicos distintos, bem como os conflitos decorrentes dessas distinções. Na estrutura física do corpo, pode-se ler concretamente as consequências de modelos econômicos que produzem a miséria ou o bem-estar dos indivíduos: as feridas, os odores agradáveis ou desagradáveis, a vestimenta rota ou elegante são verbos de uma comunicação acerca do processo de exclusão ou de inserção dos indivíduos na sociedade.[173]

---

[173] Sobre a análise da exclusão como "processo" social, ver CASTEL, Robert et al. *A desigualdade e a questão social.* São Paulo, 1997.

A dimensão política do corpo se exprime a partir das legislações que garantem ao cidadão os direitos de ir e vir, de trabalhar e morar dignamente em oposição aos procedimentos autoritários que cerceiam fisicamente o indivíduo. Por fim, as dicções estéticas do corpo delineiam as formas socialmente mais ou menos aceitas como o ideal de beleza, ao mesmo tempo em que ressaltam as tensões entre o corpo natural justificado pelas teorias biológicas da evolução e os corpos híbridos – como os *cyborgs* –, que são moldados pelas novas tecnologias.[174]

O corpo, entendido como interface de diferentes discursos sociais, leva-nos a considerar os corpos femininos e masculinos, negros e brancos, pobres e ricos, naturais e híbridos como instâncias comunicativas. Em consequência disso, reencontramos no corpo o dilema inerente ao processo de comunicação, isto é, na medida em que a comunicação explicita a interação entre indivíduos e grupos, ela também cria lugares de tensão que obliteram as possibilidades do entendimento. O processo de comunicação é abertura para o Outro e defesa contra o Outro, pois se revela também como resultado de uma lógica social competitiva.

Assim sendo, o corpo como processo de comunicação é resultado de elaborações sociais relacionadas aos ambientes de competição que envolvem os indivíduos e os grupos. Construir sentidos que constituem o corpo-comunicação é uma tarefa dilemática, pois implica considerá-lo como elemento passível de diferenciações que denotam as dificuldades do ser humano para pensar o Outro como parte de si e, ainda, para pensar a si mesmo como Outro. Eis, portanto, o paradoxo do corpo, na medida em que o consideramos como processo de comunicação que desvela certos campos de sentidos, ao mesmo tempo em que vela o aparecimento de outros.

Como vimos, o corpo constitui uma interface para diversas elaborações discursivas, fato que assegura sua característica de elemento comunicativo. Por outro lado, pudemos observar que os discursos específicos

---

[174] HARAWAY, Donna J. *Simians, cyborgs, and women*: the reinvention of nature. New York, 1991. p. 150-151.

também utilizam o corpo como interface, nesse caso, evidenciando os conflitos sociais em torno de questões de gênero, etnia, condição socioeconômica e valores estéticos.

Adiante procuraremos analisar de que maneira os discursos sobre etnia perpassam o corpo e estabelecem linhas de interação ou conflito entre os indivíduos. É seguro que os discursos sobre etnia são organizados, também, com base nas questões de gênero, condição socioeconômica e padrão estético. A junção desses elementos pode contribuir para a elaboração de discursos de afirmação ou de rejeição de determinados segmentos sociais; esse fato demonstra, de maneira incisiva, que a comunicação articulada através do corpo precisa ser apreendida como um processo dialético.

Nossa intenção, por agora, volta-se para a análise do estereótipo de exclusão que incide sobre os indivíduos negros e que faz valer a representação de negros como sinônimo de inferioridade étnica, baixa condição socioeconômica e ausência de padrão estético. Esse aspecto é interessante na medida em que o corpo negro tem sido utilizado, historicamente, como interface para elaborações discursivas que anunciam sua própria rejeição. Em outras palavras, o corpo negro tem sido escrito por outros agentes sociais, além dos próprios negros. Esse fato ocorre também com corpos de outras etnias, mas, em relação aos negros, chama a atenção o caráter de saturação dessa modalidade de discurso escrito no corpo.

Adotamos a metáfora do corpo tatuado para discutir o processo de elaboração de discursos, considerando que eles resultam dos mecanismos de pensamento – responsáveis pelas tessituras ideológicas – e da vivência dos discursos que revela a materialização das tessituras ideológicas. Assim sendo, o corpo tatuado constitui a instância material de certas produções ideológicas, ou seja, aquilo que se pensa sobre o mundo e os indivíduos pode tornar-se palpável na superfície do corpo.

As diferentes ideologias tecidas pelo pensamento tatuaram os corpos de diferentes maneiras, acirrando as dissociações surgidas à proporção que a preponderância do humano sobre a natureza ressaltou o significado do seu próprio corpo e olvidou "o nascimento conjunto da 'não-humanidade' das coisas, dos objetos ou das bestas".[175] Em relação aos corpos humanos, outras dissociações foram alimentadas pelo etnocentrismo e pela supremacia político-econômica de certos grupos sociais, culminando com o controle de corpos de negros, mulheres e estrangeiros sob a alegação de não corresponderem a um padrão de corpo racionalmente elaborado para o mundo ocidental.[176]

No que diz respeito ao corpo pensado sob o ponto de vista étnico, cumpre ressaltar a pretensão de diferenciar um corpo mais próximo da natureza de outro corpo identificado com a cultura. Essa dicotomia se articulou como pensamento que tatuou os corpos negros com signos de não humanidade em oposição aos corpos brancos, que foram relacionados aos signos de pureza e elevação moral. Na prática essa dicotomia não se sustenta, uma vez que os limites da natureza no corpo podem ser delineados pelas interpretações culturais e que a visão de um corpo culturalmente elaborado implica a inclusão de seus atributos de natureza. No primeiro caso, as interpretações culturais avaliam a incidência da natureza no corpo com base em articulações ideológicas que estabelecem o Outro como representante do corpo selvagem; no segundo caso, a natureza do corpo pode exprimir-se na intensidade sexual da gravidez, em torno da qual a cultura desenvolveu discursos e imagens de extremo apelo metafísico.

No entanto, a dicotomia que relaciona o corpo ora à natureza, ora à cultura se impôs como uma forma de pensá-lo. Desse modo, o pensamento produziu corpos negros e brancos numa estreita relação com os conceitos de exclusão e inclusão social, respectivamente.[177] Para os corpos negros, que foram situados na esfera da natureza, elaborou-se o discurso da exclusão, ao mesmo tempo que para o corpos brancos, situados na esfera da cultura, distinguiu-se o discurso da inclusão na vida social.

As relações sociais estabelecidas em acordo com essa linha de pensamento têm caracterizado o modo de interpretar os corpos negros e

---

[175] LATOUR, Bruno. *Jamais fomos modernos*. Rio de Janeiro, 1994. p. 19.
[176] DEL PRIORE, Mary. *Op. cit.*, 1993, p. 124.
[177] Em relação ao corpo que o pensamento produz, ver VAZ, Paulo. *Corpo e risco*. Rio de Janeiro, [s.d.]. p. 2. Mimeografado.

brancos, criando, em geral, enredos que ressaltam a contradição da dicotomia acima. Os contatos entre negros e brancos se tornaram mais frequentes a partir do projeto europeu de colonização, iniciado em fins do século XIV. A crescente expansão em direção ao Continente Africano e o posterior transporte de populações negras para o Novo Mundo demonstraram, desde cedo, que a dicotomia do corpo-natureza *versus* o corpo-cultura só se sustentaria como elaboração ideológica para justificar a produção de mão de obra escrava.

A contradição decorreu do fato de que, enquanto se acentuava a ideologia do corpo-natureza dos negros, simultaneamente se observava a busca desse corpo como possibilidade de realização do desejo. Evidentemente os representantes do corpo-cultura eram desaconselhados dessa prática, mas se viam culturalmente atraídos para a necessidade de dialogar com o Outro que haviam eleito como habitantes da margem social. A hibridização dos corpos revelou que natureza e cultura atuam na definição dos corpos negros e brancos, bem como do próprio homem como ser do pensamento e do desejo.

Diante disso, somos levados a inquirir sobre a apresentação do corpo como interface de discursos que se relacionam dentro de um esquema de poder que orienta a formação de discursos silenciados e de discursos que alcançam a visibilidade social. Segundo os discursos gerados do ponto de vista étnico, desde o projeto das conquistas ultramarinas, os corpos negros têm sido submetidos à condição de silêncio no que diz respeito à elaboração do discurso sobre si mesmos. Em contrapartida, ouve-se em alto e bom som os discursos acerca da natureza que predomina nos corpos negros, distanciando-os, consequentemente, do mundo da cultura.

As evidências dessa linha de pensamento na experiência histórica brasileira podem ser observadas nas relações sociais e nos meios de comunicação. Dos periódicos da época colonial aos recursos da mídia contemporânea, encontramos um mesmo esquema de representação dos corpos negros. Do ponto de vista formal, nota-se que o corpo negro reproduz os valores vigentes em sua época: tem-se, portanto, desde o corpo do escravo fugitivo exibido principalmente em jornais do século XIX até os corpos da mulata sensual, do negão viril ou do atleta vencedor divulgados pelos meios de comunicação modernos.

O corpo, nesse caso, é literalmente a interface de uma modalidade discursiva que se difunde através da escrita, da imagem, do som e do movimento. O corpo multimídia é apresentado como resultado de uma linha de pensamento que realça a exclusão dos corpos negros da esfera da cultura, na medida em que enfatiza neles os aspectos da sexualidade e do instinto como atributos da natureza.

A saturação dos atributos de natureza do corpo negro gera uma situação ambivalente no tocante à produção de sentido. Por um lado, o pensamento que restringe o corpo negro ao domínio da natureza também o exclui do domínio da cultura e da sociedade organizada; isso foi utilizado como argumento para justificar a exploração da força de trabalho e da libido, como demonstram os estereótipos do negro que é forte como um animal de carga e da mulata que incendeia os desejos masculinos. Por outro lado, a saturação de referência aos atributos de natureza do corpo leva ao esgotamento de seu sentido, pois, ao expô-lo excessivamente como natureza, acaba por restringir o desejo de desvendá-lo até mesmo como natureza.[178] A consequência imediata disso é a elaboração de outra modalidade discursiva que substitui o corpo negro como natureza pelo corpo negro como objeto. Em ambos os casos, o que se observa é a organização de um conjunto de discursos que exprime através do corpo a não humanidade dos negros.

O corpo, sendo a interface desse discurso de desumanização, interage com outras interfaces, ampliando o alcance da mensagem que aliena os indivíduos negros. De maneira contraditória, quanto mais os negros surgem na mídia, menos afirma-se um discurso de diferença em relação ao discurso que os caracteriza como elos perdidos da natureza ou como objetos produzidos pela sociedade de consumo.

Nesse caso, a fusão entre o pensamento de exclusão e a tecnologia sustenta um simulacro de realidade que se impõe como realidade, isto é,

---

[178] Sobre a saturação e "a liberação de todos os desejos" como agentes de esvaziamento do sentido, ver BAUDRILLARD, Jean. *A arte da desaparição*. Rio de Janeiro, 1997. p. 106.

os negros passam a ser aquilo que se diz sobre eles através da mediação de seus corpos. Ao contrário do *cyborg* – que é apresentado à sociedade como anunciador do fim da fronteira entre natureza e cultura[179]–, o corpo negro reaparece com frequência para reafirmar essa fronteira, pois o que se observa são corpos no exercício das atividades de sobrevivência como o trabalho e a procriação. Daí a imagem de corpos suados e mutilados numa evidente alteração de sentido das atividades de sobrevivência, na medida em que o trabalho e a sexualidade são transformados em elementos de valor meramente biológico.

Por outro lado, são raros os momentos em que o corpo negro surge como interface de atividades da produção intelectual. Mesmo a produção artística associada ao corpo negro, geralmente, é apresentada como fruto hereditário, diminuindo, com isso, a possibilidade de interpretar a tradição como resultado de elaboração cultural. A expressão típica empregada pela mídia nessas ocasiões se refere ao corpo, em sua dimensão de natureza, ou seja, afirma-se que a tradição – que deveria ser vista como produto de elaboração cultural – manifesta-se no corpo contemporâneo porque "está no sangue". Essa expressão – que exclui a perspectiva de elaboração cultural da tradição e a restringe aos domínios da herança biológica – possui um percurso histórico. Não podemos esquecer que a mesma referência ao traço biológico do sangue foi empregado para classificar negros e judeus na sociedade brasileira: eles, cujos corpos foram ideologicamente identificados como portadores "de sangue infecto",[180] foram por esse mesmo motivo excluídos de vários setores da vida social.

Ao nos determos especificamente no corpo negro como interface dos discursos de exclusão, tivemos a intenção de demonstrar uma das faces de um jogo mais complexo. Outros corpos e outras linhas de pensamento se entrecruzam no processo histórico, colocando diante de nós uma extensa rede de inter-relações sociais, políticas e econômicas. Um

---

[179] HARAWAY, Donna J. *Op. cit.*, 1991, p. 152.
[180] Sobre as regras de inclusão e exclusão nas Irmandades religiosas no Brasil do século XVIII, ver SALLES, Fritz Teixeira de. *As associações religiosas no ciclo do ouro*. Belo Horizonte, 1963.

dos fios dessa rede, com largo alcance social, é tecido a partir dos vínculos estabelecidos entre a produção do pensamento e os meios empregados para divulgá-lo. O pensamento de exclusão aqui analisado tem, como um de suas interfaces, justamente os indivíduos que exclui, ou seja, os corpos de negros e negras. Sobre essa interface atuaram os ideólogos de grupos dominantes e, na contemporaneidade, também os técnicos responsáveis pelo funcionamento dos meios de comunicação. Assim sendo, a interface do corpo negro passa pela mediação dos modernos equipamentos de impressão gráfica e dos apurados sistemas de produção audiovisual.

Além da questão da tecnologia – que merece atenção porque, entre outros aspectos, multiplica em sua versão midiática os estereótipos do corpo negro ligado exclusivamente à natureza –, outra questão, de ordem ética, se nos apresenta e, a partir dela, somos levados a indagar: que percursos epistemológicos alternativos precisamos articular a fim de analisarmos, de maneira crítica, as linhas de pensamento que utilizam a tecnologia para reafirmar antigos esquemas de exclusão motivados por diferenças de etnia, gênero, condição socioeconômica ou padrão estético?

A percepção do corpo como interface para os discursos sociais atualiza as discussões acerca dos novos espaços a serem ocupados pelo sujeito na sociedade contemporânea. Os antigos limites demarcados pela moral, característicos de uma sociedade de vigilância, vão sendo gradualmente contestados pela ausência de limites inaugurados com as reflexões autocríticas da contemporaneidade. O corpo, portanto, apresenta-se como um desafio à reflexão teórica, pois, por um lado, reproduz antigas modalidades discursivas, por outro se abre às novas configurações de sentido resultantes das transformações do próprio corpo.

IMAGENS QUASE PRONTAS

A ênfase nos elementos éticos gerou padrões estéticos do negro brasileiro aos quais é necessário fazer referência se se pretende pensar paradigmas alternativos. A ética patriarcal reduziu a importância dos aspectos estéticos para alimentar a imagem do negro-objeto. O interessante nesse fato é que os negros, muitas vezes, reduplicam essa imagem sem, no entanto, arranhá-la com as perspectivas de novos sentidos.

Isso ocorre na medida em que a sociedade brasileira não tem demonstrado interesse suficiente para estimular inter-relações entre os diferentes grupos e suas respectivas elaborações discursivas. O que se observa é o aperfeiçoamento de uma lógica patriarcal que permeia a apregoada modernidade da lógica capitalista, isto é, prevalece a imposição de perfis estéticos segundo as orientações de uma ética dominante.

Entenda-se, não pretendemos substancializar os modelos da ética patriarcal ou da ética capitalista, de modo a acreditar que todas as formas de relações sociais no Brasil sejam decorrentes delas. Mas é importante frisar que a aproximação desses dois modelos se deu em momentos decisivos para o delineamento de um certo esquema de ordem social que, embora não seja absoluto, ocupa os principais canais de decisão política e organização econômica do País.[181] Além disso, se o patriarcalismo e o capitalismo, por um lado, forjam uma tipologia de vida social, por outro, mostram-se flexíveis para negociar aberturas que, representam, simultaneamente, a possibilidade de se sustentarem como modelos de éticas influentes na sociedade.

Portanto, é interessante considerar as consequências do diálogo entre ética patriarcal e ética capitalista, na medida em que a chamada grande mídia explora as orientações ideológicas e estéticas desse encontro, no sentido de restringir as oportunidades de produção de perfis estéticos alternativos. É em relação a esse cenário que podemos verificar as contradições

---

[181] Cf. FRAGOSO, João Luís Ribeiro. *Op. cit.*, 1992, p. 258-259, parte expressiva dos homens ricos no período colonial fizeram da atividade mercantil a fonte de sua riqueza. No entanto, as fortunas de proprietários rurais – inseridos no modelo da ética patriarcal – também estiveram associadas à especulação capitalista, como observa FARIA, Sheila Siqueira de Castro. Fortuna e família em Bananal no século XIX. In: CASTRO, Hebe M. Mattos de et al. (Org.). *Resgate*: uma janela para o oitocentos. Rio de Janeiro, 1995. p. 71. Segundo a autora, "Os maiores empresários dos oitocentos foram, quase sempre, 'fazendeiros-capitalistas', pois associavam à atividade de fazendeiro negócios comerciais e financeiros (empréstimos a juros)". A influência econômica dos "fazendeiros-capitalistas" se desdobrava em poder político, com a obtenção de títulos de nobreza e controle de redutos políticos.

dos negros brasileiros quando utilizam a lógica da grande mídia como estratégia para ocupar espaços sociais. Aqui é possível adaptar a reflexão de Jameson, quando se nota que os negros (Caliban) são o que são na mídia, porque a mídia (Próspero) permite que eles sejam dessa ou daquela maneira. Por essa razão, o fato importante que é a elaboração de publicações voltadas para o debate acerca de perfis não estereotipados dos negros – vide as Revistas *Ebony*, nos Estados Unidos, *Raça Brasil* e *Black People*, no Brasil – vê-se ameaçado pela possibilidade de ser um discurso a mais que se adapta às regras do mercado editorial e, consequentemente, dos modelos identitários dominantes.

Em vista disso, a estratégia de ocupação de espaço – resultante de um padrão estético moldado *a priori* por uma ética dominante – implica uma relativa ocupação de espaço social. Se entendemos que a ocupação de espaço passa por uma transformação do quadro de produção discursiva vigente, verificamos que a reduplicação da estética do negro-objeto reforça o antigo paradigma ético e estético, bem como inibe o surgimento de novos paradigmas éticos e estéticos.

Em muitos casos, a estética que os negros brasileiros assumem como resposta à estética do *status quo* é a mesma do *status quo*, tanto assim que vem sendo assimilada pela sociedade sem graves abalos. Consideremos para análise os exemplos da "profissão/produto" mulata, do negão viril e do negro atleta/atleta vencedor.

A exploração da mulata como representação estética do feminino oculta traços fundamentais da identidade das mulheres negras brasileiras. A imposição da estética da mulata reifica a mulher, impondo-lhe um caráter de coisa absoluta – mulata – desenraizada dos processos culturais de interação e conflito que lhe deram origem. Além disso, reduplica uma segmentação oriunda do período escravista que opõe a estética da mulata-prazer à estética da negra-trabalho.

A imagem padronizada da mulata tem sido gradativamente deslocada do seu universo sociocultural para ganhar autonomia como produto elaborado. O procedimento da mídia consiste em investir na ideia do "ser mulata" como "profissão" – isto é, atividade regida pela lógica do capital/trabalho – e como "produto", ou seja, objeto a ser consumido no mercado de bens simbólicos da comunicação. Assim como os indivíduos sobrevivem de suas profissões, a mulata é integrada ao mercado como portadora de uma nova modalidade profissional. Porém, não basta a herança fenotípica para garantir à mulher a profissão de mulata. É necessário que a herança fenotípica seja reconfigurada ideologicamente, recebendo especificações que caracterizam o "ser mulata", tais como ser artista ou *top model* e tornar-se um produto de exibição pública.

O exercício da profissão mulata está imbricado com a definição do produto mulata oferecido aos observadores. A embalagem do produto desempenha papel fundamental em sua divulgação. O exemplo mais característico decorre da associação do produto mulata a um agente que a divulga. Foia partir do rótulo do divulgador que as mulatas do Sargentelli se tornaram conhecidas no Brasil e no exterior. O investimento recente e mais sofisticado é o da mulata *Globeleza* (Figura 34), que se constituiu em um fenômeno midiático.[182] A ascensão do produto mulata restringe a área de significado da identidade pessoal, de modo que a mulher assume o nome do divulgador (Sargentelli, TV Globo) em detrimento de sua nomeação própria (o grande público não sabe os nomes das mulatas do *Sargentelli* e, frequentemente, trata por *Globeleza* a cidadã nascida "Valéria Conceição dos Santos").

A análise da estética da mulata demonstra que a ética do capitalismo articula as noções de "profissão" e "produto mulata" para atender às novas demandas do mercado consumidor e, para isso, sustenta a ética patriarcal que reduz os direitos da mulher sobre si mesma. A mulata se torna propriedade do agente divulgador, passando a ser identificada pelo aposto que revela a identidade desse agente. A alienação da identidade da mulher, nesse caso, ocorre pela dupla personalidade que assume: como mulher-sujeito, ela é desconhecida do público; no entanto, como mulata-produto é amplamente desejada.

Eis o que se pode notar na matéria sobre a mulata *Globeleza* publicada pela Revista *Raça Brasil*: "Fora da telinha, vestida com jeans e camiseta,

---

[182] HOMERO, Rita. Valéria Valenssa – que beleza. *Raça Brasil*, São Paulo, ano 2, n. 6, p. 40-47.

o mulherão que vemos na TV tem só 1,60 metro, mas as formas exuberantes estão presentes e bem distribuídas".[183] A identificação da mulher, "fora da telinha", não revela a mulher-sujeito, mas a mulher-objeto, pois os referenciais de identificação são retirados da estética da *Globeleza*. Trata-se, portanto, de uma estética de alienação, na medida em que a mulher não é reconhecida pelas suas características de agente social, mas é reduzida à condição de fórmula "consagrada como *Globeleza*".[184]

A ética do capitalismo também atua na elaboração da estética do negão viril, pois preocupa-se em oferecê-lo ao mercado como um produto: "o negão-sensação também pode ser encontrado, aos quilos, nos bailes charme – não por acaso uma febre na cidade".[185] Tal como a mulher-sujeito que é reduzida à mulata-produto, o homem-sujeito também é oferecido ao público como negão viril, um produto da moda, que aparece em destaque nos espaços de maior apelo dos meios de comunicação (Figura 35). Esse fato é relevante, pois demonstra a domesticação da antiga imagem do negro bandido, frequentador das colunas policiais. O negão viril está revestido esteticamente de modo a não significar ameaça para o observador, mas, ao contrário, para oferecer-se a ele como objeto de desejo.

A ética capitalista, que vende a estética do negão viril, tem de se desdobrar para resolver uma contradição: por um lado, é necessário criar e atender à demanda de um mercado ávido por produtos; por outro, é imperativo sustentar a ética patriarcal. O primeiro aspecto tem sido solucionado pelo crescente apelo à sexualidade como objeto de desejo. A mídia investe numa linguagem sexualizada aplicando-a aos mais diferentes produtos, seja um automóvel, um eletrodoméstico ou o corpo humano. Em vista disso, o negão viril é apresentado numa linguagem duplamente sexualizada, isto é, a que envolve os produtos e a que envolve o corpo.

A contradição diz respeito ao segundo aspecto. A ética capitalista mantém a ética patriarcal que alardeia a predominância masculina; no

---

[183] *Ibidem*, p. 42.
[184] *Ibidem*, p. 42.
[185] LINCK, Ricardo. O apogeu do negão. *O Dia*, Rio de Janeiro, 8 dez. 1996. Caderno Domingo, p. l.

entanto, a estética do negão viril pressupõe que o masculino dominante tenha de ser o negro. A questão é: como admitir por dominante o negro que foi reduzido à condição de objeto pelo regime escravista?

Porém, uma análise mais detida revela a capacidade da ética capitalista para gerenciar suas próprias contradições. A estética que exalta a virilidade se apropria do negão como imagem "da moda", ou seja, passa a utilizá-la como instrumento que confirma a reificação do corpo negro. Em função disso, a ética capitalista estabelece parâmetros para a estética do negão viril, tal como faz para o produto mulata. Essa estética privilegia o negão com corte de cabelo "batido, colado na cabeça", que usa "cordão de ouro no peito", ouve "pagode, *funk* e charme".[186]

Um fato, no entanto, evidencia a rigidez da ética patriarcal, mesmo quando é apropriada pela ética capitalista. Trata-se da nomeação daqueles que representam a estética do negão viril. Ao contrário da mulata, que é identificada diretamente pelo rótulo de seu divulgador, existem duas categorias de negão viril: uma que identifica o sujeito (formada por artistas da música, televisão ou profissionais do esporte) e outra que anula a identidade do sujeito em decorrência da reificação (formada por frequentadores de bailes de *funk* e charme, por policiais e seguranças, enfim, pelo homem negro que está fora da chamada grande mídia).

Dessa maneira, a ética capitalista defende seus interesses assumindo uma espécie de solidariedade de gênero, pois reifica o negão viril e ainda permite uma fresta por onde ele vislumbra sua identidade de homem. No entanto, a fresta é uma concessão de Próspero a Caliban, já que a identidade do negro é vislumbrada segundo os paradigmas estabelecidos por um agente dominante. De fato, essa fresta tem sentidos que reforçam a ética capitalista e sua aliada patriarcal: por um lado, ilude o negão viril fazendo-o supor que está de posse de sua identidade e, por outro, reafirma a predominância do homem sobre a mulher, em geral, e sobre a mulata, em particular.

Através da estética do atleta negro, a ética capitalista demonstra sua capacidade para elaborar e alterar os discursos. As estéticas da mulata e do

---

[186] *Ibidem*, p. 1.

negão viril indicam uma preocupação em apropriar-se da identidade do Outro. Por isso, reifica-se o sujeito que é considerado um oponente e se divulga sua imagem reificada. Isso é empregado como argumento para justificar a superioridade de um grupo étnico-social sobre o outro, com evidentes vantagens para aquele que detém os recursos políticos e econômicos.

A estética do atleta negro apresenta uma elaboração peculiar. Trata-se de divulgar a imagem do indivíduo vencedor, embora não haja empenho em situar o homem negro nessa condição bem sucedida. Muitas vezes, no entanto, a realidade dos fatos não permite que se troque a imagem de um atleta negro vencedor pela imagem de outro atleta não negro. Se a sociedade foi conivente com o ocultamento da identidade da mulata e, em certa medida, do negão viril, não se pode esperar que ela faça o mesmo quando está em causa a identidade do atleta que, ao vencer, encarna o espírito da nação bem sucedida. O meio esportivo brasileiro apresenta vários exemplos dessa situação, bastando citar as vidas de "Pelé"/ Edson Arantes do Nascimento (futebol), "João do Pulo"/ João Carlos Arantes (atletismo) e, mais recentemente, "Ronaldinho"/ Ronaldo da Costa (atletismo).

A ética capitalista, que reifica a mulata e o negão viril, não se arrisca a reificar o homem vencedor, ainda que ele tenha uma identidade negra. A estética a ser elaborada para ele enfoca outros aspectos de sua identidade, como, por exemplo, a capacidade para superar os obstáculos. Nesse sentido, não se considera a questão étnica, dando-se ênfase à sua trajetória dos ambientes sociais pobres até o reconhecimento público por causa das façanhas esportivas. É o que observamos na matéria sobre o atleta Ronaldo da Costa, vencedor da Maratona de Berlim (Figuras 36 e 37):

> A carreira de corredor nem sempre esteve garantida para Ronaldo.
> A infância pobre e o gosto pelo esporte fizeram com que se arriscasse em peneiras de futebol – chegou a treinar no Descoberto Futebol Clube – seu time do coração até hoje. Sem apoio para desenvolver seus dotes, o garoto chegou também a tentar a sorte como costureiro e com a enxada, que só pôde, largar em 1988. A vontade de vencer e o biótipo favorável são, segundo Henrique [Henrique Viana, seu primeiro técnico], a essência do talento de Ronaldo.[187]

A narrativa de vida do homem vencedor possui os recortes do típico romance burguês, isto é, demonstra a confrontação entre o desejo do indivíduo e as dificuldades impostas à realização desse desejo. Para atingir seus objetivos, o sujeito se entrega à superação dos obstáculos criados pelo mundo e também pelas suas próprias limitações. Em outras palavras, tem-se o herói burguês que se transforma em paradigma ao término de sua trajetória vitoriosa. Além disso, é preciso considerar que o fim do percurso marca também a transmutação do antigo sujeito – ainda hesitante – em um novo sujeito vencedor.

Vale frisar que pensamos aqui no herói burguês canônico, isto é, aquele que se caracteriza como sujeito problemático em um mundo de contradições. Para esse herói de caráter humano, portanto, a superação dos empecilhos implica o reconhecimento de que o sentido pleno da vida já não é uma possibilidade imediata, embora permaneça como objeto de aspiração do sujeito.[188] O herói burguês, que já não pode ser convertido em divindade, experimenta a situação característica, sim, de um anti-herói, ou seja, do sujeito cuja pujança se exprime de maneira fragmentária. Ao superar os obstáculos, o sujeito exibe sua capacidade, mas, de imediato, é submetido a novas provas, submetendo-se aos riscos do fracasso. Daí, a efemeridade de seu heroísmo, celebrado como vitória em cujo cerne se desdobram as possibilidades da derrota.

Esses princípios estão presentes na estética do atleta negro, em geral, meninos pobres elevados à condição heroica, que pode permanecer enquanto permanecem suas capacidades para acumular resultados positivos. É interessante notar que o elogio recai sobre suas capacidades de superação, enquanto as dificuldades surgidas por causa de suas origens étnicas são sutilmente encobertas. Para a ética capitalista, é útil que se tenha a estética do vencedor, porém destituída da identidade do homem negro. Procura-se, assim, manter o esquema de exclusão do negro, porém usufruindo das contribuições que ele dá à sociedade.

---

[187] O melhor do mundo. *JornaldoBrasil*, Rio de Janeiro, 21 set. 1998. Caderno Esportes, p. 1.

[188] O romance, entendido como lugar do discurso do herói burguês, de acordo com Lukács, "é a epopeia de um tempo em que a totalidade extensiva da vida não é já dada de maneira imediata, de um tempo para o qual a imanência do sentido à vida se tornou problema mas que, apesar de tudo, não cessou de aspirar à totalidade" (In: *Teoria do romance*. Lisboa, [s.d.]. p. 61).

Consideramos que a estética do atleta negro não se completa, isto é, revela-se como imagem quase pronta. Ela é apenas uma etapa para a estética do atleta vencedor que passa a ser identificado por suas características de herói nacional ou local. O primeiro índice dessa mudança é a apropriação da identidade do negro, mas sob um outro prisma: o atleta vencedor possui um nome – ao contrário da mulata e do negão viril. Porém, como se trata de um sujeito negro em final de jornada, ele adquire "outro" nome. Um nome que explicita a intimidade entre a ética capitalista e o atleta, como se percebe na matéria sobre Ronaldo da Costa. A mídia se refere "ao garoto", à sua "infância pobre" e à sua mãe "dona Efigênia", demonstrando conhecer os elementos afetivos que marcam a sua vida.

Tem-se, dessa maneira, a preparação para o nascimento de um outro sujeito, menos negro e mais identificado com outras questões. Por isso, o atleta vencedor se torna conhecido não tanto por seu nome de origem, mas pelo outro nome que a ética capitalista lhe impôs ao criar a estética do vencedor. *Pelé, João do Pulo* e *Ronaldinho* incorporam o espírito do herói coletivo, de alcance nacional ou local, como se pode observar na maneira pela qual a mídia os identifica:

> O brasileiro Ronaldo da Costa, 28 anos, venceu ontem
> a Maratona de Berlim e quebrou o recorde mundial da prova [...]
> O atleta mineiro correu os 42, 2 quilômetros em 2h6min...[189]

A estética do atleta vencedor, portanto, corresponde a um perfil de identidade que não contempla as questões étnicas, embora estas questões sejam consideradas em outras oportunidades para reificar os negros brasileiros. Na medida em que reduplicam as estéticas elaboradas pela ética capitalista e patriarcal, os negros afirmam o *status quo* de sua reificação e desestimulam os intentos de elaborar estéticas alternativas. Talvez a dificuldade para concretizar essas estéticas constitua um dos obstáculos, o que não impede, no entanto, que se procure travar um embate teórico com as

---

[189] Ronaldo é recordista mundial. *Jornal do Brasil*, Rio de Janeiro, p. 1, 21 set. 1998.

estéticas dominantes. Partindo do princípio de que as estéticas da mulata, do negão viril e do atleta vencedor – bem como outras estéticas – decorrem de processos sociais, podemos considerar que estamos diante de algumas das possibilidades estéticas do negro brasileiro. Os perfis atuantes na sociedade são, igualmente, imagens quase prontas, por isso é pertinente pensar em suas contrapartidas que permanecem na marginalidade.

Após o panorama das estéticas do negro elaboradas a partir da ética capitalista e patriarcal, podemos retomar a provocação feita anteriormente sobre a possibilidade de pensar uma representação social do negro, considerando o próprio negro como valor estético.

NEGROS EM TON SUR TON

Em geral, a primeira impressão sobre o estético pressupõe tratar-se de um conhecimento que nasce das experiências sensíveis, ou seja, como ato de estesia que se esgota em si mesmo. No entanto, uma visão mais aguda aponta para a percepção do estético como forma de conhecimento relacionada às questões éticas e políticas. A elaboração dos perfis estéticos do negro brasileiro demonstra isso, na medida em que se apoia em fontes éticas e políticas para delinear os limites de inclusão e exclusão dos indivíduos na sociedade.

Se, por um lado, não é pertinente considerar o estético como conhecimento superficial, por outro, há que se considerar a necessidade de não submetê-lo exclusivamente às determinações éticas e políticas, tal como ocorreu na configuração dos perfis do negro vistos anteriormente. O estético possui implicações ético-políticas, mas também se orienta em direção a uma autonomia que lhe permite inter-relacionar-se com outros campos de conhecimento.

Se é possível construir uma estética relacionada ao modo de ser negro no Brasil partindo-se de pressupostos éticos e políticos, é interessante também pensar um modo de ser negro sem instrumentalizar esse padrão estético. A ética capitalista elaborou a estética do negro que atende às demandas de mercado e, ao mesmo tempo, mantém a marginalidade político-social dos negros. Os negros, por sua vez, ou reduplicam esse padrão, ou elaboram a estética que evidencia sua identidade com o objetivo de confrontar a estética da ética capitalista – vale destacar, como exemplo, a estética do negro militante, que valoriza suas origens culturais e denuncia o racismo na sociedade. Em ambos os casos, o estético está a serviço de uma ética e é valorizado em função dessa dependência aos apelos éticos.

Em relação aos grupos étnicos, há que se pensar a possibilidade de o estético atuar como representação de imagens que dão acesso ao conhecimento do mundo. Nesse caso, o estético é também um elemento ético, porém, sem estar pré-direcionado para dar sentido a uma causa já definida. O ético do estético pode voltar-se para si mesmo, permitindo ao sujeito estabelecer relações consigo mesmo, compreendendo-se como identidade permeada pelas alteridades.[190]

Essa perspectiva nos leva a considerar que sujeito é solicitado diante de um homem ou de uma mulher negros e que processo de subjetivação é ativado nesse encontro. Se o sujeito que observa é negro ou não negro, há que se perguntar sobre suas habilidades para pensar o Outro contemplado sem se deixar prender pela estética elaborada *a priori* pela ética capitalista. A ênfase no estético cria a possibilidade de verificar que tipo de conhecimento o sujeito observador pode elaborar acerca de si mesmo e do Outro, se o Outro for um negro. Além disso, abre espaço para refletir sobre o conhecimento gerado acerca do Outro-negro se o sujeito observador for um negro pobre ou um negro rico, um branco pobre ou um branco rico.

A provocação feita pelo estético incide sobre nossa competência para conhecer os negros brasileiros a partir deles mesmos, isto é, de sua existência sensível na história, mas sem depender única e exclusivamente dos sentidos que os leitores da história lhes atribuíram. Em síntese: é possível pensar os negros brasileiros com um sentido distinto da estética da mulata, do negão viril ou do atleta vencedor?

---

[190] Sobre a relação do ser consigo mesmo, ver RICOEUR, Paul. *O si mesmo como Outro*. Campinas, 1991.

Se nos apropriarmos da proposta de Marcuse, segundo a qual a experiência artística é um processo que perfaz um trajeto entre sujeitos, é pertinente considerar que a experiência de conhecimento dos negros brasileiros também é um trajeto que os sujeitos podem fazer em liberdade.[191] Para tanto, em termos de etnia, negros, brancos, amarelos e mestiços precisam estar como sujeitos um diante do outro e abertos à aprendizagem dos sentidos do mundo como campo de possibilidades. Assim, negros não têm que ser apenas mulata, negão viril ou atleta vencedor, tal como impõe a ética capitalista. Para além dessas formas enraizadas como estereótipos, outras esperam para se realizarem como linguagem verbal e visual.

Essa dimensão do estético implica o desejo, e também a competência, para nos depararmos com o cotidiano a partir do que ele nos propõe como diferença. Em termos práticos, significa dizer que a estética estereotipada dos negros brasileiros pode ser observada como produção reduzida de uma realidade étnico-social mais complexa. O que se observa como negros é também uma provocação para compreender aquilo que os negros são e não percebemos, também para aquilo que os negros podem ser.

Para tanto, é necessário considerar no estético uma conotação política que lhe é inerente e se revela na possibilidade de atribuição de sentidos ao mundo, contra toda e qualquer forma de reducionismo promovido apriori pelas interferências ideológicas. Isso implica dizer que o estético não se limita a ser um corpo desnudo sobre o qual se impõem as vestes ideológicas. Mais do que isso, ele constitui um processo de compreensão da realidade, tanto quanto as outras elaborações ideológicas empregadas pelos indivíduos e os grupos.

Uma mirada estética em relação aos negros brasileiros nos desafia a percebê-los como negros brasileiros. Isto é, o negro é o negro como uma proposição de sentido que se apresenta à sociedade sem que, para isso, tenha de estar submetida à ideologia dominante que o reifica, ou à ideologia da militância política negra que o idealiza. No primeiro caso, a perspectiva de ser negro está subjugada pela ideologia que reduz o sujeito à condição

---

[191] MARCUSE, Herbert. *A dimensão estética*. São Paulo, 1975.

de objeto (mulata, negão viril, atleta vencedor); no segundo, a perspectiva de ser negro está submetida aos processos que exacerbam a autoestima, de modo que o sujeito, para pensar-se como negro, tem de se assumir como lindo e herói (veja-se aqui a reiteração das ideologias do "black is beautiful" ou da identificação com um modelo heroico como Zumbi dos Palmares).

As confrontações ideológicas no campo social demonstram a pertinência dessas elaborações que enfatizam o peso político das posturas étnicas assumidas pelos indivíduos. Tais elaborações implicam a ação dos grupos e indivíduos no tocante às estratégicas que adotam para ocupar espaços sociais. Por um lado, a reificação pode ser entendida como estratégia, dinâmica e maleável, adotada por grupos hegemônicos. Sua articulação consiste em atribuir lugares aos demais grupos sociais, de modo que esses lugares pareçam integrar todos os grupos, embora, na verdade, confirmem as faces de uma elite dirigente paralelamente à exclusão de outros segmentos. Sob esse aspecto, a mídia constitui um instrumento dessa estratégia de direção do processo social, ou seja, os negros ocupam os lugares que se espera que eles ocupem, tal como vimos nas imagens da mulata sensual, do negão viril ou atleta vencedor.

Por outro lado, a heroicização dos negros contesta a reificação para disputar com o predomínio da estética branca os espaços da sociedade. No entanto, a ênfase na heroicização como estratégia de oposição corre o risco de se tornar somente um mecanismo de negação do sistema dominante, sem atentar para outras possibilidades de representação dos negros.

Nossa especulação procura considerar, além dessas estratégias, uma outra via em que o estético seja em si mesmo uma proposição política. Ou seja, em que o ser negro seja percebido como um sentido inerente ao sujeito, que tenha a representação de um substantivo e não de um adjetivo. Em termos práticos, trata-se de estabelecer o convívio com uma elaboração discursiva em que as identidades do ser negro sejam contempladas a partir de sua diversidade, considerando, inclusive, a possibilidade de pensá-lo além das construções ideológicas preestabelecidas.

O sentido estético do ser negro, nessa perspectiva, interfere na realidade como um campo a ser preenchido a partir das experiências dos sujeitos negros e não negros. Instaura-se uma convivência baseada na liberdade e no risco, na medida em que os sujeitos se contemplam mutuamente e se lançam no mesmo jogo de descoberta do Outro e de si mesmos. Desse modo, o ser negro tanto quanto o não ser negro se apresentam como um devir, oferecendo opções de sentido aos sentidos já estabelecidos pelas estéticas da reificação e da heroicização.

De outra maneira, pode-se dizer que o sentido estético do ser negro se volta para o Outro não negro e para o próprio negro como um desafio à construção das identidades sociais, realçando uma conexão entre a singularidade – que realça a jornada do sujeito no mundo – e o devir coletivo – onde se relacionam as realizações individuais e as expectativas de organização social dos grupos.

Por isso, o sentido estético em que o negro é percebido como categoria substantiva do sujeito se apresenta como alternativa às estéticas da reificação e da heroicização. Daí, o seu aspecto dissonante e provocador em face da necessidade que possuem os grupos de se identificarem – e também de se protegerem – com os recursos das estéticas preestabelecidas. A dimensão estética do negro o expõe como realidade indagadora e não apenas como resposta a uma circunstância da realidade, tal como ocorre nas estéticas de reificação e de heroicização. Portanto, o sentido estético não pretende evidenciar os perfis da mulata, do negão ou do atleta, nem do militante político. Pretende, sim, ser uma categoria de pensamento que atue na realidade de maneira prospectiva, isto é, propondo uma permanente investigação dos valores e das formas que podem ser arrolados em discursos de construção de identidades.

Além de luz e sombra

> "olhos são mais dados
> a segredos"
> *Paulo Leminski* [192]

A elaboração de representações do negro brasileiro no discurso oral e no discurso visual relaciona-se aos embates de uma sociedade multiétnica, na qual os negros foram identificados *a priori* como agentes subalternos. No entanto, a análise dos discursos demonstra que a exclusão inclui e ultrapassa os motivos étnicos, interagindo num processo social abrangente. Ou seja, a exclusão por motivos étnicos ocorre associada às questões políticas, econômicas e culturais, revelando situações cotidianas de violência.

As exclusões são praticadas como dicotomias que separam ricos e pobres, negros e brancos, homens e mulheres, homossexuais e heterossexuais etc.; mas, além disso, são elaboradas como formas comunicativas que se apoiam em contradições para criar os perfis dos excluídos. Isso quer dizer que a exclusão é prática e representação, refletindo-se em comportamentos e ideologias que se alimentam mutuamente. Por isso, a análise da exclusão por motivos étnicos é mais aguda se pensada em relação às demais questões da sociedade, de modo que a crítica não se

---

[192] LEMINSKI, Paulo. Datilografando este texto. In: *O ex-estranho*. São Paulo, 1996, p. 48.

restrinja à prática excludente, mas se estenda aos esquemas de representação da exclusão.

As representações dos grupos sociais na mídia se relacionam aos suportes técnicos e às orientações ideológicas que contribuem para a efetivação dos procedimentos de comunicação. Daí, considerar os suportes como parte da comunicação evidencia o caráter da mídia como um produto vinculado às transformações técnicas e ideológicas da sociedade.

A mídia impressa exemplifica essa teia, pois, do ponto de vista técnico, permite-nos estabelecer uma linha histórica que apontou a necessidade de aperfeiçoamento dos suportes, desde as pranchas de Gutenberg até as rotativas que imprimem em larga escala os jornais e revistas contemporâneos. Do ponto de vista ideológico, nota-se a progressiva alteração nos sistemas de gerenciamento, implicando a passagem da administração de jornais e revistas como iniciativas individuais – em geral das elites econômicas associadas aos intelectuais[193] – para a administração empresarial direcionada para interesses de grandes grupos de comunicação. Isso demonstra o aumento da demanda pela informação (que exige cada vez menos o amadorismo) e a complexificação das relações político-econômicas mundiais (que leva à adoção de propostas estratégicas para estabelecer o controle dos meios de comunicação de massa).[194]

As representações dos negros na mídia brasileira devem ser pensadas no contexto de crescente mundialização da economia, da política, das ideologias e, também, das transformações dos suportes da mídia impressa. Isso indica que a exclusão por motivos de etnia, classe ou gênero procede de certa orientação ideológica e é difundida através de suportes técnicos, o que nos leva a compreendê-la como parte da formação e desenvolvimento dos processos de comunicação nas sociedades ocidentais.

Esse percurso se explicita à medida que o crescimento das populações, o aumento dos níveis de escolaridade e a complexificação das problemáticas sociais desafiaram a mídia impressa entre a segunda metade do

---

[193] SODRÉ. *Op. cit.*, 1999, p. 243.
[194] MORAES, Dênis de. *Planeta Mídia*. Campo Grande, 1998. p. 59.

século XIX e a atualidade. Senão vejamos: por um lado, os jornais de caráter local, ou de condado, atenderam às demandas das sociedades europeia e americana em processo inicial de industrialização, favorecendo o relacionamento entre a população em crescimento e a cobertura jornalística dos fatos decorrentes dessa realidade.[195]

Por outro lado, o crescimento populacional e a aceleração dos processos de produção forçaram os periódicos locais a mudarem suas estratégias sob o risco de desaparecerem. Em um modelo social voltado para a expansão de mercados e de públicos, era pertinente investir numa imprensa de feição diversificada, cada vez mais presente em circuitos além da província ou do condado. O reflexo desse fenômeno está na associação que se estabeleceu entre o jornal e a cidade, de modo que os centros urbanos se consolidaram, em larga medida, como focos irradiadores de acontecimentos e de notícias.

Há que se levar em conta também o fato de a mídia impressa inserir-se num modelo social que privilegiou as regras de mercado e revestiu os bens de consumo de uma aura fetichista, estendendo esse procedimento às informações elaboradas acerca desses bens. As orientações ideológicas interferiram nos modos de atribuição de sentido à realidade e aos suportes que são utilizados para transformá-la em notícia. A configuração de ideologias distintas repercutiu em publicações que revelam, por um lado, os conflitos de classe, etnia e gênero; por outro, a flexibilidade dos suportes técnicos.

O que se depreende é que os conteúdos da mídia impressa e de outras instâncias de comunicação – programas de radiodifusão, pronunciamentos parlamentares – são constituídos como discursos sociais[196] e, a partir dessa condição, refletem ou rejeitam os sistemas de valores da ordem social em que se inserem. Evidentemente não há que se ver na mídia uma

---

[195] DE FLEUR, Melvin L. *Op. cit.*, 1971, p. 33. A relação entre o jornal local e o público pode ser ilustrada pelo caso do *New York Sun*, que começou a circular em 1833, e "dava ênfase às notícias locais, às estórias de interesse humano, e apresentava reportagens sensacionais de fatos surpreendentes".
[196] SODRÉ. *Op. cit.*, 1999, p. 242.

reiteração mecânica da ordem social, mas antes um processo de negociação acerca dos aspectos a serem trabalhados como material de informação.

Por isso, a informação chega ao público envolvida por um esquema de valores que permite aos receptores decodificarem a mensagem. No entanto, esse contrato estabelecido entre mídia e público se inscreve como etapa de negociação que indica quais são os sentidos a serem decodificados. Essa negociação recoloca a questão da credibilidade da mídia sob outro prisma, na medida em que aquilo que a mídia explicita como informação é uma seleção que destaca certos ângulos da informação, preterindo outros, cuja importância poderia ser detectada por certos receptores e não por outros.

É importante destacar que, nesse caso, não estamos lidando com a situação em que se define a confiabilidade ou a não confiabilidade da mídia impressa. Esse é um problema ético, cuja aposta na confiabilidade é investimento da mídia e, ao mesmo tempo, direito do público. A situação a que nos referimos diz respeito à perspectiva de que a confiabilidade da mídia não é condição absoluta para garantir a exploração de todos os sentidos de um fato social. O próprio termo mídia propõe o caráter relativo daquilo que é apresentado como o *sentido* do fato, ou seja, ao atuar como *medium* entre o dado a ser informado e o público, o jornal ou a revista interferem no sentido do evento, selecionando e divulgando determinadas nuances de sentido.

Essas considerações são pertinentes para compreendermos a construção das imagens do negro na sociedade brasileira, principalmente se levarmos em conta a questão de uso dos suportes para a difusão dos conteúdos ideológicos. Assim, procuramos demonstrar de que maneira o suporte visual de jornais e revistas se aproveitaram das representações negativas do negro que, anteriormente, tiveram a oralidade como suporte. Para desenvolver esse tipo de análise, tornou-se indispensável a realização da pesquisa de campo, a fim de obter das fontes orais os dados que evidenciam a linha de conservadorismo presente nas representações do negro na mídia impressa dos séculos XIX e XX. Não se trata de buscar a linearidade na passagem do conservadorismo atuante nos discursos orais e nos discursos visuais, mas de compreender as informações subliminares que demonstram as contradições dessas duas modalidades discursivas.

A exclusão por motivos étnicos, verificada nas frases feitas e imagens de jornais e revistas, é a ponta de um *iceberg* que diz respeito a outros processos de exclusão. Dentre eles, cita-se a exclusão de ordens cognitiva (que valoriza certos modos de saber, a ciência, por exemplo, em detrimento de outros, como as experiências com o sagrado), afetiva (que desconsidera a sensibilidade dos indivíduos pertencentes ao *modus vivendi* distinto daquele tomado como referência sociocultural) e estética (que impõe modelos de equilíbrio, beleza e harmonia mediante a desvalorização de outros modelos que passam a ser tratados como exóticos ou não civilizados).

Na lógica de uma sociedade competitiva, a exclusão é utilizada como estratégia pelos grupos que procuram afirmar sua hegemonia, ou seja, o caminho para o poder se constrói, muitas vezes, a partir da desqualificação dos oponentes. Daí que os processos de exclusão, em geral, e a exclusão étnica, em particular, são articulados como mecanismos que interferem na distribuição do poder.

A montagem das representações do negro no discurso oral e no discurso visual demonstra esse fato. A impossibilidade de ignorar a presença dos negros na vida social brasileira foi contornada pelos segmentos dominantes através da elaboração de formas discursivas que os excluíram dos espaços de maior representatividade. O processo que viabilizou essa invisibilidade se estabeleceu a partir do modo como os negros foram representados, ou seja, em função do excesso e da desqualificação de sua visibilidade os sujeitos e as comunidades negras passaram a ser percebidos como aspectos menos relevantes da sociedade brasileira. Os signos da visibilidade aplicados aos negros revelou-os como objetos num modelo social que valoriza nos indivíduos a sua constituição como sujeito. Por conta disso, esvazia-se, de certa maneira, a crítica sobre a ausência dos negros nos discursos da tradição oral ou da mídia impressa, pois, de fato, pode-se apreendê-los nos diversos espaços abertos pela comunicação.

Essa presença, tal como foi construída, configura-se por um lado como a afirmação da visão dominante que faz concessões aos excluídos, por outro lado, como o simulacro de inserção dos excluídos na esfera dos discursos sociais. No entanto, o simulacro é desmontável, já que o discurso acerca do excluído não significa necessariamente uma ação contra os processos de exclusão, ou seja, estamos diante de um jogo no qual os sentidos aparentes ocupam o lugar dos sentidos que são realmente importantes para se estabelecer a crítica da exclusão. Como uma prática social, o jogo leva os indivíduos e os grupos a assumirem posições diante das possibilidades de construção de sentidos. No que diz respeito à exclusão, isso significa dizer que há uma responsabilidade de indivíduos e grupos na elaboração de discursos que legitimam ou criticam as atitudes de segregação.[197] O que está em causa na opção por uma ou outra vertente é o tipo de vida social que se pretende organizar, indicando a possibilidade de instaurar a intolerância ou o diálogo como elemento referencial das relações entre as pessoas e as comunidades.

A opção tem, portanto, um sentido político, pois evidencia a coerência ou as contradições do sujeito. Veja-se o caso da população negra que também investiu nos sentidos aparentes, forjando como exemplo típico a tentativa de assimilar padrões estéticos e sociais brancos, paralelamente à rejeição de um perfil identitário próprio. Além dessa modalidade, a aceitação dos sentidos aparentes ocorre de outra maneira menos perceptível. Trata-se da situação criada pelo discurso que se propõe a evidenciar uma nova representação do excluído, embora a ideia do novo esteja amarrada às fontes que interferem na sociedade, demarcando os lugares de privilegiados e não privilegiados.

Nesse ponto, verificamos que a violência dos abecês e frases sobre negros – considerados como elaboração discursiva de não negros – ultrapassa o campo discursivo da tradição oral para reencenar a exclusão étnica e social nas páginas de jornais e revistas contemporâneos. A mídia impressa, de modo geral, reduplicou a exclusão e realizou tentativas esporádicas para criticá-la, o que revela um interesse parcial pelo tema. Isso se explica à medida que o controle dos órgãos de comunicação tem sido

---

[197] A atitude de desmontagem do simulacro implica um mergulho autocrítico por parte do enunciador e do receptor do discurso. Desse modo, relativiza-se o impacto do sentido absoluto proposto pelas ideologias de exclusão. No tocante à mídia impressa, a autocrítica do enunciador e do receptor está sugerida na indagação feita por Octavio Paz, em *O mono gramático* (Rio de Janeiro, 1988. p. 58): "Os olhos que veem o que escrevo, são os mesmos olhos que eu digo que veem o que escrevo?"

articulado a partir do controle exercido pelas elites políticas e econômicas, cujo pensamento se voltou, muitas vezes, para a ousadia empresarial e para um tipo de liberalismo que não incluía o enfrentamento da realidade multiétnica do País.

Portanto, a omissão ou a denúncia esporádica da exclusão étnica desenhou o percurso dessa vertente da mídia impressa no Brasil. O aspecto mais agudo do simulacro se explicita quando a vertente da imprensa negra assume a função de elaborar uma nova imagem para os negros brasileiros. A orientação ideológica se associa à diversificação dos suportes, isto é, a teia comunicativa se estende da oralidade para as páginas impressas de jornais e revistas. A intenção de construir uma imagem diferente daquela veiculada na grande mídia justifica o discurso de autoafirmação, cuja característica mais evidente é a valorização do negro como sujeito social.

Porém, o discurso da imprensa negra inseriu-se na sociedade brasileira disputando espaço com os interesses de outros grupos. Por isso, a crítica da exclusão étnica e a tentativa de inclusão na ordem social privilegiada constituíram-se em demandas específicas numa ordem social permeada por outras demandas. A consequência disso é que os discursos da imprensa negra marcaram sua diferença em relação aos demais discursos, mas, ao mesmo tempo, organizaram-se com apetrechos característicos da ordem social que se dispuseram a confrontar.

Ao analisarmos as propostas de uma nova imagem para os negros brasileiros, consideramos que as contradições se destacam como a pedra de toque da imprensa negra dos anos 1980 e 1990. Isto é, nota-se a intenção de trabalhar as questões étnicas no circuito da grande mídia, mas o detalhe é que essa grande mídia se articula como um *shoppingcenter* da informação, exigindo de seus integrantes uma atitude empresarial diante da atividade jornalística. A incidência de patrocinadores nas publicações vai além da ocupação do espaço gráfico, refletindo-se nos modos como a mídia impressa é organizada. Há que se atentar para a ideia de que a eficiência da mídia impressa passa a depender da maneira como são gerenciadas as relações entre patrocinadores, editores, jornalistas e públicos. A esse propósito, Muniz Sodré observa que publicações como a Revista *Raça Brasil* se inserem na esfera do consumo, abrindo aos patrocinadores o mercado de um público até então desconsiderado.[198] Simultaneamente, sugere a esse público a possibilidade de integrar-se ao grupo dos privilegiados mediante o acesso aos bens de consumo.

Uma das estratégias de gerenciamento responsável pela inserção da imprensa negra atual na esfera da grande mídia é aquela que procura atender à demanda de gosto do público. Nesse sentido, revistas como *Black People* e *Raça Brasil* dedicam espaço suficiente para que os leitores negros se identifiquem com os produtos anunciados. Mas um detalhe merece atenção: essas publicações se propõem a enfatizar uma nova imagem para os negros brasileiros, a partir do entendimento do negro como um cidadão consumidor. Aqui deve subentender-se o interesse de afirmar uma melhora substancial dos padrões socioeconômicos da população negra.

Ao mesmo tempo, a constituição dessa imagem está vinculada ao resgate da dignidade dos negros, aspecto que leva à valorização de figuras heroicas, de fatos históricos (como as rebeliões de escravos, os quilombos) e de contribuições culturais (como a presença negra na música e no esporte). É evidente que encontramos em *Black People* e *Raça Brasil* a atitude política que denuncia o racismo e debate questões acerca da inserção dos negros no mercado de trabalho, nas atividades partidárias e nos meios empresariais. Na análise da relação entre o aperfeiçoamento do suporte e a orientação ideológica da imprensa negra atual, pode-se notar uma tendência que procura demonstrar a capacidade de os negros serem apresentados como a face nova e atraente da cultura brasileira. Para tanto, os seus veículos de informação interagem com a economia de mercado e os sujeitos que são notícia desse veículo se oferecem como um novo padrão de identidade.

No primeiro caso, vale notar o interesse pela produção das revistas, em detrimento dos jornais. As revistas são cada vez mais indicadoras do refinamento industrial na área da mídia impressa, pois trata-se de produtos sofisticados e com maior espaço para o investimento publicitário. Além disso, interferem na elaboração dos produtos gráficos, apresentando ousadias que

---

[198] SODRÉ. *Op. cit.*, p. 251.

as transformam em objetos de apreciação estética. Nessa condição de fetiche, as revistas se tornam alvos de colecionadores, o que contribui para o investimento em padrões que garantam sua perenidade. Em consequência disso, o público espera das revistas uma regularidade de edições, a ênfase em matérias atualizadas e atenção a certos temas que demandam pesquisa para ocupar o espaço das matérias especiais. Isso confere às revistas um caráter enciclopédico aliado ao dinamismo que lhes permite cobrir os fatos mais contemporâneos.

No segundo caso, referente à elaboração de uma nova identidade para os negros, as revistas têm investido na ideia do *novo* como um valor absoluto. Ou seja, segue-se uma orientação ideológica que coloca as esperanças sob o signo da expectativa de realizar algo novo.

A Revista *Raça Brasil* exemplifica a interação entre a modernização do suporte e a orientação ideológica de mercado. Em editorial da revista (número 8, ano 2 da publicação), o diretor Aroldo Macedo anuncia a ampliação da linha editorial que, além da própria *Raça Brasil*, passará a contar com outras duas publicações dirigidas aos leitores negros: a *Raça Brasil Cabelos Crespos* e a *Raça Brasil Especial BlackMusic*.[199] Nesse caso, evidencia-se a proposta de diversificar os canais comunicativos relacionados a um mesmo grupo, o que demonstra a tentativa de estabelecer sintonia com o processo mundial de oligopolização dos órgãos informativos. A atuação de *Raça Brasil* não atinge os parâmetros de oligopolização das megaempresas internacionais, mas, no contexto das publicações do mercado brasileiro, essa proposta representa uma aposta bastante expressiva. Proporcionalmente, o mercado brasileiro é tão atraente para as expectativas da revista quanto os mercados mundiais são interessantes para as megaempresas.

Para sustentar a ousadia empresarial, a revista utiliza o discurso do *novo*, que serve para justificar a investida no mercado e também no perfil que se deseja construir para os negros brasileiros. Exemplo disso é a inflexão do seu discurso, que mescla os argumentos do *marketing* com o projeto ideológico de fundação de uma nova identidade. Leia-se as palavras

---

[199] *Raça Brasil*. Editorial "Linha de Frente". São Paulo, ano 2, n. 8, 1997.

do diretor da revista: "Neste mês resolvi compartilhar com você algumas decisões aqui da Redação que certamente você vai gostar de saber. São novidades importantes nessa nossa viagem de recuperação da imagem e autoestima do negro no Brasil".[200]

Nesse ponto, *Raça Brasil* e *Black People* se articulam como publicações similares porque abordam temas relacionados às mesmas questões, ou seja, a exclusão étnica e social dos negros brasileiros e a necessidade de ingressar no mercado. Porém, o modo como analisam essas questões demonstra que seguem caminhos distintos: se a primeira investe num discurso *light* em que como "num passe de mágica orquestrado pelos deuses africanos temos um presidente da República que se reconhece mestiço",[201] a segunda procura destacar um discurso mais político em que denuncia a violência contra os negros: "agressão aos favelados, aos pobres e negros acontecem diariamente em todo o país. Jamais ficaríamos calados diante de um fato como esse [...]".[202]

A competição entre as duas publicações se explicita também na linha discursiva dos *slogans* que utilizam para se autodefinirem: se a *Raça* se apresenta como "A revista dos negros brasileiros", a *Black People* garante oferecer "Mais informação, mais consciência".[203] O acirramento entre as duas revistas emprega as estratégias de *marketing*, quando se trata de estabelecer a diferença entre dois produtos e demonstrar ao público qual deles merece suaatenção. Esse fato é relevante se considerarmos que estas publicações se organizam mediante a perspectiva de ampliação do público leitor. Para isso, concorrem, por um lado, os índices que apontam o crescimento de uma classe média negra, por outro, o discurso das próprias revistas que enfatizam o perfil dos negros como um nicho de novos consumidores.[204] A tensão entre as duas revistas ocorre num cenário onde se cruzam as

---

[200] *Ibidem*, 1997.
[201] *Ibidem*, 1997.
[202] *Black People*. Editorial. Rio de Janeiro, ano 3, n. 4, 1997.
[203] *Raça Brasil*. São Paulo, n. 8, 1997; *Black People*, n. 4, p. 35, 1997.
[204] *Veja*. A classe média negra. São Paulo, n. 33, p. 62-69, 18 ago. 1999.

disputas pelo prestígio junto do público leitor e pelo direito de falar pela comunidade de negros brasileiros. Para atingir tais objetivos, é necessário que estas revistas estejam inseridas no segmento editorial destinado às populações negras e no segmento maior das publicações dedicadas a diferentes temas e a diferentes públicos. No primeiro caso, *Black People* e *Raça Brasil* utilizam o argumento da identificação étnica para demonstrar seu compromisso de denunciar a exclusão das populações negras. No segundo caso, estruturam-se como órgãos de comunicação que buscam a hegemonia em certas faixas do mercado editorial.

A atuação da mídia negra busca estratégias correspondentes ao contexto competitivo da sociedade de mercado, o que indica a opção por certa orientação ideológica. Por isso as confluências e as divergências da imprensa negra dos anos 1990 se espraiam por um mercado diverso, fragmentado e contraditório, revelando embates nos quais se desenhavam, aparentemente, atitudes comuns. As revistas *Black People* e *Raça Brasil* se aproximam ao apresentarem matérias de conteúdos semelhantes: moda, entretenimento, notícias do meio artístico, trabalhos sociais desenvolvidos por grupos culturais, entrevistas especiais com pessoas negras de destaque, sínteses de fatos históricos, histórias de vida. Porém, quando prevalece a lógica do mercado – que incita à conquista de diferentes públicos, ao aumento dos espaços de publicidade e à ampliação das tiragens –, explicita-se a divergência entre as revistas.

A questão que agora se coloca é se o peso maior recai sobre a busca de uma identidade étnica comum – que reduplica o paradigma da oposição entre negros e brancos – ou sobre as estratégias de inserção dessa identidade num contexto influenciado por um fator extraétnico, isto é, o direito de acesso aos bens de consumo. A segunda possibilidade é um dado recente e de grande impacto, pois em função dele o argumento da identidade étnica deixa de ter um sentido isolado, relativizando-se para ser apresentado ao público como uma marca apetecível ao consumo.

Na disputa pela preferência do público, o *marketing* das publicações para negros reduplica as estratégias das grandes empresas, de diferentes setores. A competição publicitária que se estabelece entre fabricantes de automóveis, corporações de supermercados ou redes de comunicação, por exemplo, também ocorre entre os órgãos da imprensa negra. Intenta-se uma arriscada operação de construção do discurso identitário mediante o apelo às estratégias da sociedade de consumo, como se pode observar na campanha publicitária a seguir:

> VEJA. Mas com os olhos
> BLACK, ISTO É, com olhos
> de quem conhece as muitas
> CARAS brasileiras. Por isso,
> na BLACK,
> negro dá MANCHETE.
> Revista BLACK People,
> a melhor da RAÇA. [205]

O cenário projetado a partir da comparação entre duas revistas dirigidas ao público negro indica dois aspectos importantes: primeiro, a dificuldade de direcionar a mídia para as funções sociais na medida em que ela é sistematicamente assediada para atender às demandas do mercado consumidor. Segundo, a tentativa de certas publicações de combinarem a função social da mídia com a sua inserção no mercado. Nesse caso estão as revistas *Black People*, *Raça Brasil* e outras, como a *Raízes: revista afro-brasileira*.[206]

Essas publicações, realizadas por editoras diferentes, possuem discursos similares. No entanto, as editoras desenham estratégias para demonstrar que a sua revista apresenta um discurso particular, pois essa é a maneira para conquistar um número maior de leitores. Prevalece, portanto, a lógica do mercado, segundo a qual a demanda de público sustenta o interesse dos patrocinadores e o interesse dos patrocinadores garante a continuidade e a melhoria da revista.

---

[205] *Black People*. Rio de Janeiro, n. 4, p. 35, 1997.
[206] *Raízes*. São Paulo, ano II, n. 2. "Se as outras revistas empregam *slogans* que apelam ao sentido de identificação com a raça, Raízes amplia esse apelo e se autoapresenta como 'uma revista sem preconceitos'".

O que se observa é a formação de um nicho de publicações voltadas para as questões étnicas, demonstrando a abertura de espaços para a difusão de diferentes discursos. No entanto, o mercado editorial exerce pressões para selecionar os temas considerados de maior interesse para o público consumidor. Assim, do ponto de vista do *marketing*, a competição entre as revistas para negros pode tornar-se economicamente tão atraente quanto a disputa entre revistas especializadas em temas como moda feminina, esportes, turismo, *teen generation*, negócios, informações científicas, cinema ou *show bizz*.

Esse quadro revela mudanças no tratamento das questões étnicas, demonstrando que a imprensa negra dialoga com as injunções sociais de seu tempo. A percepção desse aspecto é importante para que possamos pensar as questões étnicas no âmbito de outras questões, tais como os embates ideológicos de maior peso em determinadas épocas, a democratização ou a concentração de renda, o aumento ou a redução do acesso a melhores condições de educação, saúde e habitação.

Sob esse ponto de vista, é importante discutir por que as representações dos negros na mídia contemporânea ainda beiram à reificação presente nas frases e nos abecês. Os motivos da reificação são distintos, não há dúvida, mas a lógica de pensamento que fundamenta a representação parece similar; tanto as frases e os abecês quanto o discurso visual da mídia contemporânea tomam o caráter étnico como valor para definir a desqualificação ou a legitimação dos negros. O discurso oral utilizou esse valor para reduzir os negros à condição de objeto, o discurso visual o emprega para construir um padrão de identidade que se associa às demandas do sujeito consumidor.

Por conta disso, preocupamo-nos em reconhecer as contradições subjacentes aos discursos acerca das populações negras, lembrando de que se trata de um recorte metodológico. De fato, insistimos na perspectiva de refletir sobre a exclusão étnica, tendo ao mesmo tempo como referência a exclusão que atinge outros segmentos sociais. As imagens estabelecidas como representações dos excluídos não se esgotam em si mesmas se forem analisadas como uma possibilidade entre outras representações. Não se pode desconsiderar que essas representações decorrem de diversas estratégias sociais, sendo, ao mesmo tempo, revelação e ocultamento de identidades.

No limiar de uma ordem social – que aproxima cada vez mais as diferenças através das redes mundiais de comunicação, comércio, administração pública e privada –, é pertinente observar as estratégias que alimentam essa aproximação. Impõe-se a necessidade de vislumbrar quais serão as ações das sociedades no tocante à eliminação ou ao acirramento dos processos de exclusão. Um dos termômetros para se medir essas disposições é justamente o campo de produção das representações. Como de praxe, será preciso estar atento para reconhecer os ardis que subjazem aos processos de representação: as metáforas do espelho (que reflete o mesmo ao contrário) e do labirinto (que ameaça a descoberta da saída porque indica muitos caminhos falsos) parecem combinar-se para demonstrar como é complexa a tarefa de tecer os discursos identitários no mundo contemporâneo.

Apesar disso, não se pode ignorar que o paradigma da identidade ainda é imprescindível para a articulação de determinados grupos, em particular os excluídos, que pretendem marcar sua presença na vida social. Afinal, é importante que os atores desses grupos, assim como os de outros, tenham corpo e voz para ocuparem os lugares de desejo que ora se mostram, ora se ocultam no jogo de luz e sombras da sociedade. O desafio de quem vivencia e analisa essas questões consiste em estabelecer a crítica dos perfis identitários absolutos e, ao mesmo tempo, detectar o surgimento de novas práticas que construam lugares de identidade, nos quais os indivíduos possam ter a liberdade e o diálogo como suportes de suas experiências sociais. A par disso, as reflexões acerca das representações dos afrodescendentes poderão sustentar posturas mediadoras, quando se tratar de entender e solucionar os conflitos de ordem identitária que, de forma explícita ou latente, moldam as relações interpessoais e intergrupais. Essa função mediadora decorre do fato de que as reflexões mencionadas, uma vez percebidas no cenário de negociações e contradições da sociedade brasileira, ajudam-nos a dimensionar a extensão e os impactos das representações que produzimos de nós mesmos.

Iconografia

I - Negros disciplinados

Figura 1

Figura 2

Figura 3

Figura 4

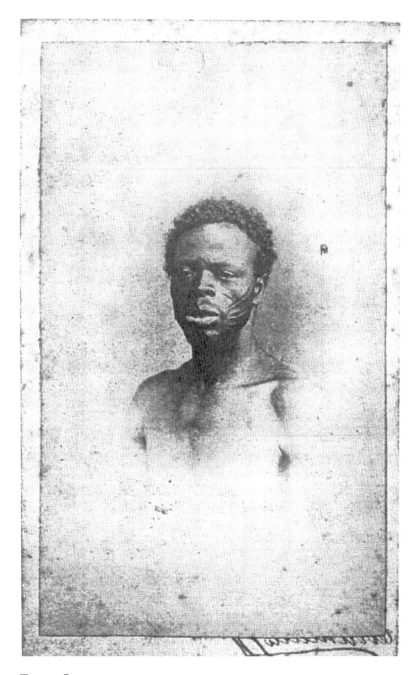

Figura 5

Figura 6

Figura 7

Figura 8

Figura 9

Figura 10

Figura 11

Figura 12

Figura 13

Figura 14

Figura 15

Figura 16

Figura 17

Figura 18

II – Poses para negros

Figura 19 – Revista *Manchete*
Edição histórica 100 anos da Abolição.

Figura 20 – Revista *Veja*
Horizontes da ascensão social.

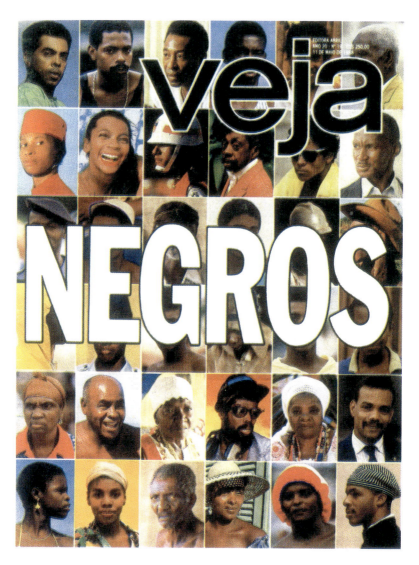

Figura 21 – Revista *Veja*
A diversidade entre os negros.

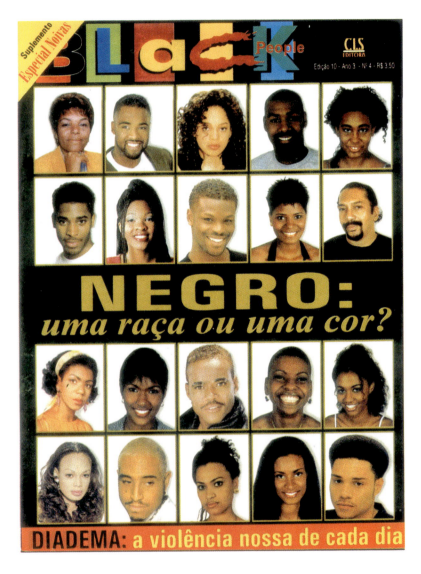

Figura 22 – Revista *Black People*
Um projeto de identidade.

Figura 23 – Revista *Raça Brasil*
Um modelo de ascensão social.

III – Negro coisificado

FUGIO de Francisco Antonio Ribeiro, de sua chacara do rio Cumprido na villa de Serra huma sua escrava de nome Benedita altura baixa, cor de formiga com dois dentes tirados na frente, com nica cicatriz debaixo do queixo, muito civilisada, e com um dedo da mão direita aleijado por ter soffrido de um panarisço, desconfia-se andar pelos certões da mesma villa ou por esta cidade procurando essas pessoas que costumão dar asilo a escravos fogidos para os comprar por força e a troca do barato: quem della der noticia pegalla, metella na cadeia, ou entregala nesta cidade ao Sr. Antonio Francisco Ribeiro, ou na villa da Serra a seu Sr. sera gratificado com a quantia acima, e protesta-se com todo rigor das leis contra quem a tiver

Figura 24 – Anúncio de fuga de mulher escravizada
Jornal brasileiro do século XIX.

Fugio no dia 4 de outubro de 1857, da chacara n. 5 da rua do Marahy, em S. Christovão no Rio de Janeiro um escravo do senador Alencar, de nome Luiz Telles, pardo escuro; tem de 40 annos para cima mal encarado e falta de dentes na rente, tem uma enruga na testa, andar apressado e passa-as curtas, finge-se ás vezes doido, tem falla tremula. com izcs de estuporado; é muito ladino e astucioso, anda com artas dizendo que vae com ellas apadrinhado apresentar-e a seu Sr; inculca-se pedestre algumas veses. Quem o pprehender, e fizer delle entrega aonde possa ser recolhido cadeia para ser entregue a seo Sr. recebera 40$rs. de graificação, alem das despesas; cerá tudo pago a quem nesta ipographia o aprezentar com o competente documento.

Figura 25 – Anúncio de fuga de homem escravizado
Periódico do século XIX.

Figura 26 – *Cartes de visites*
Reprodução da realidade no estúdio.

Figura 27 – Revista *Raça Brasil*
Ano 2, n. 13, 1997.

Figura 28 – Revista *Raça Brasil*
Ano 2, n. 14, 1997.

Figura 29 – Revista *Raça Brasil*
Ano 2, n. 15, 1997.

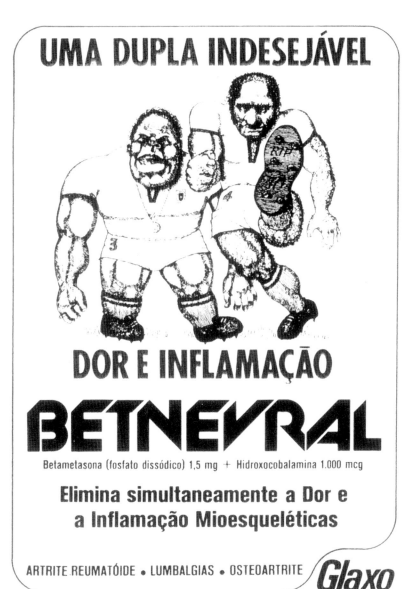

Figura 30 – Indústria farmacêutica
Visão negativa dos negros.

Figura 31 – O olhar de Rugendas
Negro capturado no século XIX.

Figura 32 – O olhar de Morier
Negros suspeitos no século XX Jornal do Brasil, 29 set. 1982.

IV – Negro é moda

Figura 33 – Negros às margens da fotografia
História da vida privada no Brasil, v. 2, p. 207.

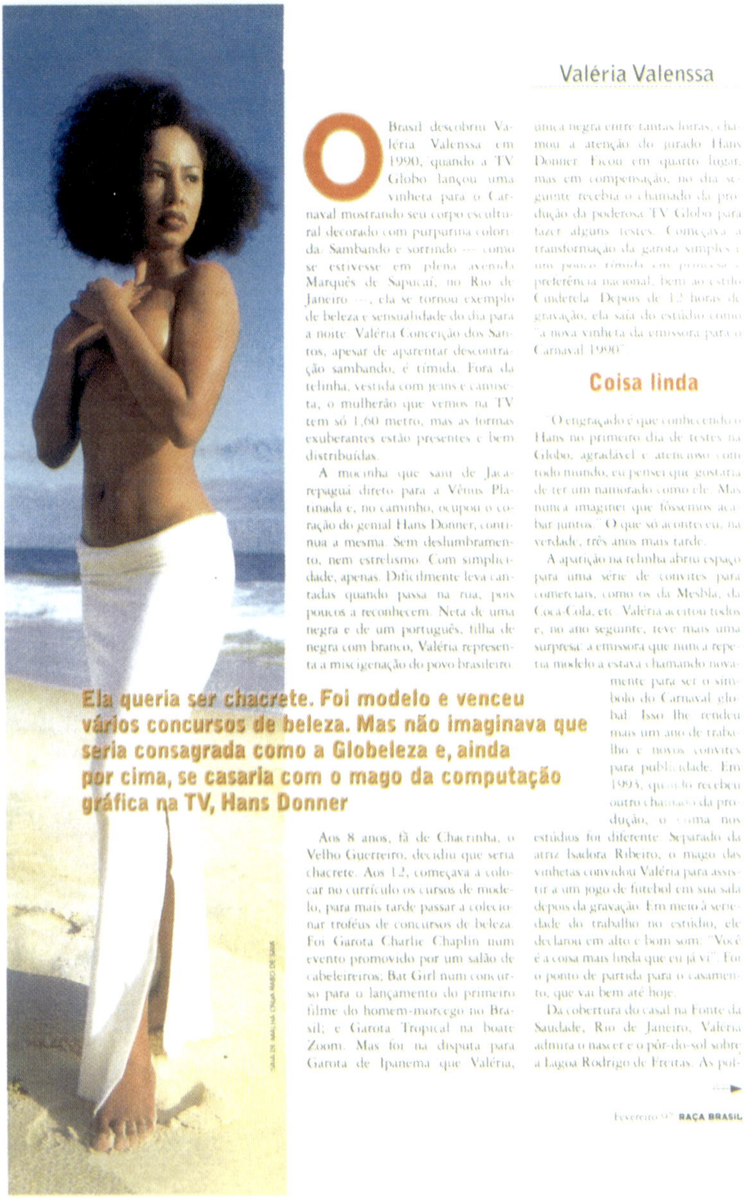

Valéria Valenssa

Ela queria ser chacrete. Foi modelo e venceu vários concursos de beleza. Mas não imaginava que seria consagrada como a Globeleza e, ainda por cima, se casaria com o mago da computação gráfica na TV, Hans Donner

O Brasil descobriu Valéria Valenssa em 1990, quando a TV Globo lançou uma vinheta para o Carnaval mostrando seu corpo escultural decorado com purpurina colorida. Sambando e sorrindo — como se estivesse em plena avenida Marquês de Sapucaí, no Rio de Janeiro —, ela se tornou exemplo de beleza e sensualidade do dia para a noite. Valéria Conceição dos Santos, apesar de aparentar descontração sambando, é tímida. Fora da telinha, vestida com jeans e camiseta, o mulherão que vemos na TV tem só 1,60 metro, mas as formas exuberantes estão presentes e bem distribuídas.

A mocinha que saiu de Jacarepaguá direto para a Vênus Platinada e, no caminho, ocupou o coração do genial Hans Donner, continua a mesma. Sem deslumbramento, nem estrelismo. Com simplicidade, apenas. Dificilmente leva cantadas quando passa na rua, pois poucos a reconhecem. Neta de uma negra e de um português, filha de negra com branco, Valéria representa a miscigenação do povo brasileiro.

Aos 8 anos, fã de Chacrinha, o Velho Guerreiro, decidiu que seria chacrete. Aos 12, começava a colocar no currículo os cursos de modelo, para mais tarde passar a colecionar troféus de concursos de beleza. Foi Garota Charlie Chaplin num evento promovido por um salão de cabeleireiros; Bat Girl num concurso para o lançamento do primeiro filme do homem-morcego no Brasil; e Garota Tropical na boate Zoom. Mas foi na disputa para Garota de Ipanema que Valéria, única negra entre tantas louras, chamou a atenção do jurado Hans Donner. Ficou em quarto lugar, mas em compensação, no dia seguinte recebia o chamado da produção da poderosa TV Globo para fazer alguns testes. Começava a transformação da garota simples e um pouco tímida em princesa e preferência nacional, bem ao estilo Cinderela. Depois de 12 horas de gravação, ela saía do estúdio como "a nova vinheta da emissora para o Carnaval 1990".

Coisa linda

"O engraçado é que conhecendo o Hans no primeiro dia de testes na Globo, agradável e atencioso com todo mundo, eu pensei que gostaria de ter um namorado como ele. Mas nunca imaginei que fôssemos acabar juntos." O que só aconteceu, na verdade, três anos mais tarde.

A aparição na telinha abriu espaço para uma série de convites para comerciais, como os da Mesbla, da Coca-Cola, etc. Valéria aceitou todos e, no ano seguinte, teve mais uma surpresa: a emissora que nunca repetia modelo a estava chamando novamente para ser o símbolo do Carnaval global. Isso lhe rendeu mais um ano de trabalho e novos convites para publicidade. Em 1993, quando recebeu outro chamado da produção, o clima nos estúdios foi diferente. Separado da atriz Isadora Ribeiro, o mago das vinhetas convidou Valéria para assistir a um jogo de futebol em sua sala depois da gravação. Em meio à seriedade do trabalho no estúdio, ele declarou em alto e bom som: "Você é a coisa mais linda que eu já vi". Foi o ponto de partida para o casamento, que vai bem até hoje.

Da cobertura do casal na Fonte da Saudade, Rio de Janeiro, Valéria admira o nascer e o pôr-do-sol sobre a Lagoa Rodrigo de Freitas. As pol-

Fevereiro 97 RAÇA BRASIL

Figura 34 – Estética da mulata Globeleza
Revista *Raça Brasil*, ano 2, n. 6.

Figura 35 – Estética do negão viril
O Dia, Rio de Janeiro, 08 dez. 1996.

Figura 36 – Estética do atleta vencedor
Jornal do Brasil, Rio de Janeiro, 21 set. 1998.

Figura 37 – Estética do atleta vencedor
Jornal do Brasil, 21 set. 1998.

Créditos das ilustrações

Figura 1 – AZEVEDO, Paulo César de; LISSOVSKY, Maurício. *Escravos brasileiros do século XIX na fotografia de Christiano Jr.* São Paulo: Ex Libris, 1988. p. 1.
Figura 2 – *Ibidem*, p. 3.
Figura 3 – *Ibidem*, p. 5.
Figura 4 – *Ibidem*, p. 7.
Figura 5 – *Ibidem*, p. 29.
Figura 6 – *Ibidem*, p. 33.
Figura 7 – *Ibidem*, p. 75.
Figura 8 – *Ibidem*, p. 76.
Figura 9 – *Ibidem*, p. 77.
Figura 10 – *Ibidem*, p. 74.
Figura 11 – *Ibidem*, p. 73.
Figura 12 – *Ibidem*, p. 14.
Figura 13 – *Ibidem*, p. 15.
Figura 14 – *Ibidem*, p. 2.
Figura 15 – *Ibidem*, p. 68.
Figura 16 – ALENCASTRO, Luiz Felipe de. *História da vida privada no Brasil* – Império. São Paulo: Companhia das Letras, 1997. v. 2, p. 19.
Figura 17 – GOMES, Núbia P. M.; PEREIRA, Edimilson de A. *Arturos: olhos do rosário*. Belo Horizonte: Mazza Edições, 1990. p. 60.

Figura 18 – *Ibidem*, p. 38.
Figura 19 – *Manchete*, Rio Janeiro, n. 1.883, 1988, capa.
Figura 20 – *Veja*, Rio de Janeiro, n. 25, 1998, capa.
Figura 21 – *Veja*, Rio de Janeiro, n. 19, 1988, capa.
Figura 22 – *Black People*, Rio de Janeiro, ed. 10, n. 4, capa.
Figura 23 – *Raça Brasil*, Rio de Janeiro, n. 13, 1997, capa.
Figura 24 – FREYRE, Gilberto. *O escravo nos anúncios de jornais brasileiros do século XIX*. São Paulo: Ed. Nacional, 1979. p. 4.
Figura 25 – *Ibidem*, p. 5.
Figura 26 – AZEVEDO; LISSOVSKY. *Op. cit.*, p. 45.
Figura 27 – *Raça Brasil*, n. 13, 1997, segunda contracapa.
Figura 28 – *Ibidem*, n. 14, 1997, primeira contracapa.
Figura 29 – *Ibidem*, n. 15, 1997, primeira contracapa.
Figura 30 – *História das Copas do Mundo*. [S.l.]: Glaxo, [s.d].
Figura 31 – PALHARES, Alda Maria et al. *Escravidão em Minas Gerais*. Belo Horizonte: Secretaria de Estado da Cultura, 1988. p. 43.
Figura 32 – OLIVEIRA, Dijaci David de et al. *A cor do medo*: homicídios e relações raciais no Brasil. Brasília: Ed. UnB, 1998. Encarte fotográfico.
Figura 33 – ALENCASTRO. *Op. cit.*, p. 207.
Figura 34 – *Raça Brasil*, n. 6, 1997, p. 42.
Figura 35 – *O Dia*, Rio de Janeiro, 08 dez. 1996. Caderno Domingo.
Figura 36 – *Jornal do Brasil*, Rio de Janeiro, n. 166, 21 set. 1998, primeira página.
Figura 37 – *Ibidem*, Caderno de Esportes, p. 1.

Referências Bibliográficas

AGOSTINHO NETO, António. *Sagrada esperança*. São Paulo: Ática, 1985.
ALENCASTRO, Luiz Felipe de (Org.). *História da vida privada no Brasil – Impérios: a corte e a modernidade*. São Paulo: Companhia das Letras, 1997. v. 2.
ANDRADE, Carlos Drummond de. *Obra completa*: prosa e verso. Rio de Janeiro: Aguilar, 1992.
ANDRADE, Carlos Drummond de. *Farewell*. Rio de Janeiro: Record, 1996.
APPIAH, Kwame Anthony. *Na casa de meu pai*: a África na filosofia da cultura. Tradução de Vera Ribeiro. Rio de Janeiro: Contraponto, 1997.
ARAÚJO, Emanoel (Org.). *A mão afro-brasileira*: significado da contribuição artística e histórica. São Paulo: Tenenge, 1988.
AZEVEDO, Paulo César; LISSOVSKY, Maurício (Org.). *Escravos brasileiros do século XIX na fotografia de Christiano Jr*. São Paulo: Ex Libris, 1988.
BARROS, Manoel de. *Livro sobre nada*. 2. ed. Rio de Janeiro: Record, 1996.
BARTHES, Roland. *A câmara clara*: nota sobre a fotografia. 2. ed. Tradução de Júlio Castañon Guimarães. Rio de Janeiro: Nova Fronteira, 1984.
BAUDRILLARD, Jean. *A arte da desaparição*. Rio de Janeiro: N-Imagem/ UFRJ, 1997.
BHABHA, Homi K. *O local da cultura*. Tradução de Myriam Ávila, Eliana Lourenço de Lima Reis, Gláucia Renate Gonçalves. Belo Horizonte: Ed. UFMG, 1998.

BIEDERMANN, Hans. *Dicionário ilustrado de símbolos*. Tradução de Glória Paschoal de Camargo. São Paulo: Melhoramentos, 1993.
BLACK PEOPLE. Rio de Janeiro, ano 3, ed. 10, n. 4, maio 1997.
BRAGA, José Luiz et al. (Org.). *A encenação dos sentidos*: mídia, cultura e política. Rio de Janeiro: Diadorim, 1975.
CAMPOLINA, Alda Maria Palhares et al. (Org.). *Escravidão em Minas Gerais*. Cadernos do Arquivo – 1. Belo Horizonte: Secretaria de Estado da Cultura/Arquivo Público Mineiro/COPASA, 1988.
CANDIDO, Antônio. Literatura-Sociologia: a análise de *O Cortiço* de Aluísio Azevedo. In: ENCONTRO NACIONAL DE PROFESSORES DE LITERATURA – PRÁTICA DE INTERPRETAÇÃO TEXTUAL, 2. Rio de Janeiro: PUC-RJ, 1976. p. 119-134.
CASCUDO, Luís da Câmara. *Vaqueiros e cantadores*. Porto Alegre: Livraria Globo, 1939.
CASCUDO, Luís da Câmara. *Dicionário de folclore*. Belo Horizonte: Itatiaia, 1984.
CASTEL, Robert et al. *A desigualdade e a questão social*. São Paulo: Ed. PUC-SP, 1997.
CASTRO, Hebe Maria Mattos de; SCHNOOR, Eduardo (Org.). *Resgate*: uma janela para o oitocentos. Rio de Janeiro: Topbooks, 1995.
DAVIS, Angela Y. *Blues, legacies and black feminism*: Gertrude "Ma" Rainey, Bessie Smith, and Billie Holiday. New York: Pantheon Books, 1998.
DE FLEUR, Melvin L. *Teorias de comunicação de massa*. Tradução de Marcelo A. Corção. Rio de Janeiro: Zahar, 1971.
DEL PRIORE, Mary. *Ao sul do corpo*: condição feminina, maternidades e mentalidades no Brasil Colônia. Rio de Janeiro: José Olympio; Brasília: EdUnB, 1993.
DIÉGUES JR., Manuel et al. *Literatura popular em verso*. Belo Horizonte: Itatiaia; São Paulo: Ed. USP; Rio de Janeiro: Fundação Casa de Rui Barbosa, 1986.
FANON, Frantz. *Pele negra, máscaras brancas*. Traduçao de Maria Adriana da Silva Caldas. Rio de Janeiro: Fator, 1983.
FARIAS, Zaíra Ary. *Domesticidade*: "cativeiro feminino?". Rio de Janeiro: Achiamé/CMB, 1983.

FÉLIX, Moacyr. *Em nome da vida*. Rio de Janeiro: Civilização Brasileira; São Paulo: Massao Ohno, 1981.
FERNANDES, Florestan. O negro na tradição oral: reação do elemento negro sobre os folclores ibérico e ameríndio. *O Estado de S.Paulo*, São Paulo, 1º. jul. 1943.
FERNANDES, Florestan; BASTIDE, Roger. *Brancos e negros em São Paulo*. 2. ed. São Paulo: Companhia Editora Nacional, 1959.
FERREIRA, Maria Cristina. Atitudes sobre a mulher segundo sexo, idade e zona geográfica. *Revista de Ciências Humanas*, Rio de Janeiro, ano 19, n. 31, nov. 1996.
FLORENTINO, Manolo. *A paz nas senzalas*. Rio de Janeiro: Civilização Brasileira, 1997.
FLÜGEL, J. C. *A psicologia das roupas*. Tradução de Antônio Ennes Cardoso. São Paulo: Mestre Jou, 1966.
FOUCAULT, Michel. *Vigiar e punir*. Petrópolis: Vozes, 1983.
FRAGOSO, João Luís Ribeiro. *Homens de grossa aventura*: acumulação e hierarquia na praça mercantil do Rio de Janeiro (1790-1830). Rio de Janeiro: Arquivo Nacional, 1992.
FREUD, Sigmund. *Os chistes e sua relação com o inconsciente*. Tradução de Margarida Salomão. Rio de Janeiro: Imago, 1977.
FREYRE, Gilberto. *O escravo nos anúncios de jornais brasileiros do século XIX*. 2. ed. aum. São Paulo: Ed. Nacional; Recife: Instituto Joaquim Nabuco de Pesquisas Sociais, 1979.
FRIAS, Lena. O racismo comprovado em números. *Jornal do Brasil*, Rio de Janeiro, 12 maio 2000. Sessão "Brasil", p. 5.
GEERTZ, Clifford. *A interpretação das culturas*. Rio de Janeiro: Guanabara-Koogan, 1989.
GOMES, Nilma Lima. *A mulher negra que vi de perto*: o processo de construção da identidade racial de professoras negras. Belo Horizonte: Mazza Edições, 1995.
GOMES, Núbia Pereira de Magalhães; PEREIRA, Edimilson de Almeida. *Negras raízes mineiras*: os Arturos. Juiz de Fora: EDUF JF/MinC, 1988.
GOMES, Núbia Pereira de Magalhães; PEREIRA, Edimilson de Almeida. *Assim se benze em Minas Gerais*. Belo Horizonte: Mazza Edições; Juiz de Fora: EDUF JF, 1989.

GOMES, Núbia Pereira de Magalhães; PEREIRA, Edimilson de Almeida. *Mundo encaixado*: significação da cultura popular. Belo Horizonte: Mazza Edições; Juiz de Fora: UFJF, 1992.

GOMES, Núbia Pereira de Magalhães; PEREIRA, Edimilson de Almeida. *Do presépio à balança*: representações sociais da vida religiosa. Belo Horizonte: Mazza Edições, 1995.

GOMES, Núbia Pereira de Magalhães. As degredadas filhas de Eva: por dentro das Minas Gerais. *Convivium – Revista Bimestral de Investigação e Cultura*, São Paulo, ano XXVII, v. 31, n. 4, p. 367-380, jul./ago.1988.

HARAWAY, Donna J. *Simians, cyborgs, and women*: the reinventionof nature. New York: Routledge, 1991.

HAUSER, Arnold. *História social da literatura e da arte*. 3. ed. Tradução de Walter H. Geenen. São Paulo: Mestre Jou, 1982. t. II.

HOLLANDA, Heloísa Buarque de (Org.). *Esses poetas*: uma antologia dos anos 90. Rio de Janeiro: Aeroplano, 1998.

HOMERO, Rita. Valéria Valenssa – que beleza. *Raça Brasil*, São Paulo, ano 2, n. 6, 1997.

HUIZINGA, Johan. *Homo ludens*: o jogo como elemento da cultura. 2. ed. Tradução de João Paulo Monteiro. São Paulo: Perspectiva, 1980.

IANNI, Octavio. *Escravidão e racismo*. 2. ed. revista e acrescida do Apêndice. São Paulo: Hucitec, 1988.

JAMESON, Fredric. *Transformações da imagem na pós-modernidade*. Rio de Janeiro: Ed. UFRJ, 1994.

JOLY, Martine. *Introdução à análise da imagem*. Tradução de Marina Appenzellier. Campinas: Papirus, 1996.

JORNAL DO BRASIL. Rio de Janeiro, ano CVIII, n. 166, 21 set. 1998. Caderno Esportes.

LATOUR, Bruno. *Jamais fomos modernos*: ensaio de antropologia simétrica. Tradução de Carlos Irineu da Costa. Rio de Janeiro: Ed. 34, 1994.

LEMINSKI, Paulo. *O ex-estranho*. Curitiba: Fundação Cultural de Curitiba; São Paulo: Iluminuras, 1996.

LINCK, Ricardo. O apogeu do negão. *O Dia*, Rio de Janeiro, 8 dez. 1996. Caderno Domingo.

LORCA, Federico García. *Obra poética completa*. 3. ed. Tradução de William Agel de Mello. Brasília: Ed. UnB, 1996.

LUKÁCS, George. *Teoria do romance*. Tradução de Alfredo Margarido. Lisboa: Editorial Presença, [s.d.].

MACEDO, Aroldo. Um povo chamado Brasil. *Raça Brasil*. Rio de Janeiro, ano 2, n. 13, 1997.

MACHADO, Humberto Fernandes. *Escravos, senhores e café*: a crise da cafeicultura escravista do Vale do Paraíba Fluminense, 1860-1888. Niterói: Clube de Literatura Cromos, 1993.

MACLUHAN, Marshall. *Os meios de comunicação como extensões do homem*. 3. ed. Tradução de Décio Pignatari. São Paulo: Cultrix, 1971.

MANCHETE. Rio de Janeiro, ano 36, n. 1.883, 1988.

MARCUSE, Herbert. *A dimensão estética*. São Paulo: Martins Fontes, 1975.

MARQUES, Eliane. *e se alguém o pano*. Porto Alegre: Après Coup/Escola de Poesia, 2015.

MARTINS, Leda Maria. *Afrografias da memória*: o Reinado do Rosário no Jatobá. São Paulo: Perspectiva; Belo Horizonte: Mazza Edições, 1997.

MEILLASOUX, Claude. *Antropologia da escravidão*: o ventre de ferro e dinheiro. Tradução de Lucy Magalhães. Rio de Janeiro: Jorge Zahar,1995.

MELLO E SOUZA, Laura de (Org.). *História da vida privada no Brasil - 1/ Cotidiano e vida privada na América Portuguesa*. São Paulo: Companhia das Letras, 1997.

MEYER, Augusto. *Guia do folclore gaúcho*. 2. ed. rev. e aum. Rio de Janeiro: Presença/INL/IEL, 1975.

MORAES, Dênis de. *Planeta Mídia*: tendências da comunicação na era global. Campo Grande: Letra Livre, 1998.

MORAES PAZ, Francisco. *Na poética da História*: a realização da utopia nacional oitocentista. Curitiba: Ed. UFPR, 1996.

MOURA, Clóvis. *O negro, de bom escravo a mau cidadão?*. Rio de Janeiro: Conquista, 1977.

NUNES, Geraldo. Sobre a noção de mercado de referencialidade. In: BRAGA, José Luiz (Org.). *A encenação dos sentidos*: mídia, cultura e política. Rio de Janeiro: Diadorim, 1995.

OLIVEIRA, Dijaci David de et al. (Org.). *A cor do medo*: homicídios e relações raciais no Brasil. Brasília: Ed. UnB; Goiânia: Ed. UFG, 1998.

OLSZEWSKY FILHA, Sofia. *A fotografia e o negro na cidade do Salvador 1840-1914*. Salvador: EGBA/Fundação Cultural do Estado da Bahia, 1989.

PAZ, Octavio. *O mono gramático*. Tradução de Lenora de Barros e José Simão. Rio de Janeiro: Guanabara, 1988.

PEREIRA, Edimilson de Almeida. *Os tambores estão frios*: herança cultural e sincretismo religioso no ritual de Candombe. Juiz de Fora: Funalfa Edições; Belo Horizonte: Mazza Edições, 2005.

PROENÇA FILHO, Domício. A trajetória do negro na literatura brasileira. *Revista do Patrimônio Histórico e Artístico Nacional*, Rio de Janeiro, n. 25, p. 159-177, 1977.

RAÇA BRASIL. São Paulo, ano 2, n. 7, mar. 1997.

RAÇA BRASIL. São Paulo, ano 2, n. 8, abr. 1997.

RAÇA BRASIL. São Paulo, ano 2, n. 13, set. 1997.

RAÇA BRASIL. São Paulo, ano 4, n. 29, jan. 1999.

RAÍZES – *Revista Afro-brasileira*. São Paulo, ano II, n. 2, [s.d.].

RAMOS, Arthur. *As culturas negras*: introdução à antropologia brasileira. Rio de Janeiro: Livraria da Casa do Estudante do Brasil, [s.d.]. v. 3.

RAMOS, Arthur. *As culturas negras no Novo Mundo*. 4. ed. São Paulo: Companhia Editora Nacional, 1979.

RICOEUR, Paul. *O si mesmo como Outro*. Campinas: Papirus, 1991.

SALLES, Fritz Teixeira de. *Associações religiosas no ciclo do ouro*. Belo Horizonte: UFMG/Centro de Estudos Mineiros, 1963.

SANTOS, Olga de Jesus; VIANNA, Marilena. *O negro na literatura de cordel*. Rio de Janeiro: Fundação Casa de Rui Barbosa, 1989.

SCHWARCZ, Lilia Moritz. *Retrato em branco e negro*: jornais, escravos e cidadãos em São Paulo no final do século XIX. São Paulo: Companhia das Letras, 1987.

SELEME, Ascânio. Um retrato da 'terceira mulher'. *O Globo*, Rio de Janeiro, domingo, 28 dez. 1997. O mundo.

SLENES, Robert. *Na senzala uma flor*: as esperanças e as recordações na formação da família escrava. Campinas: Depto. de História/IFHC/Unicamp; Stanford: Stanford University, 1994. Mimeografado.

SODRÉ, Muniz. *Samba, o dono do corpo*. Rio de Janeiro: Codecri, 1979.

SODRÉ, Muniz. *A verdade seduzida*: por um conceito de cultura no Brasil. 2. ed. Rio de Janeiro: Francisco Alves, 1988.

SODRÉ, Muniz. Sobre imprensa negra. *Lumina*, Juiz de Fora, v. 1, n. 1, p. 23-32, jul./dez. 1998.

SODRÉ, Muniz. *Claros e escuros*: identidade, povo e mídia no Brasil. Petrópolis: Vozes, 1999.

SOUZA, Cruz e. *Obra completa*: poesia e prosa. Rio de Janeiro: José Aguilar, 1961.

SOUZA, Neusa Santos. *Tornar-se negro*: ou as vicissitudes da identidade do negro brasileiro em ascensão social. Rio de Janeiro: Graal, 1983.

THOMPSON, John B. *A mídia e a modernidade*: uma teoria social da mídia. Tradução de Wagner de Oliveira Brandão. Petrópolis: Vozes, 1998.

TRINDADE, Solano. *Tem gente com fome e outros poemas* – antologia poética. Rio de Janeiro: Departamento Geral da Imprensa Oficial, Secretaria Municipal de Governo/Programa Nacional do Centenário da Abolição/ Ministério da Cultura/ Sindicato dos Escritores do Rio de Janeiro, 1988.

TURRA, Cleusa; VENTURI, Gustavo (Org.). Racismo cordial: a mais completa análise sobre o preconceito de cor no Brasil. *Folha de S.Paulo*, São Paulo, 1995.

VAZ, Paulo. Globalização e experiência de tempo. In: MENEZES, Philadelpho (Org.). *Signos plurais*: mídia, arte, cotidiano na globalização. São Paulo: Experimento, 1977.

VAZ, Paulo. *Corpo e risco*. Rio de Janeiro: Eco/ UFRJ, [s.d.]. Mimeografado.

VEJA. São Paulo, ano 20, n. 19, 1988.

VEJA. São Paulo, ano 31, n. 25, 1998.

VEJA. São Paulo, ano 32, n. 33, 1999.

WEST, Cornel. *Questão de raça*. Tradução de Laura Teixeira Motta. São Paulo: Companhia das Letras, 1994.

Copyright © 2018
Edimilson de Almeida Pereira e Núbia Pereira de Magalhães Gomes
Todos os direitos desta edição reservados à Mazza Edições.

1ª reimpressão: 2021

Revisão
Ana Emília de Carvalho e Lourdes Nascimento

Capa e Projeto Gráfico
Débora Pêsso e Thiago Amormino

P436p   Pereira, Edimilson de Almeida.
    Ardis da imagem: exclusão étnica e violência nos discursos da cultura brasileira / Edimilson de Almeida Pereira e Núbia Pereira Magalhães Gomes . 2.ed. – Belo Horizonte: Mazza Edições, 2018.
    296p.

    ISBN: 978-85-7160-703-3

    1.Sociologia - Relações sociais. 2. Violência - Aspectos morais e étnicos. I. Título.

    CDD: 320.56
    CDU: 323.12

MAZZA EDIÇÕES
Rua Bragança, 101 - Pompeia
30280-410 Belo Horizonte - MG
Tel.: 31 3481 0591
pedidos@mazzaedicoes.com.br
www.mazzaedicoes.com.br

Este livro foi composto em tipologia Ines e impresso em papel
Pólen 80 g/m² (miolo) e Cartão 300 g/m² (capa), na primavera de 2021.